세월호, 네가 아프니 나도 아프다

풀꽃평화연구소 엮음

돌베개

기획위원

박병상·예진수·최미희·최성각·최성일

새만금, 네가 아프니 나도 아프다

풀꽃평화연구소 엮음

2004년 2월 5일 초판 1쇄 발행
2006년 5월 10일 초판 4쇄 발행

펴낸이 한철희 | 펴낸곳 돌베개 | 등록 1979년 8월 25일 제406-2003-018호
주소 (413-832) 경기도 파주시 교하읍 문발리 파주출판도시 532-4
전화 (031) 955-5020 | 팩스 (031) 955-5050
홈페이지 www.dolbegae.com | 전자우편 book@dolbegae.co.kr

편집장 김혜형
책임편집 김수영·박숙희 | 편집 이경아
본문디자인 이은정 | 인쇄·제본 영신사

ISBN 89-7199-167-4 03300
책값은 뒤표지에 있습니다.

이 도서의 국립중앙도서관 출판시도서목록(CIP)은 e-CIP 홈페이지
(http://www.nl.go.kr/cip.php)에서 이용하실 수 있습니다.(CIP제어번호: CIP2003001307)

새만금 갯벌 항공사진(1998년) 만경강과 동진강을 멀리 에둘러 막고 있는 방조제가 보인다.

계화도 정상 매봉에서 바라본 동진강 하구 방조제로 물길이 막히자 토사가 그대로 쌓여 강바닥이 점점 높아져 방조제를 위협하고 있다. ⓒ허철회

계화도 갯벌과 어민들 만경강과 동진강이 바다와 만나는 염하구에 자리잡고 있어 갯벌이 잘 발달한 계화도는 1968년 계화 간척공사에 이어 새만금 간척사업으로 몸살을 앓고 있다. ⓒ허철희

고된 갯일을 끝낸 계화도 어민들 4공구가 막히지 않은 2000년만 해도 한나절 물때에 7~8만 원은 벌었다. ⓒ허철희

새만금 갯벌의 칠게 펄갯벌에서 두 앞다리를 이용하여 부지런히 먹이 활동을 하며 물을 정화시켜
주고 있다. ⓒ허철회

드넓게 펼쳐진 새만금 갯벌 희귀 조류와 해양생물이 풍부하게 서식하는 새만금 지역의 갯벌은 세
계 5대 갯벌의 하나로, 세계 어느 지역의 갯벌보다 보존 가치가 높은 것으로 평가되었다. ⓒ허철회

해창 갯벌에 세운 최병수 작 〈하늘마음 자연마음〉 ⓒ최병수

내초도 갯벌 입구에 세운 최병수 작 〈갯벌〉　3m가 넘는 대형 숭어를 조각하여 죽어가는 갯벌 생명의 몸부림을 표현하였다. ©최병수

새만금 매향제　2000년 1월 갯벌을 살리자는 염원을 담은 향나무를 새만금 갯벌에 묻었다. ©허철희

새만금 장승벌   2000년 3월 전국의 환경단체가 모여 해창 갯벌에 70여 기의 장승을 깎아 세워 새만금 갯벌을 지키자는 의지를 다졌다. ⓒ허철희

뼈만 남은 변산반도 국립공원 해창산   새만금 방조제를 쌓기 위해 필요한 엄청난 양의 토석 채취 때문에 계화도 주변의 해창산이 통째로 깎여나갔다. ⓒ허철희

새만금 바닷길 걷기 2001년 갯벌을 살리자며 내초도에서 출발하여 하제 포구, 거전, 동진, 계화도, 해창에 이르는 새만금 갯벌을 따라 걷고 있는 부안 사람들. ⓒ허철회

범종교인 기도회   2001년 3월 조계사에 불교, 천주교, 기독교의 성직자들이 모여 새만금 갯벌 생명
살리기 범종교인 기도회를 열었다. ⓒ최병수

이사하야 만 간척지 주민들   일본 내 자연환경 파괴의 상징이 된 이사하야 갯벌의 비극을 새만금 갯
벌에서 재현해서는 안 된다는 뜻을 모아 이사하야 만 주민들이 2001년 3월 14일 계화도를 방문했
다. ⓒ허철회

새만금 유랑단 새만금 갯벌을 살리자는 염원을 담은 짱뚱어 솟대를 싣고 2003년 2월 부안에서 광화문까지 300km 도보행진을 벌인 새만금 유랑단. ⓒ박병상

삼보일배 행렬 2003년 3월 28일 부안을 출발한 삼보일배 행렬이 서울에 도착하였다. ⓒ박병상

삼보일배 행렬 세 번 걷고 한 번 절하며 성스러운 기도수행을 하고 있는 삼보일배 행렬과 휠체어를 탄 수경 스님. ⓒ박병상

4공구 물막이 공사 삼보일배 수행 도중 농업기반공사는 밤샘 공사를 벌이며 4공구 물막이 공사를 진행하여 2003년 6월 9일 4공구의 해수 유통을 완전히 차단하였다.

새만금 네가 아프니 나도 아프다

차례

'새만금'을 들여다보면 한국 사회가 보인다

본디 없던 말이지만 '새만금'은 '새만금 간척사업'의 약칭으로 널리 통한다. 새만금을 떠올릴 때 상식을 가진 사람들은 우선 답답함과 고통을 느낀다. 그 고통은 돌파와 극복의 의지보다 더 자주 무력감으로 이어지기도 하고, 생명에 대한 감각이 살아 있지 못한 불모의 물질적 현실에 대한 근본적인 비애로 이어지곤 한다. 그렇지만 확실한 것은 새만금이 방조제 공사 강행에도 불구하고, 포기할 수 없는 불씨처럼 여전히 우리의 가슴을 뜨겁게 달구고 있다는 사실이다. 그것은 우리 사회에서 새만금이 방조제 공사 강행과 관계없이 미구에 도려내지 않으면 안 되는 종양으로 확인되었기 때문이다. 새만금은 한 치의 회의도 없이 신봉해온 성장지상주의와 자연에 대한 폭력을 기반으로 한 경제만능주의를 상징하는 대명사가 되었다.

새만금 사업의 내용은 무엇인가. 그것은 전북 군산-부안을 연결하는 방조제 33.5km를 축조해 4만 100ha의 해수면을 2만 8,300ha의 토지와 1만 1,300ha의 담수호로 만들려는 국책사업이다. 그 규모는 가히 단군 이래 최대의 간척사업이라 불러 손색이 없다. 메워서 사라질 갯벌의 규모와 쏟아부어야 할 흙과 돈의 양에서 그렇고, 이 반생명적 어불성설에 기생하는 토목 범죄자와 부패가 존재의 이유가 되어버린 정치가들과 관련해 "아니다"라고 말하는 사람들이 고통스럽게 이 일에 소모하고 있는 에너지의 양에서도 그렇다. 새만금 담론이 안고 있는 상징성의 깊이로 봐도 단군 이래 특정 지역의 땅을 놓고 이렇게 지루하고 끈질기게 사람살이와 자연의 관계에 대해 '오래도록 깊이' 논의했던 적은 일찍이 없었다.

책상 위에 지도를 펴놓고, 속성상 곡선보다는 직선의 쓰임새로 사용할 수밖에 없는 잣대 하나를 들고 이 지역을 매립하려고 침을 흘리던 탐욕의 역사는 결코 짧지 않다. 태평양전쟁을 일으킨 뒤 군량미로 충당하려고 조선의 곡창을 수탈하던 일제 때부터 이 지역에 대한 매립 욕망은 꿈틀거렸다. 일제가 물러간 뒤 다른 방식으로 산업사회로 진입할 수도 있었을 텐데, 쿠데타로 권력을 강점한 박정희 정권의 국토개발관은 어렵게 말할 것 없이 자연에 대한 태도에서 볼 때, 약탈적 개발지상주의였다.

공장 굴뚝에서 나는 검은 연기를 보고 감격해 울었다는 그 지도자는 산을 허물고, 도로를 내고, 공장을 짓고, 댐을 만들고, 갯벌을 메우는 일에 조금의 주저도 없었다. 공산당을 궤멸시키려는 의지와 함께 이 나라 산하를 할 수 있는 한 요절내 국민총생산(GNP)으로 환원시키는 일이 그에게 가장 중요한 일이었다. '자연 가치'와 '생명 가치'를 이야기하는 것 자체가 금기였고, 반동이었다. 그에게 자연은 우리도 그 일부이므로 잠시 겸손하게 머물다 온전하게 물려져야 할 살아 숨쉬는 대상이 아니라, 착취하고 소진시켜 경제적 이득의 원천으로서 진을 뽑아내야 하는 터전일 뿐이었다. 그 점에서 그의 인성은 피해망상적 권력욕과 함께 인간 중심주의적인 근대성의 맹점을 고스란히 대표하고 있었다.

새만금 또한 그 뿌리는 박정희 정권의 압축 개발, 반생명적 성장지상주의로 소급된다는 것을 이해하는 일은 그리 어려운 일이 아니다. 박정희 정권의 자체 붕괴 이후 신군부, 민간 출신의 정권 출현으로 말미암아 어느 정도 달성되었다고 널리 자평하고 있는 민주화 과정을 거치면서도 새만금을 대하는 시각의 본질은 조금도 달라지지 않았다. 수많은 사람들의 희생에 의해 이른바 '표현의 자유'는 괄목할 만큼 획득했는지 모르지만, 자연과의 올바른 관계에서만 가능한 진정한 생명평화, 죽임이 아니라 '살림과 공존'이라는 생태적 가치의 실현은 아득하기만 한 비참한 반생명의 현실이 오늘 우리의 형편이다. 그래서 오늘도 진보라는 낡은 사유 틀이 여전히 요구된다면, 세계에 대한 가장 진보적인 태도는 생태주의적 가치관일 수밖에 없다.

1971년에 처음 입안된 새만금 매립 계획은 전북 옥구군 옥서면을 중심으로 금강, 만경강, 동진강 하구갯벌을 매립하려는 '옥서 지구 농업개발계획'이라는 형태로 드러났다. 사업의 경제성 평가(1972)와 기본 조사(1984)에 이어 1986년 농업 목적의 간척사업으로 전환되었다. 이듬해 5월, 당시 농림수산부 장관 황인성에 의해 '서해안 간척사업'이라는 이름이 붙여진 뒤 오늘날 우리가 알고 있는 새만금의 내용으로 그 범주가 확정되었다. 그렇지만 '새만금 간척 종합개발사업'이라는 이름으로 바꾸고 본격적인 타당성 조사에 들어간 때는 전두환 정권 시절이던 1987년 7월이었다. 바로 6월항쟁이 일어났던 해였다. 하지만 '단군 이래 최대 간척사업'으로 일컫는 새만금에 대한 타당성 조사는 불과 3개월 만에 끝났다. 12월 대통령 선거를 앞두고 있던 박정희 정권 시절 경상도에 비해 상대적으로 경제적 낙후감에 빠져 있던 전라북도 민심을 위무하기 위해 재집권만이 목적인 정권 주체들은 꽤나 바빴던 것이다.

그러나 같은 해 11월, "새만금 사업의 경제성이 없다"는 보고를 누차 받아왔기에 여당 후보였던 노태우는 「새로운 서해안 시대를 대비한 개발전략」이라는 발표문에서 새만금 사업을 잠시 빠뜨리기도 한다. 그러나 전라북도 여론의 크나큰 실망과 반발에 혼비백산한 노태후 후보는 선거를 일주일 앞둔 12월 10일, 돌멩이가 난무하는 광장에 나설 수 없는 원죄 때문에 밀실인 전주의 한 호텔에서 비장의 정치적 무기를 꺼내듯, '새만금' 카드를 재차 꺼내면서 "서해안 지도를 바꾸게 될 새만금 지구 대단위 방조제 축조사업을 최우선 사업으로 선정, 신명을 걸고 임기 내에 완성하여 전북 발전의 새 기원을 이룩하겠다"고 기염을 토한다. 죽임으로 출발한 정권이 끝내 새만금(자연)의 죽임을 정치적 도구로 삼았던 일은 그들의 본성이었을지도 모른다.

그 자체로 인간의 가치 너머의 살아 있는 존재로서 수천 년간 숨쉬고 있던 갯벌을 메우겠다는 새만금 사업 주체들에게 생명 가치에 대한 배려를 기대하는 것은 애당초 당치 않는 일이 아닐 수 없었다. 경제 가치에만 의거한 타당성 조사라고 해도 어불성설이건만, 새만금은 이렇듯 애초부터 '사업 추진 불가'라는 상식을 철저하게 묵살한 선심성 선거 공약으로 탄생함으로써, 짙은 정치성을 숙명처럼 띠게 되었던 것이다. 우여곡절 끝에 다시 야당 총재로 복권한 김대중도 지역주의에 편승해 출현하지 않았어야 할 군부 정권에 새만금 사업을 드세게 독촉한 일은, 생명 가치에 대한 존중심이 어떤 정치 지도자에 의해서도 현실화될 수 없는 우리 시대의 한계를 극명하게 드러냈다.

이후 시화호라는 희대의 국민 사기극이 백일하에 드러나자 새만금 사업 또한 잠시 공사 중지 기간을 거쳤지만, 사업 입안 이후 세 차례나 정권이 바뀌었건만 새만금은 돈 되는 일이라면 국토 전체를 파헤치고 뒤엎을 태세를 갖춘 건설업체와 정치가들의 굳건한 유착 속에서 오늘에 이르고 있다. 새만금은 그래서 한국 정치사의 반생명적, 범죄적 특성을 고스란히 내장하고 있다.

2003년 봄에 시작되어 초여름까지 진행되었던 감동적인 비폭력 참회운동, 삼보일배는 우리 사회가 환경 재앙을 정신적으로 승화할 수 있는 능력을 세계에 보여주었다. 하지만 삼보일배 도중에도 4공구 방조제 공사는 은밀하게 전진 공사 중심으로 진행되었으며, 7월 15일 서울행정법원에 의해 '새만금 간척공사 집행정지 가처분 명령'이 나왔지만 보호받는 폭력배에 둘러싸인 4공구 기습 공사가 여전히 감행된 것은 새만금에 연루된 범죄적 세력의 위세가 사법부의 결정과 판단보다 더 우선하고 있음을 드러내고야 말았다.

최고 권력자는 새만금 같은 대형 국책사업에서 천문학적인 뭉칫돈이 떨어진다는 것을 본능적 감각으로 알고 있었고, 우국의 얼굴을 자주 짓는 국회의원들 또한 새만금에서 제 몫을 챙기는 일에 게을렀던 적이 한번도 없었다. 중동 특수 이후 놀고 있던 건설 중장비들을 굴려야 돈을 만드는 대한민국의 내로라 하는 건설업자들은 새만금이라는 먹이 경쟁에서 탈락하면 끝장이라는 초조감에서 전력투구로 새만금 이권에 달려들어 새만금을 뜯어먹었다. 대형 건설업자들의 광고 수입이 정론을 펼치는 일보다 우선되는 언론들 또한 새만금의 진실에 대해 일찍부터 눈을 감았고, 건설업자 출신들이 이익의 보호막으로서 장악하고 있는 전북 지방 언론의 혹세무민은 가히 목불인견이었다.

이미 농지 조성이라는 당초의 사업 목적을 상실한 마당에서 비롯된 초조감이 없는지 사업 주체인 농업기반공사의 한 관리는 근래 자주 마련된 한 텔레비전 토론회에서 "메워서 어떻게 쓰든 일단 메우고 보는 것이 발전이다"라고 말했다. 그것은 갯벌을 메워 논을 만들겠다는 사람이 할 말이 아니다. 하지만 그 말보다 새만금을 메우려는 세력들의 속내를 적실하게 드러낸 말을 다시 떠올리기 힘들다.

이 모든 몰염치한 세력들이 누구보다 철저하게 기만한 것은 새만금 사업이 성사되면, 땅도 얻고 지역 경제도 나아지리라는 기대에 부풀었던 전북 사람들의 일견 소박하고 당연한 현실적 욕구였다. 그래서 어쩌면 전북 사람들이야말로 새만금의 가장 큰 수혜자가 아니라 가장 큰 피해자라는 증거는 특히 누대에 걸쳐 갯벌을 옥답처럼 의지하고 살아오던 새만금 언저리 사람들에 의해 이미 참혹하게 드러나고 있다. 약간의 보상금으로 도시 빈민으로 흘러들어갔거나 더 궁핍한 빈곤과 잘못 책정되었기에 게워내라는 보상금 요구로 인해 자살자들이 속출한 시화호와 화옹호 사람들이 그랬듯이, 갯벌이라는 천혜의 생존권을 잃은 새만금 사람들 또한 이제는 자신들이 기만당했다는 것을 뼈저리게 느끼고 있다. 위도에 핵 쓰레기장을 유치하려는 사람들이 한 일을 생각해보면, 새만금을 추진하는 사람들에 대해서 정확하게 이해하는 일은 조금도 어려운 일이 아니다. 그 사람들이 바로 같은 사람들이기 때문이다.

2공구 1.7km를 남긴 채 다 메워진 방조제로 인해 갯벌은 이미 광범위하게 죽뻘이 되었고, 그곳에 살던 갯것들은 사라지기 시작했다. 흔하던 백합은 구경하기 힘들어졌고, 새우들은 알을 낳지 못해 북방한계선으로 올라가기 시작했으며, 쉬어야 할 1천만 마리의 철새들은 어디에 부리를 박아야 할지 주춤거리기 시작했다. 국민들은 내 동네 일이 아니면 본래 무관심했듯이 새만금 역시 오래도록 남의 동네 일이었다. 적어도 처절하게 진행되었던 삼보일배가 우리 사회에 생명 가치에 대한 자각을 요구하기 전까지는. 새만금을 비롯한 우리 시대의 이 모든 일상화된 생명 파괴에 우리 모두 관련되어 있다는 생각을 드러내기 위해 땅바닥에 몸을 던져 우리 모두에게 바른 의미의 참회를 촉구했던 삼보일배는 새만금이라는 진흙탕이 피어올린 연꽃에 비견될 사건이었다.

다시 정색하고 묻는다. 새만금은 우리 시대의 무엇인가? 12년에 걸친 국민적 에너지의 탕진에도 불구하고 아직도 망집(妄執)의 억센 손아귀를 풀지 못하고 있는, 갯벌 가치의 무지에서 비롯된 경제지상주의가 바로 새만금 사업의 내용물이다. 적잖은 사람들이 참으로 오랜 시간 동안, 참으로 다양한 방법으로 새만금 갯벌의 함께 품어야 할 가치, 오래오래 같이 누려야 할 가치에 대해 말하고, 호소하고, 부탁하고, 기도해왔다. 탐욕과 자만보다 더 아름답고 위대한 가치가 있다고 다양한 사람들이 다양한 방법으로 말했다. 우리 갯벌을 위해 다른 나라 사람들도 와서 갯벌의 영성을 나누고, 춤을 추고, 때로는 정부청사 앞에서 1인시위를 하기도 했다. 그래서 새만금은 이제 어느덧 전북 부안의 '새만금'이 아니게 되었다. 새만금은 우리 시대의 모든 웅비론(雄飛論)과 무책임과 편법과 호도와 적반하장과 어불성설과 부정과 탐욕과 거짓과 폭력, 그리하여 타넘지 않으면 한 걸음도 제대로 발을 뗄 수 없는 언덕의 대명사가 되었다. 예고된 재앙의 대명사가 되었다.

오로지 전진 공사만으로 서둘러 쌓은 4공구 방조제, 그리하여 세계 최고의 길이를 자랑하는 33.5km 방조제 중 이제 1.7km밖에 남지 않은 새만금의 현실은 그 난폭한 짓을 강행한 사람들이 내걸었던 사업 목적이 증발했다는 면에서 국책공사를 빙자한 '토목범죄'라고 우리는 단언한다. 들인 돈 1조 원이 아까워 5조 원을 더 쓰겠다는 해괴한 계산법이 이른바 전문가들의 이성이라면, 그것은 이성이 아니라 치유되기 힘든 독선적 광기라고 말할 수밖에 없다.

공사 집행 중지를 내린 법관에게 삿대질을 하는 국회의원을 우리는 그 토목범죄의 공범자라고 생각한다. 새만금에 대해 여러 차례 말을 바꾼 노무현 대통령이 '마치 밀리면 큰일난다'는 듯이 보여주고 있는 강박증에 더 이상 희망을 품을 수는 없는 일이다. 그렇지만 오늘도 실낱 같은 기대를 품지 않을 수 없다. 어쩌면 아직 해수가 유통되는 1.7km밖에 남지 않은 그 협소한 구간에서 우리 사회의 새로운 희망이 움트지 않을까 하는 가냘픈 희망 말이다. 그 희망은 결단코 파괴와 낭비에 익숙한 이 소동을 일으킨 권력자들에 의해 실현되지는 않을 것이다. 그 희망은 삼보일배를 지켜보며 눈시울을 붉혔던 풀뿌리 서민들의 생명 가치에 대한 발견과 다른 삶에 대한 확신으로부터 비롯될 것이다.

최근 새만금은 '환경판의 광주'라 불리는 위도의 핵쓰레기장 사태로 인해 세간의 관심으로부터 철저하게 묻혀진 상태이다. 그렇지만 이 와중에도 매우 고무적인 일은 새만금 주변의 주민들이 핵쓰레기장 추진 세력과 새만금 추진 세력이 '같은 자들'이라는 인식에 가깝게 접근하고 있다는 사실이다. 새만금 갯벌 강제 매립과 부안의 핵쓰레기장 강제 건설 과정이 시간차를 두고 한 지역에서 일어남으로써, 어쩌면 그곳에서 우리 사회의 생명 에너지가 걷잡을 수 없이 폭발할 수도 있다는 희망은 근거 없는 소망일까. 그곳이 어쩌면 죽임의 현장이 아니라 생명의 성지(聖地)가 될 수는 없을까. 이 책은 바로 그 가냘픈 희망과 확신을 바탕으로 새만금이라는 시대적 재앙의 공동 책임자로서 우리에게 과오로부터 제대로 배우고, 다시 시작할 수 있는 능력이 있는가 없는가를 질문하기 위해서 기획되었다. 새만금은 우리더러 새만금에 주저앉을 것인가, 새만금을 타넘고 새로 시작할 것인가를 묻고 있다. 새만금을 들여다보면 우리 사회가 보인다.

이 책은 크게 두 부분으로 나뉘어져 있는데, 그 앞부분은 새만금을 바라보는 온당한 시각에 대한 다양한 고구이며, 뒷부분은 새만금을 살리기 위해 애써온 여러 운동의 흐름들에 대해 운동 당사자들의 육성을 담아놓은 것으로 채워져 있다.

새만금을 둘러싼 정치적 배경을 꼼꼼하게 살핀 박병상 선생님의 글은 국책사업을 둘러싼 이 사회의 부패 규모와 타락한 권력과 기업의 유착 관계를 소상하게 드러냄으로써 그들 토목 범죄자들에게 우리 시대를 떠넘길 수 없음을 역설하고 있다. 윤박경 선생님은 3년여 동안 새만금 현장, 그곳 갯벌 사람들과 함께 숙식을 같이하며 나누었던 체험을 통해 갯벌과 인간 관계가 어떻게 설정되어야 할 것인가를 생생하게 보여주고 있다.

생태경제학자 최미희 선생님은 갯벌을 종전의 단순한 경제 가치로 파악하는 시각의 문제점을 구체적으로 상술함으로써 생태경제의 눈으로 갯벌 가치를 바라볼 때에만 새만금의 온당한 해법을 찾을 수 있다고 말하고 있다. 캐나다의 치혜일리스 원주민을 새만금에 초청한 적도 있는 조경만 선생님은 문화인류학자로서 '문화의 눈'으로 갯벌을 바라볼 때, 비로소 우리는 새만금의 다른 진실에 접근할 수 있다는 새로운 시각을 제시하고 있다. 새만금을 둘러싼 여러 대안 논쟁들을 종합적으로 살핀 최성일 선생님은 '새만금 사업의 대안은 없다'라는 결론에 이른다. 그것은 생명 문제의 대안이 생명에 대한 감수성이 결여되었을 때, 또 다른 성장지상주의와 파괴적 개발주의에서 한 치도 벗어나지 못한다는 단언으로 이어지고 있다.

뒷부분 '우리는 왜 새만금을 살리기 위해 애쓰고 있는가?'에서는 벌써 몇 년째 어린 자식들의 손을 잡고 갯벌을 걷고 있는 신형록 선생님의 걷기 체험, 즉 왜 나는 갯벌을 걸을 수밖에 없었는지, 갯벌을 어린 자식들과 걸으면서 나는 무엇을 만났는지를 들려주고 있다. 2003년 새만금 살리기 삼보일배에 참여했던 김경일 교무님은 삼보일배 도중, 땅바닥에 엎드려 고민했던 새로운 문명에 대한 희망을 문명사적 시각에서 진술하고 있다. 미래세대 소송을 비롯하여 새만금 현장에서 잠시도 비껴 서 있지 않았던 녹색연합 김제남 사무처장은 갯벌과의 만남을 통해 스스로 성장한 세계관에 대해 술회하고 있다.

소설가 김곰치 선생님은 부안에서 보낸 12일의 체험을 통해 새만금이 바로 예수님이고 관음이고, 살려내지 않으면 안 될 우리의 혈육이라는 작가적 성찰을 드러내고 있다. 4공구 강제 매립 즈음, 그 사실을 세상에 가장 먼저 알리면서 보호받고 있는 폭력배들로부터 4공구 현장에서 온갖 모욕과 폭력을 당하면서도 굴하지 않고 새만금 갯벌을 살려야 한다는 일념으로 초지일관한 주용기 선생님의 글은 폭력이 생명에 대한 외경심을 좌절시킬 수 없다는 것을 체험적으로 보여주고 있다.

새만금 소동으로 촉발되어 마침내 우리 사회 시민운동의 수준을 격상시킨 감동적인 삼보일배, 그 첫해의 참회운동 과정에서 '삼보일배'라는 표현과 의미의 조립 과정에 깊이 개입했던 최성각 선생님은 삼보일배가 결국 우리 사회에 무엇을 남겼으며, 삼보일배는 우리에게 오늘 무엇을 요구하는가를 고통스럽게 질문하고 있다.

새만금이라는 당대적 고통과 그럼에도 포기할 수 없는 희망 사이에서 진술된 이 새만금 담론으로 인해 우리 사회가 한 환경 사안에 대해 어느 수위까지 들여다볼 수 있으며, 여기서 비롯된 질문이 어느 정도 대중적 설득력을 획득할 수 있을까. 그 성과를 독자 여러분과 같이 나누고 싶은 마음이 깊다.

한 권의 새만금 책이 나오기까지 일어난 참으로 감당하기 힘든 우여곡절에도 불구하고 감사해야 할 사람들이 너무나 많다. 이 책이 기획되고 준비되는 동안, 새만금 공사 강행의 선봉자로서 폭력의 역할을 대리한 사람들로부터 쇠꼬챙이로 얼굴에 린치를 당한 필자도 있었고, 갯벌의 가치 논쟁으로 인해 필화에 시달리던 필자도 있었고, 삼보일배의 진행 과정을 두고 그 고행으로부터 이익을 얻으려는 사람들과의 불화를 겪은 필자도 있었다. 참여해주신 필자들 모두에게 깊이 감사드린다. 귀한 새만금 작품 사진을 제공하신 생태미술가 최병수 선생님, 새만금 사이트 '농발게'의 사진을 흔쾌히 사용하도록 허락해주었을 뿐 아니라 사진 설명의 수고를 아끼지 않은 허정균·허철희 선생님, 그리고 대단치 않을 대중적 반응을 불 보듯 예상하면서도 환경책 출간에 뛰어든 돌베개출판사의 한철희 사장님, 앤솔러지 작업 특유의 여러 어려운 잔일에도 불구하고 한결같이 밝은 얼굴로 신속하게 일처리를 해준 편집부의 박숙희·김수영 팀장에게 깊이 감사드린다.

2004년 1월
기획위원 박병상·예진수·최미희·최성각·최성일
대표 집필 최성각

24

정치 야합과 탐욕이 빚은 새만금 비가(悲歌)

새만금 간척사업을 둘러싼 정치적 배경과 문제 / 박병상

1. 들어가는 글

'국책사업'이라……. 국책사업은 암행어사의 마패와 비슷한 종류인가. '국책사업!' 하면 공연히 주눅이 들어야 한다고 믿는 사람이 적지 않기에 이르는 말이다.

우리 귀에 '국책사업'이란 용어가 익숙하게 된 게 언제부터일까. 흔히 국가 중앙정부의 예산으로 집행하는 정책사업을 국책사업이라 칭하는 모양인데, 그렇다면 순수한 지방세로 지방에서 추진하는 정책사업은 '지방책사업'인가. 민망하게도 지방책사업이란 말은 따로 없다. 그냥 '지방사업'이라 말한다. 지방이 모여 구성되는 국가나 그 국가를 구성하는 지방이나 정책을 펼치기는 마찬가지인데 국책사업이라는 용어만 회자되는 이유는 무엇일까. 법률에 근거하기 때문인가. 지방자치 시대가 열리기 이전, 국책사업이라는 말은 거의 들리지 않았다. 그냥 '국가사업'이라고 했다.

지방자치 시대에 들어와 국가사업에 굳이 '책' 자를 붙여 힘을 실어주고 있는데, 법률에 의하건 아니건 지방화 시대를 맞아서도 지방의 정책을 중앙에 종속시키려는 시대 착오적 권위주의는 아닐까.

최근 논란이 많은 '새만금 간척사업'뿐 아니다. 경부고속전철, 경인운하, 서울외곽순환고속도로……. 국책사업의 목록은 계속 이어진다. 이렇듯 '국책사업!' 하면 도로나 항만과 같은 사회간접사업이 먼저 생각난다. 하지만 대단위 토목 건설 분야만이 중앙정부가 주도하는 국책사업의 전부는 아닐 것이다. 정치·경제·사회·문화를 가리지 않고, 우리 사회의 문화와 역사를 좌우할 수많은 제도나 사회 습관을 정비하는 일도 국가 예산으로 집행되므로 마땅히 국책사업일 것이다. 특히 국가의 기본 틀을 잡는 헌법이나 각종 법률의 제정에 관한 업무도 중요한 국책사업으로 손색이 없어야 한다.

그렇다면 이른바 국책사업은 행정부에서 독점할 수 없다. 행정부와 더불어 입법과 사법부도 같은 비중으로 참여, 견제해야 당연할 것이다. 주권자인 시민으로부터 권력이 삼권으로 이양된 민주국가 기관의 의무가 그러할 것이다. 그뿐이 아니다. 삼부를 두루 감시하는 언론과 언론을 모니터링하는 시민들도 참견할 수 있어야 민주국가다운 것이다. 그런데 개개의 시민들은 개인보다 시민단체로 모여 행동하는 것이 보통이다.

지난 2003년 7월 15일, 서울행정법원은 새만금 간척사업 '집행정지' 결정을 내렸다. 환경단체와 지역 주민 3,539명이 제기한 '새만금 간척공사 집행정지 가처분 신청'을 이유 있다고 판단한 사법부가 12년이 넘도록 논란의 해결이나 타협도 없이 중앙 행정부에 의해 막무가내로 진행되는 이른바 국책사업에 제동을 건 것이다. 이는 마패 식의 국책사업 집행 관행에 익숙한 사회와 행정부에 일대 소용돌이를 일으켰다. 소송에 참여한 환경단체들은 "환경의 중요성을 일깨운 역사적 결정"이라며 크게 환호했지만, 즉각 상고를 다짐하는 주관 행정부인 농림부는 장관이 사표를 던졌다. "법정에서 농림부와 피고로 공동 참여하겠다"는 전라북도지사는 삭발을 단행했는가 하면, 7월 14일 산업자원부에 핵폐기장 유치 신청을 낸 전라북도 부안군수은 "핵폐기장 유치 신청을 철회하고, 전국체전을 거부하겠다"며 거세게 항의했다.

공식 통보를 받지 않았으므로 작업을 멈출 수 없다는 농업기반공사는 농림부가 투자한 중앙 기관이므로 그렇다 치자. '새만금 갯벌 생명평화연대'(이하 '생명평화연대')를 비롯한 환경단체와 지역 주민들이 새만금 간척사업을 반대하고, '새만금 유랑단'이 2003년 벽두에 계화도에서 서울 광화문으로 거리 행진을 하고, 4개 종단을 대표하는 성직자들이 새만금에서 서울로 삼보일배를 수행하고, 여성 성직자들이 서울에서 다시 새만금을 향해 도보 순례하고, '새만금갯벌 살리기 시민행동 전국 자전거 홍보단'이 전국에서 새만금 갯벌을 행해 은류를 움직일 때, "국책사업이므로 반드시 진행되어야 한다"고 환경단체와 반대하는 지역 주민에게 으름장을 놓던 전라북도와 부안군이 갑자기 중앙의 법정 결정에 저항하는 것은 자기 기만이 아닐까.

고발자나 법원의 의지와는 무관하게 스스로 피고가 될 것이라고 언론 앞에서 천명한 전라북도는 법원의 집행정지를 삼권분립 원칙에 맞지 않는다고 유권해석하였는데, 국책사업 마패는 법률의 구율을 받지 않아야 한다는 견해는 과연 민주주의에서 타당한 논리인가.

"국책사업은 사법부의 심사 대상이 아니"라고 항변하며 배정된 다른 국책사업까지 반려하겠다는 전라북도와 부안군의 태도는 눈앞의 이익을 놓칠까 두려워 앞뒤 가리지 않는 지방자치단체의 '투정'으로 치더라도 '새만금의 운명이 법원에 맡겨지면'이라는 제목의 7월 17일자 「조선일보」 사설은 어떻게 해석해야 할까. 이른바 '조중동'으로 지칭되는 주요 제도권 언론들의 논조가 대개 보수적이고 행정부 편향이라는 사실은 익히 짐작하고 있었지만, 「조선일보」는 그 정도가 특히 노골적이었다. "비용 대 효과 분석이나 과학적으로 불명확한 문제는 법원에서 다루기에 적절치 않"기 때문에 "대부분의 민주국가에서 법원의 역할은 정부의 어떤 결정이 헌법과 법률에 위반하는가를 판단하는 데 그치는 것이 '원칙'"이고 "국책사업에 대한 타당성은 법원보다 의회나 대통령의 몫"이라고 사설은 주장했다.

그렇다면 의회나 대통령이 '새만금 간척사업'을 주권자들이 받아들일 정도로 투명하고 공정하며 과학적으로 판단, 진행할 거라고 확신하는 근거가 무엇인지 「조선일보」에 묻지 않을 수 없다. 구체적인 자료와 관련 국내외 과학자들의 증언을 토대로 한 달 이상 숙고한 이후 판단한 법원보다 입법과 행정부의 정치적 야합이 더 과학적이라는 납득할 만한 근거를 「조선일보」는 제시하지 못할 것이다.

과학은 사회와 동떨어진 존재가 아니다. 최근의 과학은 더는 호기심과 진리 탐구의 영역이 아니다. 자본과 권력의 입맛에 따라 움직이는 과학은 이미 개개의 과학자가 윤곽을 잡지 못할 정도로 거대하게 집단화되었고, 그런 과학은 스스로 가치중립을 감히 내세우지 못한다. 따라서 사회적 논란이 큰 과학기술의 의사 결정은 관련 과학자나 정책 결정자들이 자본의 의지에 따라 일방적으로 결정하는 것이 아니라, 과학기술의 최종 소비자인 시민들의 동의를 투명하게 거쳐야 한다. 그래야만 민주주의 사회의 책임 있는 정책 결정이라 할 수 있을 것이다. 물론 과학적 방법은 중요하다. 객관적인 자료와 조사로 반복해도 같은 결과가 도출되어야 하기 때문이다. 하지만 과학적 방법 역시 민주적이어야 한다. 똑똑한 전문가들끼리 밀실에서 암호와 같은 용어로 자신들의 이익과 취향에 따라 연구 결과를 도출한다면 아무리 같은 결론이 반복된다 해도 정작 소비자인 시민들은 그 과학기술의 결과를 받아들이기 어려울 것이다.

과학적 방법은 이공계에 한정 적용하는 것이 아니다. 정치는 물론, 사회와 경제도 과학적이어야 한다. 마찬가지로 입법부, 행정부는 물론 사업부의 판단도 과학적이어야 한다. 「조선일보」 사설은 과학적으로 불명확한 문제는 법원보다 의회나 대통령의 판단에 맡기라고 주장하지만, 새만금 간척사업의 의사 결정이 시민들이 납득할 정도로 투명하고 민주적이며 과학적이었다면 법원에까지 가지 않았다. 새만금 간척사업의 문제를 시민단체와 지역 주민들이 법원에 제기한 것은 민주사회에서 매우 정당한 것이고, 삼권분립의 정신에 따라 법원이 과학적으로 숙고하여 판단한 결과는 수용되어야 한다는 데 이견이 있을 수 없다.

최근 농림부는 제방의 유실 방지를 위한 법원의 보강공사 허용을 확대해석하고, 새만금 제방 거의 전 구간에 공사 장비를 투입하고 있다. 제방공사를 중단시킨 법원의 판단은 공사 과정과 그 이후에 발생할 수질을 비롯한 제반 환경 문제를 해결할 수 없다는 데 있다. 그렇다면 농림부는 해수 유통을 막는 제방공사를 즉시 중단해야 한다. 생태학적 판단에 따르면 기존 제방도 상당 부분 헐어 교각을 설치하는 편이 옳을 것이다.

의회나 행정부의 지시를 받은 과학자들이 연구비 제공자나 권력의 눈치를 살피며 연구해놓은 과학을 시민들이 그저 받아먹어야 하는 시대는 이미 지났다. 삼권도 제대로 분리되지 않았고, 언론도 제구실을 하지 못했으며, 시민단체는 맹아도 형성하지 못했던 과거 군사정권의 개발독재 시절과 달라야 옳다. 「조선일보」가 지적한 '원칙'이 살아 있는 대부분의 민주국가는 시민들의 삶에 영향을 미칠 대형 국가정책을 행정부나 의회가 정치적 야합으로 결정하지 않는다. 지방도 국가이고 지역 주민도 국민이기에 모든 국민들의 의사를 존중하여 결정하지만 단순히 과학만이 정책 결정의 잣대도 아니다. 규모가 큰 국가사업은 사회적 판단이 전문가들의 과학적 평가에 우선한다. 사회적 판단에는 정치를 비롯하여 경제·사회·문화를 망라하는 평가는 물론, 어떤 과학기술을 적용할 것인가를 놓고 사회적으로 결정한다.

예를 들어 갯벌을 매립할 경우에는 투자한 자본의 한시적 이익에 우선하는 토목공학보다 근본적인 검토, 즉 매립 이후에 발생할 후손의 이익 차원에서 갯벌의 환경과 생명을 평가할 수 있는 생태학적 검토에 판단의 우선권을 주고 있다. 네덜란드를 비롯한 앞선 많은 국가들이 한때 국토 확장을 위해 매립했던 땅을 갯벌로 되돌려주고, 완공 직전의 제방을 개방하는 이유가 다 거기에 있다.

2. 새만금을 둘러싼 망령들

2002년 국군의 날, '녹색연합'은 '새만금 갯벌을 미군기지로 공여해서는 안 된다'는 제목의 성명서를 발표했다. '연합토지관리계획'(LPP)에 따라 새만금 간척 예정지 130여만 평을 미국 측에 제공하기로 했다는 정보가 언론을 통해 흘러나왔기 때문이다. "국내 정서와 비현실성을 감안해서 거부 통보했다"고 국방부는 공식 해명했지만 미군의 환경 범죄에 민감해온 녹색연합은 모종의 다짐이 필요했을 것이다. "국방부가 미군 측과 이면 합의를 해놓고 '이중 플레이'를 하는지 현 상황에서는 판단할 수 있는 근거를 가지고 있지 못하다"고 밝힌 녹색연합은 국방부의 거부 통보를 일단 환영하면서 "국민의 87%가 새만금 간척사업을 반대하고 있는 상황에서 간척지의 일부를 미군에 준다는 것은 주권을 침해하는 일임과 동시에 이는 정부의 정체성을 의심케 하는 일"이며, "귀중한 생태계의 보고인 새만금 지역이 미군기지 배후지로 전락하는 것은 있을 수도 없다"고 목소리를 높였다.

　하지만 미국과 맺은 각종 불평등 협정들이 미군이 '요'하면 우리는 '허'하는 원칙으로 제정된 처지에 안심은 이른 것이다. 새만금 간척사업이 중단된다면 미국은 '요'하지 않겠지만 1억 2,000만 평으로 간척지가 완공된 이후에 다시 정식으로 '요'한다면 사정이 달라질지 모른다. 겨우 1%에 불과한 면적을 가지고 협정을 들이밀며 '요!'하는데 감히 '허'하지 않을 수 있을 것인가.

　'환경영향 민관공동조사단'(이하 '공동조사단')을 가동하면서 중단한 새만금 간척사업을 2001년 5월 재개한 지 한 달도 못되어, 새만금 간척 예정지의 네 배 가까운 농지를 개발이 가능하게 용도 변경하겠다고 발표한 정부는 쌀 증산정책을 포기하면서도 제방공사를 밀어붙이고 있다. 그러면서 정부는 어이없게도 '식량 안보'와 농지 부족을 이유로 든다. "새만금 간척지의 미군 공여 계획 역시 밀실에서 추진될지 마음놓을 수 없다"고 성명서에서 밝힌 녹색연합은 "새만금 간척사업의 부당성을 스스로 증명한 정부는 용도 변경을 통해 농업기반공사의 배를 불려주려는가” 하고 묻는다. 또한 갯벌에 살고 있는 수많은 생명들과, 수천 년 동안 살아온 주민들과, 새만금을 살려달라는 미래세대의 목소리를 귀담아 들어 새만금 간척사업을 중단하라고 정부에 요구한다.

녹색연합뿐이 아니다. ‘환경운동연합’이나 ‘풀꽃세상을 위한 모임’과 같은 환경단체들은 물론이고, ‘생명평화연대’에 속한 시민단체와 종교단체, 학계·문화계·여성계 인사와 정치인들이 한결같이 새만금 간척사업의 조속한 중단을 요구하고 있다. ‘시민환경연구소’에서 ‘한길리서치’에 의뢰하여 2003년 6월 조사한 설문 결과, 응답자의 80% 이상이 환경단체들과 같은 의견을 보이고 있다.

환경단체에서 추천한 ‘민관공동조사단’의 일원으로 현장을 시찰한 ‘세민환경연구소’ 홍욱희 소장은 새만금 간척사업의 방대함에 놀라, “통일 이후의 식량을 위해” 간척사업을 지지한다고 입장을 바꿨다. 홍욱희 박사의 변신에 크게 고무된 정부와 농업기반공사는 토론회가 열릴 때마다 그를 약방의 감초처럼 ‘얼굴 마담’으로 내보내고 있지만, 그의 순진한 희망과 관계없이 새만금 간척사업은 애초의 매립 목적과 달리 농업기지로 쓰일 가능성이 거의 없어 보인다. 지금은 비록 농업기지 조성을 위해 책정된 국가 예산을 낭비하고 있지만, 산업과 연구단지 및 관광단지를 언급하는 최근의 청와대와 농사 이외의 대안을 찾겠다는 정부 여당 ‘신구상기획단’의 의도에서 짐작되듯, 농림부나 농업기반공사나 전라북도 모두 간척지에 농사를 지으려 하지 않을 것이 거의 확실하다.

1996년 환경운동연합 주최로 대학생들과 전국의 갯벌을 답사하던 길에 찾아가 만난 당시 유종근 전라북도지사는 농업 이야기는 한마디도 입 밖에 꺼내지 않았다. 오히려 학생들 앞에서 느닷없이 우주센터를 약속한 바 있다. 약 5,000만 평을 필요로 하는 게 우주센터이므로 새만금 간척지가 바로 그 적지라는 해석인데, 단거리 미사일도 미국 눈치를 보며 개발하지 못하는 주제에 우주센터는 누구를 위한 헛된 희망 사항이었을까. 당시 유종근 도지사는 미국을 위한 거대한 조차(租借)를 꿈꾸었던 것일까. 새만금 간척사업이 농업용이 아니라는 사실은 1991년 11월 기공식 때 당시 노태우 대통령의 연설문과 언론의 보도를 보아도 충분히 짐작할 수 있다. 기공식 연설문에서 '농어촌 발전'이나 '도시와 농어촌의 조화'를 몇 차례 양념처럼 언급하고 있지만 '21세기 한국 산업을 이끄는 중심 지역'이 주제였고, 당시 주류 언론들은 '21세기 서해안 시대의 중추적 산업기지'와 '새로운 국제 새만금항'에 방점을 찍고 있었다.

1999년 5월부터 2년여 동안 가동된 '민관공동조사단'은 수질에 대한 확신을 시민들에게 전달하지 못했다. 만경강의 상태로 보아 상당한 환경 설비를 확충하고 그린벨트를 철저하게 유지하더라도 농사를 지을 만한 수질이 불가능하다는 주장에 대해, 가능하다는 측은 과학적으로 납득할 만한 자료를 제출하는 데 번번이 실패했던 것이다. '국민의 정부'를 표방한 김대중 정권은 수질이 양호한 동진강 유역부터 개발하고 만경강은 수질이 개선되는 대로 이어 개발한다는 이른바 '순차적 개발'이라는 계략으로 간척사업 재개를 결정했지만, 문제를 제기한 환경단체와 세금을 내는 대다수 국민들을 설득하는 이른바 '사회적 합의'에는 실패했다. 새만금 간척사업은 과학적으로도 민주적으로도 불합리했던 것이다.

이는 만경강의 수질 문제를 '똥물론'으로 대응한 군산대학교 양재삼 교수의 역겨운 주장과 맥을 같이한다. 해양학 전공인 양재삼 교수는 2000년 9월, 국회환경노동위에서 주관한 '새만금 심포지엄'에 진술자로 출석해, "축산 폐수 등 각종 오염원으로 유기질 비료를 만들면 일석이조의 효과가 있"다며 "새만금 수질 문제를 개선할 획기적인 방안을 특허 출원 중"이라고 기염을 토하였다. 또 MBC '100분 토론'에 출현한 11월에는 "오염이 심한 만경강 물로 농사를 지으니 비료 뿌릴 필요도 없이 농사가 잘되더라"며 과학자의 상식과 거리가 먼 근거 없는 발언을 늘어놓았다.

참여하는 전문가들이 제출한 개개의 편집된 자료는 물론, 그 자료에 대한 해석이 판이한 까닭에 '민관공동조사단'은 결론을 유보한 보고서를 제출하였다. 하지만 '국민의 정부'는 보고서를 자의적으로 왜곡하고, 재개될 순차적 새만금 간척사업은 분명히 농사를 지향한다고 표면적으로 선언했다. 농업기반공사에서 지출하는 새만금 간척사업의 예산이 바로 농업 기반의 조성에 한정하는 한, 농림부나 농업기반공사가 용도 변경을 나서서 주장할 수 없는 처지이기 때문일 것이다. 법원은 수질로 볼 때 농사가 불가능하므로 공사 중지 명령을 내렸고, 법원이 들으라는 듯 사업 재개를 촉구한 청와대는 수질 문제의 극복이 어렵다는 사실을 인정하면서, 농업 지역을 최소화하는 대신 산업과 연구단지 그리고 관광단지로 용도 변경하겠다는 의지를 지난 7월 22일 국무회의를 통해 시사하였다. 만일 용도가 변경된다면 이제까지 농업기반공사에서 지출하던 예산은 중단되어야 한다. 뿐만 아니라 사업 계획이 바뀐 까닭에 환경영향평가도 다시 받아야 한다. 물론 그 전에 확고한 사업 계획이 마련되어야 할 것이다.

해수 유통이 차단되면 갯벌은 죽는다. 새만금과 같은 하구갯벌은 정화 능력과 산소 생산 기능이 뛰어나 보통의 갯벌보다 생태적 가치가 훨씬 높다. 숱한 해양생물의 산란장이기 때문이다. 새만금 갯벌을 잃으면 인체로 비유하여 콩팥과 허파, 그리고 자궁까지 잃는 셈이 된다. 따라서 '생명평화연대'는 갯벌을 살리고 전라북도의 개발 욕구도 충족시킬 수 있는 대안을 모색하기 위해 우선 물막이를 위한 제방공사를 중단하자고 제안했다. 제방이 열려 있으면 향후에 세울 보전과 개발 대책이 모두 가능하지만 닫히면 개발 이외의 대안은 불가능하기 때문이다. 그런데 대통령의 지시로 정부와 여당이 최근 급조한 이른바 '신구상기획단'은 개발을 전제로 활동을 시작했다.

이에 7월 21일 언론회관 기자회견장에 다시 모인 삼보일배 참여 성직자들과 3대 종단 대표들은 제방공사의 중단과 갯벌을 살리는 대안을 가진 전문가와 환경단체가 신구상기획단에 실질적으로 참여해야 한다는 의견을 피력했다. 군사정권이 주도한 "과거 국책사업을 계승한다는 데 무게를 두지 말고, 자연과 인간, 지금 세대와 다음 세대가 함께 살아갈 수 있는 미래를 향해 국민을 이끌어주시길 진정으로 부탁한다"고 노무현 대통령에게 당부했다.

전라북도는 인구가 계속 감소하는 이유를 개발에서 소외되었기 때문으로 보는 것 같다. 하지만 개발에서 소외되었다고 믿는 지역은 전라북도만이 아니다. 개발의 혜택을 입어 감사해하는 지역은 오히려 드물 것이다. 새만금 간척지에 대단위 농업 또는 산업단지가 개발된다면 전라북도의 인구가 획기적으로 늘어날까. 산업단지 밀도가 매우 높은 인천의 상당수 시민들은 오염된 환경 속에서 기회만 닿으면 떠나고 싶어하지만 돈이 없어 주저앉아 있다고 토로한다. 중앙정부의 교부금이 가장 적다고 불평하는 인천시는 '찬밥론'을 들고 나오는데, 토박이 인천 시민들은 인구가 적었던 시절보다 행복에 겨워 하고 있을까. 석유를 소비하는 농기계와 생태계와 인간의 건강을 위협하는 화학 비료에 의존할 수밖에 없는 대단위 농업단지는 현대건설이 개발한 서산 간척지의 예를 보더라도 인구 증가에 거의 기여하지 못했다. 지역 주민의 행복과는 거리가 먼 것이었다.

'민관공동조사단'에 참여했던 서울대학교 환경대학원의 김정욱 교수는 지난 2월 7일, '새만금 갯벌을 살리기 위한 원주 대화마당'에 나와 경제적 측면으로 살펴보아도 농업단지나 산업단지는 가능성이 없다고 단정했다. 보상금까지 책정하면서 휴경을 장려하는 현실에서 기존 경작지보다 현저히 고가일 새만금 농토를 누가 매입할 것이며, 지금도 텅텅 빈 산업단지보다 훨씬 비쌀 새만금 간척지의 산업단지에 어떤 기업이 공장을 세우려 들 것인가 따져 묻는다. 새만금 간척지보다 더 넓은 산업단지를 이미 조성해놓은 중국은 땅값도 받지 않을 터이니 옮겨오기만 해달라고 국가 차원에서 광고하고 있다는데.

텔레비전 공개 토론회에 출석한 농업기반공사의 한 간부는 기존 농토의 개발을 전제로 새만금 농업단지를 주장하는 듯한데, 그게 사실이라면 이는 후손의 식량 안보 차원에서 볼 때 우려할 만한 역행이 아닐 수 없다. 돈은 물론, 칼로리 기준으로 보아도 논보다 가치가 3배 이상 높은 갯벌마저 잃는 게 아닌가. 첨단에 최첨단까지 들먹이지만, 완전 자동화되는 첨단 산업단지는 인구 유입과 관계가 적다. 첨단일수록 전문 인력이 있는 수도권을 선호할 것이다. 이렇듯 농업단지나 산업단지로도 가능성이 낮다면, 새만금 간척지는 국무회의에서 시사한 바 있는 관광단지나 연구단지로 적격일까. 글쎄, 관광단지와 연구단지로 개발이 성공하면 지역 정서와 동떨어진 인구가 어느 정도는 늘어날지 모른다. 하지만 1억 2,000만 평이나 되는 거대한 간척지에 조성되는 인위적 관광단지나 연구단지는 우리나라의 처지에서 보면 너무 방대하다.

연구비나 연구 인력의 재원은 물론 필요한 상수도 공급도 원활하지 못할 것이다. 더구나 외국인 관광객들은 다른 나라, 다른 지역에서 볼 수 없는 자연스런 하구갯벌일 때는 감탄하며 전대를 풀겠지만 독특한 경관을 파괴한 황량한 매립 벌판을 찾아오지는 않을 것이다. 또 혹시 모를 골프장이나 카지노로는 앞서가는 나라와 경쟁하기에 버거울 것이다. 아무리 휘황찬란하게 꾸며도 외국 유명 관광지의 위상까지 접근하기도 어렵겠지만, 후손의 생명을 담보하는 갯벌을 메워 만드는 개발 대안으로서 국민들의 공감을 얻어내는 데는 실패할 것이다. 그렇다면 남는 대안은 무엇인가.

요즘 부안군은 핵폐기장을 반대하는 주민들의 행동으로 뜨겁다. 수천억 원의 지원금으로 유혹하는 산업자원부에 유치 신청을 낸 부안군수와 부안군의회의장은 연일 벌어지는 대규모 주민들의 집회와 시위에서 보듯, 주민들의 의견을 제대로 묻지 않은 것이 분명하다. 그들은 핵폐기장이 부안군과 전라북도의 발전을 견인할 것이라고 했는데 무슨 근거로 확신했을까. 핵폐기장 적지를 놓고 수십 년 동안 연구하는 국가로 유학 다녀왔을 과학자들이 관정(管井) 판다며 몇 번 시추한 암석을 밀실에서 얼렁뚱땅 검토해놓고, 얼씨구나 확정한 위도는 현재 어떤 사정인가.

1인당 3~4억 원의 보상금을 직접 건네줄 것으로 믿었던 나이 많은 주민들은 받게 될 돈을 외지의 자식에게 주고 싶었다는 게 아닌가. 돈을 직접 줄 것처럼 순진한 주민들을 선동한 자가 바로 핵산업과 관계하는 과학자였다는 위도 주민의 증언은 무엇을 의미할까. 그렇다면 핵폐기장이 들어서면 인구가 늘어날까. 상식적으로 보아도, 핵폐기장이 강제로 들어선 일본 아오모리 현 로카쇼무라 주민들의 분노에 찬 증언을 미루어 보아도, 늘어나는 외지인보다 떠나는 지역 주민이 훨씬 많을 것임이 분명하다. 돈을 직접 준다는 말에 위장 전입하는 사람이 부쩍 늘어나는 위도의 현 주민들은 뒤늦게 파악한 진실에 불안해하고 속아 도장 찍은 데 분노하고 있다. 쏟아지는 문제 제기를 받고 보상금의 직접 지급을 철회했지만 강력한 항의에 굴복한 정부가 세금으로 조성한 돈을 고약한 전례를 남기며 위도 주민들에게 직접 주었다고 치자. 치명적으로 위험한 사용 후 핵연료까지 임시 저장될 핵폐기장이 본격 가동될 무렵, 위도에 주민등록을 남기고 있을 주민은 관련 종사자 이외에 얼마나 될까.

3. 새만금 간척사업의 규모와 배경

시민들의 비판이 끊이지 않는 숱한 국책사업들은 의회와 대통령의 정치적 결정이나 행정부의 편의적 결정 때문인 경우가 대부분이다. 과거 '보통사람' 운운하던 군사정권이 일방적으로 결정한 새만금 간척사업의 배경과 과정이 과연 민주적이고 과학적이었는지 살펴보자.

밑 빠진 사업

상지대학교 홍성태 교수가 '참여연대'에서 발행하는 인터넷 소식지(2003. 7. 16)를 통해 "광주에서 무고한 시민들을 학살하고 권력을 잡은 전두환과 노태우의 신군부 일당이 호남의 민심을 돌려놓기 위해 추구한 이른바 '서해안 시대 구상'의 일환으로 시작되었다"고 지적했듯, 새만금 간척사업은 처음부터 무리가 많은 '태생적으로 잘못된 사업'이었다. 뒤가 구릴수록 치장이 요란한

법. 자신들의 원죄를 의식했을까, 전라도에 줄 '선물'을 고민하던 신군부에 의해 일방적으로 구상된 새만금 간척사업이었지만, 서슬 퍼런 군사정권하에서 시민사회의 공공연한 반론은 들릴 수 없었다. 움도 틀지 못했던 시민단체는 물론, 언론이나 생태학자들의 공식적인 반론도 거의 없었다.

다만 경제성을 놓고 정부 부처 간의 갈등이 있어 시행 초기 순조롭지 못했다. 하지만 일단 예산이 편성되자 주요 언론들의 찬가는 신문지상에 넘쳐흘렀다. "한가한 어촌이 대륙 진출의 교두보로 탈바꿈시킬 공장용지로 바뀌어가고 있다"고 포문을 연 당시 언론들은 "새만금 간척사업이 완료되면 전자·자동차·신소재 산업 등 첨단 산업체들이 대거 입주하고, 도시와 농촌이 균형을 이룬 이상적인 전원도시가 들어서면 연간 1조 326억 원의 농공업 생산과 연인원 1천 600만 명의 고용 증대 효과를 거두어 본격적인 서해안 시대를 열어나갈 것으로 기대"한다며 앞다투어 수선을 떨었다. "2000년대 우리나라를 세계 속의 한국으로 발돋움시킬 중국과 동남아 진출의 전진기지로 육성될 전망"이고, "연간 18만 6,000t의 쌀 증산 효과와 함께 5만t 규모의 선박이 접안할 수 있는 국제항과 울산공단 2배 크기의 새 공업 지역이 조성"될 것으로 화려한 애드벌룬을 부풀려 띄웠던 것이다.

갯벌은 국토가 아니던가. 국토 확장이라는 명분으로 우리나라 갯벌의 10%, 전북 갯벌의 90%를 질식사시키는 새만금 간척사업은 전북 군산시 군장 간척지에서 비응도와 고군산군도를 지나 변산반도 해창산 앞까지 33.5km에 달하는 세계 최장의 방조제를 쌓으며 시작됐다. 하지만 전 공정에서 볼 때, 방조제 공사는 그 서막에 불과하다. 새만금 간척공사는 방조제 내부에 여의도 면적의 약 140배이자 부산광역시 면적과 비슷한 1억 2,000만 평의 간척지와 저수량 5억t이 넘는 담수호를 조성하는 단군 이래 최대 토목공사가 아닌가. '보상 어업'이라는 말이 새로 만들어질 정도로 불분명한 원칙으로 4,500억 원 가까운 보상 업무를 처리한 전라북도를 제외하고, 농림부가 시행하고 농업기반공사가 실행하는 새만금 간척사업은 1991년 11월 28일 그 막을 올렸다.

사업 집행 초기 8,200억으로 예상했던 방조제와 배수갑문 공사비는 2000년 1조 3,000억 원으로 슬그머니 상향 조종되더니, 물막이 공사가 2.7km 남고 전체 방조제의 73%가 완공된 현재 1조 4,000억 원 이상이 슬며시 집행됐다. 서울행정법원의 집행정지 명령 이후 일부 언론과 전라북도 당국은 "사업이 90% 이상 진행된 상태에서 공사 중단은 불합리하다"고 주장했지만, 사실상 물막이 이외에 방조제 공사는 73%에 지나지 않았던 것이다. 남은 방조제와 추가 건설해야 할지 모르는 배수갑문으로 얼마의 비용이 더 들어갈지 아직 예측할 수 없지만 문제는 내부 공사다.

썩은 시화호보다 더 큰 담수호가 만들어질지, 해수가 유통될지 결정되지 않은 상태에서 농림부 주장대로 논을 조성할지, 전라북도 희망대로 복합 산업단지를 구상할지, 국무회의 안대로 산업·연구와 관광단지로 활용할지, 현재 확실한 결론이 나지 않은 상태이다. 보상비를 둘러싼 법적 공방이 끝나지 않았고, 주변 염전의 보상까지 남은 상태에서 이미 2조 원 가량 낭비된 새만금 간척사업이 앞으로 도대체 얼마나 천문학적인 돈을 더 잡아먹을지 아무도 섣부른 계산을 하지 못하고 있다. 예산 감시운동 시민단체인 '함께하는 시민행동'에서 2001년 5월 제10회 '밑 빠진 독'상을 농림부 장관에게 줄 무렵, 6조 원으로 증액된 예산은 조성 사업비가 가장 적은 논을 전제로 했다. 방조제와 배수갑문으로 낭비한 돈이 아까워 그 5배 가까운 돈을 더 낭비하겠다던 정부는 이제 논이 아니라 복합 산업단지나 관광단지라고 말하는데, 앞으로 시민들은 얼마나 많은 세금을 바쳐야 할까.

하구를 막지 않았을 뿐 아니라 배수갑문이 항상 열려 있는 네덜란드 방조제보다 500m 더 긴 새만금 간척사업의 방조제는 만조시 수면 위로 10m 이상 올라가도록 설계되어 밑바닥이 평균 290m의 너비와 최고 36m의 높이를 자랑한다. 33.5km의 방조제를 위해 15t 트럭 486만 대 분량의 토사석이 들어갔고, 이를 위해 변산반도 국립공원의 해창산이 밑동까지 사라졌다. 그뿐이 아니다. 방조제 용적을 채우기 위해 주변 갯벌에서 4,200만 톤의 바닷모래를 준설해야 했다.

하지만 방조제 용적은 내부 공사를 위해 퍼부어야 할 토사석의 용적에 비하면 '새 발의 피'다. 앞으로 얼마나 많은 바다와 산이 방조제 내부에 부어져 사라질지 모른다. 서울 남산이 수십 개 이상 사라질 것이라는 예상보다 더 심각한 문제는 그로 인해 항구적으로 파괴될 생태계다. 새만금 간척지 면적만큼의 갯벌은 물론이고, 제방 내부와 질식사할 내부 갯벌 위에 해수면 이상 퍼부을 토사석을 위해 사라졌거나 사라질 갯벌과 육상 생태계는 인간의 세대 내에 결코 회복되지 못할 것이다. 남가력도와 신시도에 각각 10개, 8개씩 배열한 배수갑문은 갑문 하나의 폭이 30m, 높이가 15m다. 참고로 현대건설이 시공한 남가력도의 배수갑문 설치비는 1,200억 원에 달했다.

정치 공작

1991년 해창산 앞 갯벌에서 울려 퍼진 발파음으로 시작된 새만금 간척사업은 '호남 푸대접론'에 민감할 수밖에 없는 신군부가 대통령 선거를 앞둔 시점에 전라북도 표심을 염두에 두고 '선물'로 급조했지만, 그 시원은 1970년대 초에 기획된 '옥서 지구 농업개발계획'에서 찾을 수 있다.

'정의 사회 구현'을 모토로 내세웠던 정의롭지 못한 정권은 민주화 요구가 드높은 불안한 상황에서 생존을 위한 정권 재창출이 절박했고, 신군부에 대해 부정적인 호남 정서를 개선해야 할 필요성이 절실했다. 이에 따라 정부 관계자들은 3개월이라는 초단기간 만에 타당성 조사를 부랴부랴 마무리해 '광주!' 하면 생각나는 5공화국의 유일 수장에게 보고했고, 노태우 여당 대통령 후보는 최루탄이 난무하는 가운데 '새로운 서해안 시대를 대비한 개발 전략'의 하나로 서해안고속도로와 함께 새만금 간척사업을 공약으로 내세운 것이다. 그때 변산반도 국립공원도 검토되었다. 여당 대통령 후보를 노골적으로 지원하던 그 무렵의 농림수산부는 새만금 간척사업을 화려하게 부풀려 말 잘 듣는 언론에 연일 발표했지만 정작 예산을 지원하는 경제기획원은 반대를 굽히지 않았다. 식량 안보나 생태계 보전 차원이 아니었다. 식량을 수입하는 편이 간척사업으로 쌀을 생산하는 비용보다 경제적이라는 천박한 논리였다.

'옥서 지구 농업개발계획'은 애초 무슨 목적이었을까. 금강을 하구언으로 막아 주변의 관개와 배수를 개선하기 위해 충청남도 서천군과 전라북도 옥구군 사이의 김제 지구 일원 갯벌을 매립하고, 만경강 주변 농경지의 관개와 배수를 개선하려는 의도로 시작된 이 계획은 이후 1980년대의 2단계 기획으로 이어졌던 간척 위주의 개발사업이었다.

서남 해안 간척사업의 장기 개발 계획을 수립하던 5공화국 산하 농림수산부는 김제와 옥서·부안 지구의 사업을 하나로 통합 '부안 지구 복지농어도 종합개발사업'으로 확대 종합했다. 그와 같은 일련의 사업 계획은 '공유수면매립법'이 있으므로 가능했다. 매립하는 자가 임자가 되도록 일제가 1917년 제정한 '공유수면매립법'은 갯벌을 매립한 논에서 생산한 쌀을 '공출'이라며 강탈하려는 의도에서 비롯되었지만, 제대로 청산되지 않은 오욕의 역사는 구시대 악법을 1962년 다시 제정하였고, 돈에 걸신들린 후손들의 욕심을 한층 자극했다. 갯벌만 보면 정부나 민간 기업을 가리지 않고 너도나도 매립에 열을 올리기 때문이다. 새만금 간척사업이 그 대표적인 예라 하겠다. 당초 김제 일원의 갯벌을 매립하려던 간척사업이 느닷없이 그 몇 배 규모로 확장되더니, 급박한 정치 상황에 따라 3개월 만에 '새만금'이라고 이름을 바꿔 달고 세상에 모습을 드러내지 않았는가.

만경강과 김제의 앞 글자를 딴 '만금'에 '새' 자를 추가한 새만금은 누가 보아도 정치적인 결정이었다. 역대 정권이 추진했던 수출 위주의 산업화정책은 노동 집약적인 자급자족 생산 농가의 분열을 초래해 공장이 밀집된 도시를 향한 젊은이들의 농촌 탈출을 부추겼고, '유신'하면 생각나는 정권이 다분히 의도적으로 자행했던 편향적 정책은 호남 주민들의 소외감을 더욱 증폭시켰다. 1960년대 초기 300만에 가깝던 전라북도의 인구는 1990년대 중반 190만 이하로 급감해 산업단지가 많은 영남 지방에 대한 상대적 박탈감을 안

겨주었다. 거기에 '광주' 하면 생각나는 피비린내 나는 정권은 치유되기 어려운 군홧발 상처를 강요했고, 앙금처럼 내려앉은 호남 지역의 분노는 정권 쟁취를 위한 정치권들의 호재로 작용했다. 그래서 전라북도의 오랜 역사와 문화이자 생명의 원천이었던 만경강과 동진강 하구 일원의 갯벌마저 정치권의 희생양으로 내몰렸던 것이다.

갯벌의 가치를 깨닫지 못하던 시절의 실책이 반복되어서는 안 되지만, 공유수면매립법은 돈에 매몰된 자들을 탐욕으로 안내한다. 매립하기 전의 공유수면, 즉 갯벌은 호미 들고 갯일 나가던 모든 주민들이 대대로 공동소유하면서 지역 문화와 역사와 생태계가 함께 보전될 수 있었지만, 매립한 자가 매립된 공유수면을 독차지할 수 있게 되면 사정은 달라진다. 국민의 세금을 독단으로 전용하는 중앙정부나 시민들이 한 푼, 두 푼 모아둔 예금을 단숨에 인출하는 대기업들이 갯벌과 문화와 역사와 생태계와 후손의 생존권까지 한꺼번에 매립하는 것이다.

자연이 드물어진 요즘, 자연의 가치를 몰랐던 시절에 개발에서 소외되었던 지역이 새롭게 각광받는 다른 국가의 예를 새만금에 적용할 수 없을까. 개발이 빚어낸 필연적인 환경 오염의 고통이 지역 주민에게 전가되고, 단기간의 이익은 지역 정서와 거리가 먼 외지의 투자가들이 챙겨가는 게 보통인데, 정치권은 무엇을 생각하고 있을까. 아직도 개발의 환상에서 허우적거리고 있는 것일까. 주민들을 여전히 현혹시키고 있는 것일까. 새만금 간척사업에 관한 한 불행히도 그렇다.

4. 시민운동의 힘

새만금 간척사업에 대한 비판의 목소리가 시민사회에서 사업 집행 초기에 들리지 않았던 것은 당연하다. 언론을 장악한 서슬 퍼런 군사정권이 시민들의 목소리를 철저히 억눌렀던 시절이 아니었나. 말로만 '보통사람'이었던 노태우 정권의 권위가 집권 말기에 누수되면서 시민단체가 사회 각층에서 윤곽을 드러냈고, 1990년대 초 낙동강에 페놀이 흘러들어가는 사건이 발생하면서 환경단체가 본격적인 활동을 시작했다. 환경운동 초기에 반핵운동과 수질·대기 오염에 대한 문제 제기가 많았지만 점점 생태계 보전운동이 활기를 띠기 시작했고, 세미나와 토론회를 개최한 환경단체와 해양학자들의 꾸준한 노력으로 시민사회는 갯벌에 대한 가치를 서서히 인식해갔다. 새만금 간척사업 초기에 문제를 제기할 이렇다 할 수단을 찾을 수 없었던 의식 있는 시민들은 사회가 민주화되면서 환경단체로 모여 목소리를 내기 시작했다.

환경단체의 목소리가 시민사회에 제대로 알려지기 시작한 계기는 시화호 오염 사건이었다. 비슷한 시기에 1,400만 평의 갯벌을 매립하던 인천신공항도 환경단체와 관련 전문가들의 숱한 문제 제기에서 자유롭지 못했지만 시민사회에 그 과정이 거의 알려지지 않았다. 그런데 시화호의 경우는 달랐다. 오염된 모습이 신문지상에 확연하게 드러났기 때문만이 아니다. 독극물과 같은 시화호의 시커먼 폐수가 아무 대책 없이 바다로 들어가는 것을 막으려 배수갑문 위에서, 배수갑문 밖의 바다에서 저항하는 환경단체의 직접 행동을 보고, 간척공사에 대한 부정적인 인식이 시민들의 뇌리에 각인되었던 것이다.

이후 학계에서 거듭 발표된 갯벌의 가치는 어려서부터 강요된 간척의 가치를 훨씬 초월하는 것이었고, 매립지를 다시 갯벌로 되돌리는 해외 여러 나라의 역간척 사례는 우리의 일방적인 간척정책에 경종을 울리기에 충분했다. 간척지에 조성한 공단에서 편서풍을 타고 육지로 쏟아져 들어오는 오염물질은 주민들의 농작물에 큰 피해를 주었고, 인근 해상의 오염은 양식과 같은 근해어업을 치명적으로 위협했지만, 공장 측은 나 몰라라 했다. 사업 초기에는 간도 빼내어줄 것처럼 약속했던 정부 당국과 관련 기업들은 피해 주민들을 철저히 외면했고, 그와 같은 사례를 속속 전해들은 시민들은 더욱 각성하게 되었다.

군사정권의 뒤를 '문민정부'가 잇고 문민정부의 정권을 '국민의 정부'에 이양하면서, 환경단체들은 과거 정권이 저지른 새만금을 비롯한 간척사업의 환경 문제를 더욱 본격적으로 제기하고 나섰다. 동강 댐 저지운동에 진력을 다했던 환경단체들은 1998년 벽두, 전북환경운동연합에서 발표한 새만금 간척사업 반대 성명서를 시작으로 같은 해 2월, '세계 습지의 날'을 맞아 새만금 간척사업의 중단을 요구하는 신호탄을 올렸다. 전국의 환경단체가 "단군 이래 최대의 환경 파괴 사업"으로 규정하며 총연대하여, 동강 댐의 열의 이상으로 새만금 간척사업을 중단시킬 것을 결의하고, 정부와 정치권에 대한 압력은 물론 시민사회에 문제를 알리기 위한 현지 방문과 토론회, 성명서 발표에 몸을 사리지 않았다. 그해 4월, 새만금 간척사업 특별감사에 돌입한 감사원은 시민단체의 주장에 힘을 실어주었다.

　해양수산부와 갈라진 농림부는 갯벌의 가치와 위기를 알리는 해양수산부의 갯벌 보고서의 경고와 감사원의 지적을 받은 뒤로 추진하려던 '영산강 4단계 간척사업'을 포기하기에 이르렀고, 환경단체들은 추가 사업의 즉각 중단과 함께 양심 있는 전문가와 환경단체의 공정하고 투명한 참여와 사업 포기를 포함한 전면 재검토를 요구하고 나섰다.

　1999년 초, 당시 유종근 전라북도지사는 민과 관이 참여하는 공동조사단을 중앙정부에 제의, 재검토를 언급하였다. 국책사업을 놓고 지방자치단체의 장이 왈가왈부하는 데 잠시 불쾌해했던 농림부는 대통령의 의중을 확인한 후 유종근 도지사의 제안에 동의했고, 같은 해 5월 '민관공동조사단'이 공식 발족하면서 간척사업은 중단되었다. 환경정책평가 연구원의 이상은 원장을 반장으로 하여 경제와 수질, 그리고 해양 생태계의 조사를 담당한 전문가들은 정부 기관에서 10명, 환경단체에서 추천한 10명, 그리고 전라북도와 정부에서 추천한 10명 등 총 30명이었고, 온갖 우여곡절을 겪으며 2000년 8월, 결론을 유보한 결과 보고서를 제출했다. 그런데 국무총리실은 환경단체와 해양학자를 비롯한 환경 전문가들의 강력한 이의 제기에도 불구하고 '순차적 개발'

이라는 기상천외한 발상으로 2001년 5월 새만금 간척사업의 재개를 결정했고, 이후 현재에 이르고 있다.

2003년 3월 28일부터 65일 동안 진행된 '온 세상의 생명평화와 새만금 갯벌을 살리기 위한 삼보일배'는 새만금 간척사업을 기정사실로 간주했던 언론과 시민들의 의식을 일깨웠고, 새만금 갯벌이나 후손의 생명보다 여전히 정국 주도권과 전북 표심의 향배에 촉각을 곤두세우던 정치권은 다시 소용돌이에 휘말리기 시작했다.

'삼보일배' 이후 '생명평화연대'로 확대하여 뭉친 환경단체는 인사동에 모여 북과 징을 치며 시민들에게 문제점을 알리려 노력했고, 조계사와 청와대 근처에서 농성과 단식을 병행했으며, 여성 성직자들은 '새만금 갯벌과 전북인을 위한 기도 순례단'을 구성하여 서울에서 새만금 갯벌로 도보 행진에 나섰다. '새만금사업을 반대하는 부안사람들'은 밑동까지 사라져 평지가 되어버린 해창산에서 전국에서 온 환경단체 활동가와 관심 있는 시민들을 맞아 '해창산 위령제'를 주관했다. 대학생으로 구성된 '새만금 갯벌 살리기 시민행동 전국 자전거 홍보단'이 여름방학을 맞아 전국에서 새만금 갯벌을 향해 자전거를 타고 달렸다. 이때 위기의식을 느꼈는지, 농업기반공사의 은밀한 지원으로 의심스럽게 긴급 발족한 '새만금 추진 협의회'는 자전거를 탄 젊은이는 물론, 도보 수행하는 여성 성직자들을 경찰이 보는 앞에서 막고 폭행과 폭언을 서슴지 않아 새만금 간척사업의 진면목을 적나라하게 보여주었다.

내 자신의 탐욕과 무지와 분노가 빚은 새만금 간척사업과 생명 파괴 현상을 삼보일배로 반성하는 네 분 성직자들의 노력으로 전국 시민들은 새만금 간척사업의 문제에 비로소 눈을 뜨기 시작했고, 급기야 법원에서는 공사 중지 명령을 내리기에 이르렀지만, 새만금 간척사업의 부당성과 그 중단을 촉구하는 시민운동은 끊이지 않았다. 아니 끝마칠 수가 없었다. 앞으로도 시민운동은 계속될 것이며, 설사 새만금 간척사업의 제방공사가 마무리된다손 치더라도 그치지 않을 것으로 생각한다. 새만금 해창산 갯벌 앞의 장승들과 그 갯벌에 묻힌 향나무는 시민단체의 의지를 웅변한다.

  방조제용 토사석으로 온몸이 뜯겨가는 해창산 앞 새만금 갯벌에 모여 보전 의지를 불태워왔던 환경단체들은 자신들의 각오를 밖으로 드러내고자 했다. 지역 주민과 환경단체 500여 명은 2000년 1월, 눈보라가 휘날리는 가운데 꽃상여와 만장을 앞세우며 '새만금 매향제'를 열었다. 천년이 가도 변하지 않도록 50년생 향나무를 갯벌에 파묻고 '매향비'를 세운 것이다. 이는 장승제로 바로 연결되었다. 환경운동연합의 지역 조직마다 형형의 장승 70여 개를 깎아 '개발 귀신'을 막아내려고 매향비 너머 해창산 앞의 갯벌에 세웠다. 바로 그 옆에는 '개발과 정복의 이데올로기를 내세운 백인에 의해 상처 입은 북미 원주민'들이 2002년 9월에 지지 방문하며 세운 독특한 토템이 자리를 잡았고, 그 주변에는 현장환경미술가로 우리에게 잘 알려진 최병수 화백이 제작한 각양각색의 솟대와 누각이 갯벌과 하늘 사이에서 새만금 갯벌 보전의 의미를 천명하고 있다.

  장승과 솟대와 토템 앞에는 삼보일배의 주역인 문규현 신부와 수경 스님이 담임 신부와 주지로 있는 컨테이너 성당과 사찰이 김경일 교무와 이희운 목사가 담당하는 교당과 교회와 함께 나란히 자리잡고 앉았다. 가장 많은 신도, 즉 새만금 갯벌을 지키는 뭇 생명에게 생명의 강론과 불법을 오늘도 설파하고 있는, 작지만 큰 성당과 사찰·교당·교회 옆에는 한 쌍의 묵직한 장승이 30번 국도를 바라보며 서 있다. "자연물에 상을 드려 자연에 대한 인간의 존경심을 회복하자"는 감성적인 환경운동을 추구하는 '풀꽃세상을 위한 모임'에서 세운 두 장승은 매립될지 모르는 새만금 갯벌에서 살아남은 백합에게 '풀꽃상'을 드린다는 내용의 목판을 맞들고 있다. "모든 갯벌 생명체를 대신하여 '조개 중의 조개'라 불리는 백합이 세세만년 갯벌에서 살아가기를 간절히 바라는 마음에서" 2000년 3월 26일 제5회 풀꽃상을 드린다고 했다.

  '풀꽃세상을 위한 모임'은 "단군 이래 최대의 간척사업이 진행 중인 새만금 갯벌사업에 맞닥뜨려, 소송을 통하여 헌법이 보장한 재산권의 해석을 넓히고 확고하게 다짐으로써 굼뜨게 가는 법률에 신선한 충격을 주었을 뿐 아니라, 지금은 물론 앞으로도 계속 갯벌을 누려야 한다는 의지를 밝힌 자랑스러운 어린이들에게 어른으로서의 부끄러움과 함께 격려의 마음을 전달하기 위해" '미래세대 환경소송'을 제기한 미래세대에게 부상 100만 원을 주었고, 회원들의 정성으로 마련한 그 부상은 2000년 5월 유엔환경계획(UNEP)에서 주관한 영국 이스트본의 '세계 어린이 환경회의'에서 새만금의 위기를 알리는 데 소중하게 사용되었다.

만 18세 미만인 이 땅의 어린이와 청소년 200명으로 구성된 소송인단이 농림부 장관과 해양수산부 장관을 상대로 미래세대의 환경권 보장을 요구하는 집단소송을 낸 때는 2000년 어린이날이었다. "자연자원은 우리 마음대로 쓰고 망가뜨릴 수 있는 현세대의 전유물이 아니라 미래세대가 두고두고 누려야 할 공동의 자산이라는 관점"으로 '새만금 공유수면 매립면허 취소 및 새만금 간척사업과 종합개발사업 시행인가 취소 청구소송'을 서울행정법원에 제출한 것이다. 자연을 대리하거나 미래세대를 대리하는 소송에 미숙한 우리의 법감정은 상급 법원까지 미래세대의 몫을 챙겨주는 데 실패하고 있지만, 소송을 제기한 미래세대는 결코 실망하지 않는다. 대법원이 남아 있기 때문이 아니다. 비록 어른들이 판단하는 법에 호소하기는 했지만, 조상이 보전하여 우리에게 넘겨준 자연을 미래세대에게 온전히 물려주어야 한다는 생태적 책임을 이 땅의 어른들에게 분명히 알릴 수 있었기 때문이다.

'새만금생명학회' 소속의 학자와 문화·예술계 인사들이 해창산 앞 갯벌을 수차례 방문하여 겉보기에는 건강하지만 위기에 몰린 새만금을 위해 각종 행사를 진행해왔고, 새만금생명학회와 환경단체의 초청으로 새만금 간척사업 일대를 5번이나 다녀간 아돌프 켈러만 박사는 몸담고 있는 독일 슐레스비히 홀슈타인 주 갯벌국립공원에서 자신이 연구한 '지속 가능한 갯벌 보전과 이용'에 대한 결과'를 바탕으로 새만금 갯벌의 보전을 위한 법정 진술을 마다하지 않았으며, 주민들이 소외되지 않는 보전과 이용의 해법을 거듭 당부하였다. 그보다 앞선 2000년 5월에 '일본 습지 네트워크'(JAWAN)의 야마시타 히로구미 대표는 새만금 갯벌을 방문 조사한 뒤에 가진 기자회견 자리에서 "세계적으로 보전할 가치가 있는 갯벌 생태계 가운데 하나"로 확인하고, "농경지 및 수자원 확보, 홍수 예방 등의 이유를 내세우고 있지만, 일본의 이사하야 만의 경우를 보면 터무니없다"고 농업기반공사의 주장을 일축했다. 2000년 11월에는 세계적 환경연구소인 월드워치의 레스터 브라운 이사장이 찾아와 "1993년 대홍수 이후 미시시피 강변 매립을 전면 중단하고, 거액을 들여 습지로 되돌리고 있다"며 간척사업은 "조금 얻고 많이 잃는 사업"임을 분명히 증언했다.

2003년 1월, 엄동설한을 뚫고 새만금 간척사업을 반대하는 부안 주민들과 서울대학교 환경동아리 '씨알'이 '새만금 유랑단'을 조직하여 최병수 화백이 조각한 새만금 갯벌의 짱뚱어와 그 영정을 들고 새만금 간척사업의 복판에 있는 계화도에서 서울 광화문까지 걸었다. 그 일행 가운데 환경단체 활동가를 그만두고 귀농한 부안 주민 조태경은 2002년 6월, 만신창이가 된 해창산의 깎아지른 60m 바위 절벽에 등산용 로프에 의지한 채 열흘 이상 매달려 공사 중단을 외치며 목숨을 건 고공 농성을 감행했고, 나머지 주민들은 그 아래서 건설회사 사원들의 폭행을 받으며 무기한 단식 투쟁에 돌입했다. 한 사람의 생명이 바위 절벽에 매달려 있어도 발파공사를 계속 진행시킨 농업기반공사는 새만금 갯벌과 변산반도 국립공원 내 해창산의 생명을 지키려던 그들을 공사 방해로 고발했고, 현재 소송이 진행 중이다.

또한 2003년 1월, 서울 대학로 성공회 대성당에서 열린 '범종교인기도회'에서는 '새만금 간척사업에 대한 대응을 모색하기 위한 생명평화회의'의 개최를 합의하고, 다음달 7일 강원도 원주의 토지문학관에서 '새만금 갯벌을 살리기 위한 원주 대화마당'을 열었다. 이는 삼보일배로 연결되었고, 시민단체에서 6월 서울행정법원에 제출한 '새만금 간척공사 집행정지 가처분 신청'이 7월 15일 받아들여지는 데까지 이어졌다. 그런데 법원의 이번 결정은 분노한 활동가들의 행동과는 무관한 일이다. 해수 순환에 매우 중요한 제4호 방조제의 남은 구간이 농업기반공사의 밤낮 없는 강행군으로 막혔던 6월 중순, 환경단체 활동가와 지역 주민들은 삽과 곡괭이를 들고 들어가 12시간 만에 제4호 제방의 물길을 2m 정도의 너비로 터버렸다. 하지만 그것도 잠시, 경찰의 비호를 받은 술 취한 '새만금 추진 협의회' 회원들이 몰려와 폭력을 휘둘렀고, 활동가와 주민들은 그 폭력을 온몸으로 받으면서도 저항하지 않았다. 그 틈을 이용해 농업기반공사는 맨손으로 땀 흘려 파놓은 물길을 단 5분 만에 대형 포크레인으로 메워버리는 눈부신 성과를 올렸지만, 삼보일배의 선두에 섰던 문규현 신부는 활동가들의 확신에 찬 행동을 예수님의 고행에 비유했다.

법원 명령의 핵심이 무엇이던가. 그동안 환경단체에서 줄기차게 주장해온 바와 같지 않던가. 아무리 막대한 예산이 투입되었다손 치더라도 향후 계속될 새만금 간척사업은 경제적으로나 생태적으로 전혀 가능성이 없기 때문이었다.

5. 나가는 글

서울행정법원의 새만금 간척사업 집행정지 명령 이후 정부와 여당, 그리고 언론은 터무니없는 이유로 시끄럽다. 국책사업이 중단되면 안 된다며 난데없는 '국책사업 위기론'을 증폭시킨다. 현 노무현 대통령은 해양수산부 장관 시절 전라북도 언론 앞에서 새만금 간척사업의 유보를 주장했다. "전라북도 도민이 모두 바란다 해도 정부 관료로서는 국민에게 해가 된다면 재고시키는 것이 옳다, 되돌려야 할 것이라면 되돌리는 것이 바로 용기"라고 강조했다. 그런 그가 대통령 당선자 신분이 되더니 사업 내용을 재조정하겠다는 의견을 밝혔다. 2001년 정부에서 발표한 '친환경적 개발' 원칙에 따라 "전라북도와 공동으로 새만금 개발 신구상에 관한 추진기획단을 당에서 만들겠다"고 말을 바꾸었고, 이제 그 말은 전라북도 권역 여당 의원의 주도로 비밀리에 구성된 개발 지향 전문가들의 '신구상기획단'으로 구체화되었다.

장관 때 유보하더니, 참여정부를 주창하는 정권의 대통령이 되자, 집권 초기에 내세웠던 '국민이 대통령'이라는 구호와 다르게 자신을 지지한 환경단체를 배제하면서 용도 변경까지 운운하며 간척사업에 집착하는 이유가 무엇일까. 무슨 말못한 사연이 있는 것일까. 여소야대 상황에서 번번이 개혁이 차단되므로 다가올 총선에서 찬란한 지지를 받으려는 일관성 없는 무리수일까.

정부와 여당은 입만 열었다 하면 '친환경적' 간척사업을 들먹인다. 갯벌 매립에 친환경이 가당키나 하단 말인가. 시민들을 속이기 위한 언어도단이 아니라면 무식의 소치일 텐데, 법원 명령 이후 사퇴한 김영진 농림부 장관은 취재기자에게 방조제 위에 잔디를 심으면 되는 거 아니겠냐고 무지를 드러낸 적 있었다. '뜨거운 얼음'이나 '아름다운 강간'이라는 말이 떠오르는 순간이다.

제방을 막아 조성된 시화호에서 수상 스키를 즐길 것으로 주장했던 십수 년 전의 정부 관리는 현재 공직에서 물러났을지 모르지만, 화옹호 수질을 깨끗하게 관리할 수 있다고 호언했던 관리는 분명히 자리를 지키고 있을 것이다. 폐수를 바다에 버리고 해수를 들여보낸 시화호는 그렇다 치고, 화옹호는 지금 어떤 몰골인가. 과연 농업과 공업용수로 활용 가능한 물이 고이고 있는가. 근거 자료를 제시하며 부당성을 주장했던 환경단체와 전문가들의 주장을 일축하고 화옹호 제방공사를 강행했던 관리 중 누구 하나 책임지고 자리를 물러났다는 소식을 아직 듣지 못했다.

책임지지 않는 행정은 정부를 불신하게 만든다. 잃은 돈은 나중에 되찾거나 다시 벌면 되지만 신뢰를 잃으면 아무 것도 남는 게 없다. 시민들은 정부의 약속을 다시는 믿지 않을 것이다. 국책사업을 빙자하며 옥박지르다 안 되면 달콤한 감언이설로 회유하려 들겠지만 돈 몇 푼에 비굴해지거나 폭력에 굴복하는 안타까운 경우가 반복될지언정 시민 대다수는 결코 속으려 하지 않을 것이다. 정부는 언제까지 무책임 행정을 고수할 것인가. 만약 새만금 간척사업이 계획과 달리 실패한다면, 환경이 무너진다면, 노무현 대통령을 포함하여 친환경적 간척사업을 주장했던 인사들은 과연 역사와 후손 앞에 상응할 만한 책임을 질 수 있을 것인가.

조수간만의 차가 심하고, 품고 있는 생명체가 다채롭고 풍요로운 우리나라 서해안 간석지는 세계적으로 보기 드문 생태자원을 보전하고 있다. 새만금 갯벌에서 백합과 바지락을 캐던 주민들은 억만금을 보상해준다 해도 떠나지 않겠다고 말한다. 해양학자들은 "수심이 낮고 침수 시간이 길어 수분 함량이 높은데다 바닷물과 염분도가 비슷해 저서생물에게 가장 적당한 서식 환경을 제공하고 있다"고 탄식하며 새만금 하구갯벌은 수많은 바다 생물의 오랜 산란장인 까닭에 매립과 같은 개발로 얼마나 큰 피해가 초래될지 상상조차 불가능하다고 보전을 호소한다.

한국생태경제연구회는 2003년 5월 15일 가진 기자회견에서 "새만금 간척사업 공사를 중지하고 갯벌을 보존할 경우 8조 1,000억 원의 이익이 가능하지만 정부안대로 순차적으로 개발하면 4조 1,000억 원의 손실이 발생할 것"으로 예견했다. 또한 막대한 수질 개선 비용에 비하면 농산물 생산으로 얻은 이익은 미미해서 "공사를 중지할 경우 비용편익비율이 1.98로 나타나 경제성이 있지만 순차 개발할 경우의 비용편익비율은 0.52로 경제적 타당성이 없다"고 추정했다. 수치로 환원 가능한 경제성만이 평가의 전부일 수는 없다. 수치로 제시하기 어려워서 그렇지, 산소를 공급하고 유기물을 정화하는 환경과 생태적 가치를 포함하고 특히 심미적 가치를 고려한다면 새만금 갯벌이 보전되었을 때의 비용편익은 한국생태경제연구회가 계산한 경제성을 크게 초월할 것이라고 믿는다. 더구나 역간척을 추진하고 기존 제방의 해수 유통을 배려하는 네덜란드와 같은 앞선 간척 국가들의 예를 들자면, 하구를 틀어막는 새만금 간척사업은 후손의 생명을 크게 위협할 것이 거의 틀림없다.

새만금 간척사업을 반대하는 어떤 시민이 새만금 일원의 갯벌을 변산반도 국립공원에 편입하자고 제안한 것처럼 물막이 공사가 90% 이상 진척된 현 상황이라도 새만금 갯벌을 살리는 방안은 충분히 가능하리라 생각한다. 해수와 담수 유통이 자유로운 규모로 배수갑문과 교각을 추가하거나 확충하고, 바닥이 넓은 제방을 지역 어민이나 관광객을 위한 시설로 적극 활용할 수 있을 것이다.

"간척을 통해 얻을 수 있는 수익이라는 것이 관광이나 어업을 통해 얻을 수 있는 수익에 비해 비교도 안 된다"고 주장하는 아돌프 켈러만 박사는 "독일에서 '갯벌국립공원법'을 개정할 때 주민들의 반대가 거의 없었다"고 증언한다. 주민들은 갯벌을 보전해야 생존이 보장되는 것을 잘 알고 있기 때문이라는 설명이다. 아돌프 켈러만 박사는 갯벌 보전의 이유를 간단하면서도 당연하게, '지속 가능성'으로 못박는다. 간척은 '지속 가능성'보다 '일회적'이라고 강조한다. 새만금 간척사업이 진행되는 지역에 "지난 3년 동안 연간 120만 명의 관광객이 찾아와 평균 10일 정도 머물렀으며 약 1조 2,000억 원의 소득이 발생했다"고 주장하는 전남대학교 지구환경과학부 전승수 교수는 새만금 간척사업을 반대하는 퇴적학 전문가답게 보전된 새만금 간석지는 독일보다 많은 수입을 끌어낼 것으로 확신한다.

비록 많은 예산이 투입되었지만, 잃은 돈이 아까워 가진 돈 탕진하는 어리석은 정책을 도박꾼처럼 반복하지 않으려면 어두웠던 군사독재 시절 기획되고 시작된 간척사업을 당장 중단해야 한다. 경제적인 측면, 환경적인 측면, 사회·역사·문화적인 측면, 그리고 과학적인 측면으로 살펴보아도 새만금 간척사업을 계속할 하등의 이유가 없지 않은가.

하지만 정작 가장 중요하게 살펴야 할 문제는 생명이다. 간척사업 일원에 서식하는 수많은 갯벌 생명은 우리 후손의 건강을 담보한다는 사실을 잊어서는 안 된다. 우리 조상이 물려준 우리의 건강은 함께 물려준 자연을 우리가 얼마나 소중하게 보전하고 있는가에 따라 좌우된다. 후손의 건강도 마찬가지다. 후손의 생명에 영향을 미칠 정책 결정은 그 기준이 후손이어야 한다. 그런 점에서 첫 단추가 잘못 끼워진 새만금 간척사업은 엉뚱한 대안이 아니라, 보전을 위해 당장 중단하지 않으면 안 될 것이다.

박병상　인천 도시생태·환경연구소 소장, 풀꽃세상을 위한 모임 공동대표. 순수 생물학자를 지향했지만, 새만금 간척사업과 같은 생태계 파괴 현장에서 무너지는 공동체를 보고 근본주의 환경운동의 길로 빠져든 서생. 근본주의자라는 지적을 칭찬으로 오해하며, 『굴뚝새 한 마리가 GNP에 미치는 영향』, 『파우스트의 선택』, 『내일을 거세하는 생명공학』, 『우리 동물 이야기』, 『참여로 여는 생태공동체』를 썼으며 다수의 공저서가 있다.

새만금 갯벌이 살아야 우리가 산다

새만금 소동으로 무너진 공동체 문화 / 윤박경

프롤로그1

내가 '새만금/여성들'과 인연을 맺은 것은 2001년 봄이었다. 에코페미니즘을
공부하며 여성들과 함께 여성 환경운동을 하던 나에게는 '풀리지 않는 문제'
가 있었다. 그것은 '왜 여성인가?'라는 물음으로, 이 물음은 내 자신뿐만 아
니라 주변 환경운동을 하는 남성들의 회의적 반응과 관련된 것이었다. 생태
위기를 해결하는 데 '왜 여성입니까?'라고 반문하는 남성 활동가들에게 할
수 있는 대답은 에코페미니즘에 대한 내 이해 수준에 머물러 있었다.

에코페미니즘과 여성 환경운동의 기본 출발점은 '여성과 환경의 친화성'
이다. 그렇다면 한국적 맥락에서 여성과 환경의 특별한 친화성은 어디에서부
터 나오는가, 진정으로 여성의 삶을 이해하고 개발과 환경 파괴로부터 자연
과 우리 스스로를 지켜나갈 수 있는 방법은 무엇인가, 이 과정에서 여성은 어
떠한 역할을 담당해야 하는가, 또 그것이 여성들의 삶을 억압하지 않는 방법
은 무엇이고, 여성의 삶으로부터 어떠한 가치를 발견해내고 이를 사회적으로
살려내야 할 것인가와 같은 고민들이 나를 혼란스럽게 했다. 나는 이 고민들
을 풀어갈 실마리를 찾고 있었고, 새만금은 바로 이 고민의 모든 내용을 담고

있는 환경 사안이었다.

새만금 간척사업은 '국토 확장, 식량 안보, 그리고 지역 발전'이라는 성장과 발전의 논리를 국가적으로 정당화함으로써 바다와 갯벌을 황폐화시키고, 이를 삶의 터전으로 살아왔던 지역 주민들의 생존과 생계를 위협하고 있다. 이 사업으로 직접적인 피해를 받는 지역은 어촌마을들2로, 이 지역 주민들은 바다와 갯벌의 수산자원에 의존하여 자신들의 생계를 유지해왔다. 그러나 그동안 '새만금'에 대한 논의들은 '개발이냐 보전이냐'를 둘러싸고 이 사업의 경제적 타당성이나 개발 이익, 주변 환경에 미치는 영향, 새만금 갯벌의 생태적 가치 등에 주로 초점이 맞춰졌다.

그 결과 새만금 지역 주민들이 갯벌과 어떻게 관계를 맺으며 살아왔고, 간척사업으로 주민들의 삶이 어떻게 변하고 있는지에 대한 그들의 목소리는 드러나지 못하였다. 특히 간척의 직접적인 대상지인 갯벌에서 노동을 하며 살아온 여성들의 경험과 목소리는 더욱더 그랬다. 일반적으로 어촌 지역 여성들 대부분은 갯벌에 나가 조개를 캐며 살아가고, 남성들은 바다에 나가 고기를 잡는다. 이렇게 여성과 남성의 일과 공간이 구분되어 있는 어촌 지역에서 자연환경인 갯벌과 바다에 대한 여성과 남성의 관계는 다르게 구성되며, 이 결과 간척 개발과 환경 악화에 대한 경험은 다를 수밖에 없다.

새만금 지역 내에서 '누가', '어디서' 일을 하느냐의 차이는 노동이 이루어지는 자연환경에 대한 인식과 관계를 다르게 형성할 수 있을 뿐만 아니라, 새만금 간척사업과 환경 악화에 대한 경험과 태도에도 영향을 미치기 때문이다. 이런 이유에서 나는 새만금 지역의 환경에 적응하며 살아왔던 여성들의 삶의 경험을 통해, 새만금 간척사업이 지역 여성과 자연환경에 어떠한 영향을 미치는지를 살펴보기 위해 현지로 내려가 여성들을 인터뷰하였다.

새만금 반대운동의 지역 거점, 계화도

내가 찾아간 곳은 전북 부안의 '계화도'[3]였다. 계화도는 전라북도 부안군의 서북쪽에 자리잡고 있는 해안마을로서, 2002년 9월 당시 565가구에 남자 803명, 여자 789명으로 총 1,592명이 살고 있는 비교적 규모가 큰 마을이다. 행정구역상으로 계화면에 속해 있는 계화도는 면소재지인 창북리에서 마을로 들어서는 도로 양쪽으로 820만 평에 달하는 드넓은 간척지가 펼쳐져 있으며, 마을 중앙에는 해발 246.2m의 계화산이 있고 마을의 삼면이 바다로 둘러싸여 있다. 계화도는 행정 단위상 '리'로 구분된 9개의 작은 마을로 나뉘어 있으며, 마을 주민들은 어업과 농업을 주요 생계수단으로 살아가고 있다. 이와 같은 계화도의 현재 모습은 간척으로 형성된 것이다.

원래 계화도는 섬이었다. 마을의 사면이 바다로 둘러싸여 바닷물이 빠지면 드넓은 갯벌이 드러났던 계화도는 면소재지인 창북리에서 하루 한 번씩 운행하는 배를 타고 들어가거나 썰물 때에 갯벌을 걸어서 들어가야 하는 곳이었다. 조석간만의 차가 큰 우리나라 서해안에 위치하는 계화도는 만경강과 동진강이 바다와 만나는 염하구에 자리잡고 있어서 갯벌이 잘 발달되어 있다. 이러한 갯벌을 하구갯벌이라 하는데, 이곳은 각종 어패류들이 산란하기에 적합하며 다양한 생물종이 서식하고 있다. 또한 계화도의 인근 해역에는 여러 섬들로 이루어진 고군산군도가 자리잡고 있으며, 여기에는 '어류의 보고'로 불리는 칠산어장이 형성되어 있다.

이와 같은 마을의 생태적 조건상, 바다와 갯벌의 풍부한 수산자원은 땅이 귀한 섬마을 사람들의 주요 생계수단이 되었다. 마을 주민들 중 일부만이 마을 중앙에 있는 계화산 자락을 개간한 밭에서 소규모로 보리와 밀, 고구마를 재배하였다. 이렇듯 계화도 주민들의 삶은 바다와 갯벌을 중심으로 하는 바닷가 문화를 그 특성으로 한다. 이러한 계화도의 생태적·지리적 특성으로 '간척의 최적지'로서 평가받게 되었고, 이런 이유에서 계화도는 1968년 계화 간척공사에 이어 현재의 새만금 간척사업으로 두 번의 간척을 겪게 되었다.

계화도의 자연환경과 주민들의 삶에 변화를 불러온 첫번째 간척은 1968년 계화 간척공사였다. 1960년대 1차 경제개발 5개년 계획의 일환으로 실시된 계화 간척공사는 1961~65년에 걸쳐 섬진강 상류의 옥정리에 댐이 완공되어 운암호의 물이 증수되면서 그곳에서 발생한 수몰민 2,768세대를 이주, 정착시키기 위해 이루어졌다. 이 간척공사로 매립된 갯벌의 면적은 총 3,896ha로, 이 중 2,741ha가 10년이 넘는 탈염 및 개답 과정을 거쳐 농경지로 만들어졌다. 1968년 계화 간척공사 이후부터 계화도에는 섬진강 댐 건설 지역의 수몰민들이 이주하여 원주민들과 함께 살아가고 있다. 정부는 수몰민들을 위한 취락 지구를 기존 어촌마을인 창북리·돈지리·계화도에 조성하였는데,4 계화도에는 241동의 이주민 주택이 들어섰다. 이 결과 계화도는 5개의 원주민 마을과 4개의 이주민 마을을 합친 총 9개 마을이 '계화'라는 하나의 '리' 단위로 묶여져 살아가게 되었다.

820만 평(2,741ha)에 달하는 간척지가 새로 생겨나면서 바다와 갯벌의 수산자원에 의존하는 어업 위주의 경제를 특성으로 하던 계화도는 농업 비중이 커지고 마을의 전업농이 증가하였다. 생활 조건이 바다와 갯벌밖에 없던 계화도 원주민들 대부분은 어업에 종사하는 반면, 정부로부터 간척농지를 분양받아 이주해온 이주민들은 농사를 지었다. 하지만 계화 간척지에서 농사만을 짓는 주민은 30%에 불과하고, 나머지 70%는 어업에 종사하거나 농업과 어업을 겸하고 있다.

여그 앞에 막아서도 〔계화 간척공사〕 원주민들은 농토 한 톨도 안 줘버렸어. 원주민들은 농토 하나 안 주고 전부 수재민들(수몰민들), 다 그 사람들이 논 사고 집 사고 와서 이렇게 기름 내고 살잖여. 그 사람들은 다 신혀(실속이 있어). 농사짓고 또 우리 힘없는 것도 같이 부업을 하네, 그 사람들은(이주민들). 그 사람들은 차암 살기가 부드럽지. 우리 같은 사람들이(원주민) 어렵지. 우리들이야 하루 벌어서 하

루 쓰고 하루 벌어 하루 쓰고. 당장 〔바다〕에 안 나가면 돈이 궁해가지고 살지를 못혀. ―사례 1

원주민들이 계화 간척공사로 이익을 본 것은 육지가 되어 교통이 편리해 졌다는 것 외에 환경 피해5를 감수해왔으며, 개발의 수혜(간척농지 분양)에서 배제되어온 것에 대한 불만도 많았다. 간척공사로 자신들의 삶터였던 마을 앞 갯벌이 간척지가 되었지만 정작 원주민들은 아무런 보상도 받지 못했던 것과는 달리, 이주민들은 간척지 논 2필지(15마지기)와 주택(일명 한일집·쌍 용집·대덕집 등)6을 제공받았기 때문이다. 마을공동체가 안정되기까지 주민 들 모두는 원주민과 이주민 간의 대립과 갈등이라는 어렵고 힘든 변화와 적 응 과정을 거쳐야만 했다.

그런데 1991년부터 시작된 새만금 간척사업은 안정을 찾아가던 마을공동 체를 또다시 분열시키는 요인으로 작용하였다. 새만금 간척사업을 둘러싸고 농사를 짓는 이주민들은 찬성하는 입장으로, 어업에 종사해온 원주민들은 반 대하는 입장으로 각각 양분·대립하게 된 것이다.

다른 한편 계화도는 지역 풀뿌리 운동 조직인 '새만금사업을 반대하는 부 안사람들'(이하 '부안사람들')이 활발한 활동을 전개하고 있는 지역이다. 계 화도는 어업이 잘 발달된 곳일 뿐만 아니라 드넓은 계화 간척지가 있어서 다 른 농촌이나 어촌과는 달리 이농 현상이 적은 편으로 마을공동체가 그나마 유지되고 있었다. 또한 계화청년회를 중심으로 새만금 간척사업이 지속되는 것을 우려하고 이를 반대하는 분위기가 마을 내부적으로 생겨나고 있었다. 이런 점에서 '부안사람들'은 지역 새만금 반대운동의 거점으로 계화도를 주 목하게 되었다.

2001년 12월에 '부안사람들'은 계화도로 사무실을 이주하여 현재까지 새 만금 반대 주민운동을 적극적으로 펼쳐오고 있다. 이 결과 계화도는 새만금 반대운동의 지역 거점으로 부각되었으며, 사업을 반대하는 다양한 집단들과의 접촉은 마을 주민들이 새만금 사업에 대한 태도를 형성하는 데 주요한 영향을 주었다. 특히 계화도는 지역 새만금 반대운동에 여성(어민)들의 참여가 두드러진 곳이다.

새만금 갯벌 위, 여성들의 '살림'살이

계화도 여성들(원주민)은 자신들의 삶을 '갯것 뜯어먹고 산다'거나 '갯살림'으로 흔히 표현한다. '갯살림'은 자신들의 삶의 물질적 토대인 바다와 갯벌이라는 구체적인 삶터에 생명이 태어나고 양육·성장하며 유지되기 위해 이루어져야 할 경제적 활동으로서 '살림'이라는 단어가 결합된 것이다. 이러한 갯살림은 바닷물의 순환 주기인 물때(조석)에 따라 이루어진다. 물때는 한 달에 두 사리(그믐·보름사리)가 있는데, 보통 15일(사리)을 주기로 1~11물(마)·한것기(한객기)·대것기(대객기)·조금·무쉬(무심)로 구분되며, 하루에 두 번이고 매일 50분씩 느려진다.

　계화도 주민들의 갯살림에서 남성들은 주로 바다에 나가 고기를 잡고, 여성들은 백합·동죽·바지락 등과 같은 조개를 채취하며 살아간다. 계화도에서는 자녀가 결혼하면 '재금'(분가)을 내보내는 풍습7이 있다. '재금'난 개별 가구들의 생계와 소득은 남성과 여성 모두의 생계 활동에 의해 유지되었기 때문에, 여성들의 갯일은 삶의 터전이 바다와 갯벌뿐인 궁벽한 바닷가 삶을 살아가는 데 필수적인 생계 활동이었다.

　그 전에 우리 배 헐 때에는 내가 부안까지 이고 댕기믄서 팔고, 꽝아리(광주리)에다가 막 이고 저그 부안까지 막 단박질(달음박질)허는 거여. 거그서 팔고 또 오믄서 보리 팔어 갖고 와서 먹고. …… (바다 갔다 와서는) 밭일 혀야지. 쪼깐 뺀허면은(시간이 나면) 막 산으로 다 나무허러 가고 또 뺀허면은 바다로 가고 밭으로 단

박질허고. 그 전에는 쉴 참이 없었지. ─사례 2

그 전에 바다 댕기믄서 내가 벌어야 하는디 애기들 땜에 못 번께, 애기들을 방에
다가 가둬. 인제 오강(요강) 씨쳐서(씻어서) 넣어놓고 먹을 것, 과자, 우유 같은 거
사서 들여놓고 바다 댕겨. …… 인자 엄마 찾으러 간다고 바다 가면은 애만 잃는
거여. …… 〔바다〕 갔다 오면은 똥하고 오줌하고 방바닥에다 싸 갖고 막 손으로 다
으깨 갖고 그 똥하고 먹을 거하고 같이 그거를 막 먹은 거야. …… 그래도 어떡해,
새끼들 안 굶겨 죽일란께 벌어야 되고, 그 이튿날 또 그렇게 하고 바다 나가고. 빈
몸으로 〔재금〕 나왔으니까, 몸뗑이만 차고 나오니까 인제 열심히 안 하면은 우리
가 살아갈 길이 없잖아. 그냥 할 줄 몰라도 이를 악물고 댕겼지. ─사례 3

게다가 여성들은 힘든 갯일을 하고 집에 돌아오자마자 밭에 나가 일을 해
야 했고 산에 나무를 하러 다녀야 했다. 그리고 과거 어판장이 없던 시절, 여
성들은 물이 빠질 때에 맞춰 조개와 고기를 광주리에 담아 이고 부안 읍내나
인근 농촌마을로 나가 이것들을 팔아 쌀과 보리를 산 후, 물이 들기 전에 다
시 돌아오기 위해 갯벌을 '달음박질'해야만 했다. 자녀들을 돌봐줄 다른 가
족 구성원이 없는 상황에서 갯일을 가야 했던 여성들은 어린 자녀들을 방에
남겨두고 문을 잠근 채 갯벌에 나갈 수밖에 없었다. 갯일을 하고 집에 돌아와
보면 아이들은 방안에서 놀거나 울다 지쳐 잠들어 있었고, 이런 자식들의 모
습을 바라보며 여성들은 안타까움과 아픔을 느꼈다. 하지만 여성들은 어린
자식들과 가족의 생계를 위해 다음날 또다시 갯일을 나가야만 했다.

우리집 영감 사는 것은 배해서(뱃일해서) 돈벌어 갖고 오믄은 남자들은 놀아. 남자
들은 댕기면서 막 윷도 놀고, 화토도 치고, 술도 먹고 그러고 세월을 보내다가 넘
는디. 우리 각시들은 지하불천 허니 밭도 허고 집의서(집에서) 일도 허고 산에 나
무도 허러 댕기고 그러고 살지, 뭐. ─사례 4

이와는 달리 바다에서 고기를 잡고 마을로 돌아온 남성들은 잡아온 고기를 배에서 내리고 그물과 어구를 손질하고 나면 여성들에 비해 여유로운 시간을 보냈다. 남성이 고기잡이를 하는 바다는 거센 풍랑과 예측 불가능한 기상 악화와 같은, 그래서 늘 죽음과 위험이 산재된 험난한 환경이다. 이러한 바다 한가운데에서 이루어지는 남성들의 고기잡이는 각종 위험과 죽음의 공포를 자신들의 근육과 감각만으로 이겨내야 하는 그런 일이다.

이런 작업 환경에서 오는 힘듦을 육지에 와서 술과 노름 등으로 풀어냈던 것이 바닷가 남성들의 문화였다. 이러한 바닷가 남성들의 문화는 여성들에게 생계를 책임져야만 하는 부담으로 작용했을 뿐만 아니라, 남편의 술버릇과 폭력, 그리고 뒤치다꺼리로 여성들은 고통을 당할 수밖에 없었다.

〔여성의 경제력은〕 생계를 유지할 수 있는 원동력이었던 거예요. 남자들은 아무것도 아니에요. 남자들은 여그서(계화도) 생활도 안 했어요. 태안반도 있죠? 그리전부 다 갔어. 서산, 대하 잡으러. 몇 달 동안? 몇 달이 아니죠. 거의 반년이죠, 반년. 〔마을에는〕 여자들하고 자식들, 아니면 노인 양반들. 전부 다, 어머니가 생계유지를 다 시켜줘야 되고. 어머니가 조개 캐서? 그렇지요. 쉽게 말해서, 아버지라는 사람은 반년 동안 객지야. 잘 벌으면 괜찮은데 못 벌으면 적자야. 그러면 거꾸로 줘야 돼, 선주한테. 옛날에는 그렇게 돼 있었어, 구조가. 쉽게 말해서, 내가 반년 동안 나가서 고생한 돈이 이거다, 결과가. 목돈이라고 하는 그 결과만 남아 있는 것이지, 실상 아무것도 아니야. 사실 그 나머지 부분을 어머니가 다한 거야, 여기 사람들은. ─사례 5

남성들의 조업 활동은 육지를 떠나 바다에서 장기간 이루어지는 노동이었다. 남성이 부재한 기간 동안 육지에 남아 있는 가족의 생계를 책임지는 일은 여성들의 몫이었다. 계화도에서 태어나 자라온 사례 5는 "아버지라는 사람은 반년 동안 객지야"라고 말한다. 아버지가 없는 반년 동안 가족들의 생계를 책임지는 사람은 바로 어머니였으며, 아버지가 벌어온 돈은 "목돈이라고 해도 실제 생활에는 그다지 도움이 될 수 없었다"고 그는 이야기한다.

　남성들의 고기잡이는 예측 불가능한 바다 환경의 조건에 따라 그 어획량은 늘 유동적이고 불안정할 수밖에 없다. '운이 좋으면 만선으로 돌아오지만, 운이 나쁘면 빈 배 혹은 가벼운 배'로 돌아오는 경우도 있다. 이에 비해 여성들의 조개 채취는 1년 내내 잡을 수 있을 뿐 아니라 자신들의 노동에 따라 일정한 양의 조개를 지속적이고 안정적으로 채취할 수 있다. 이런 점에서 여성들의 조개 채취는 하루하루의 생계, 먹거리를 해결할 수 있는 원동력이 된다. 남성들이 돌아오기 전까지 여성들은 마을에 남아 있는 가족의 생계를 유지시키는 역할을 담당하는데, 이는 매일같이 갯벌에 나가 이 여성들이 채취한 조개가 있어 가능한 일이다. 물론 조개가 화폐 가치로 환산되지 않았던 시절에는 그다지 큰 소득을 올리지는 못했다. 하지만 '먹고사는 문제', '끼니를 해결해야 하는' 어려운 갯살림에 조개(생합)는 '대체 식량'이었을 뿐 아니라, 주식인 쌀과 보리를 살 수 있는 교환 수단으로서의 가치가 충분했다. 계화도에서 "누구네 집이 제일로 좋게 만들어지는가는 누구네 집 여인이 조개를 제일로 잘 캐는가에 달려 있다"는 말이 있을 정도로 여성들의 일과 수입은 계화도를 지탱하는 데 매우 중요한 경제 활동이었다.

'갯살림'의 지혜

1년 365일 매일같이 반복되는 여성들의 갯일은 여성들이 일상적으로 '갯벌과 만나는 과정'이자, 물때와 계절에 따라 변화하는 갯벌 생태계와 생합의 서식 특성 등을 몸으로 알아가는 '앎의 과정'이라 할 수 있다. 이렇게 체득된 갯벌 생태계에 대한 여성들의 '체험적 앎'(embodied knowing)은 생산성의 토대가 되고, 삶의 지속성을 위한 하나의 전략으로서 여성들의 노동 과정에 다시 반영되는 순환 구조를 반복하게 된다. 이러한 갯벌 생태계에 대한 지식은 해양 생태계의 순환 원리와 변화 과정, 그리고 현상들에 대한 관찰과 경험을 통해 체득된 것이다.

인제 뭐 생합도 있는 자리에만 있어. 꼭 캐는 자리에 가서만 캐지, 생갠(생전) 안 댕긴 자리에 가면은 없어. 그런 거를 주로 조금 때는 어디가 생합이 있고, 사리 때는 어디가 생합이 있고 하는 것을 주로 알지. 〔생합이〕 사리 때는 인자 '물밑'에로 많이 다니고, 조금 때는 인제 '등'(된 동: 갯벌에서 조금 올라와 있는 부분) 같은 데로 많이 다니지. 또 큰 생합은 물 있는, 물가 밑에가 많고 깊이 끌어야 잡을 수 있어. 잔 생합은 된 동, 등에 많은데, 잔 것은 얕게 끌어야 하고. 여름에는 모래뻘에서 많이 잡히고 겨울에는 참뻘(진흙뻘)에 가야 잡을 수 있어. 바람이 많이 불고 난 뒤로 가믄 더 잘 잡히지. —사례 6

계화도 여성들이 많이 잡는 백합(생합)은 민물과 바닷물이 만나는 하구갯벌 중에서도 모래 성분이 진흙보다 많은 조하대[8](하부 조간대)의 모래펄(모래와 진흙이 섞여 있는 혼합 펄)에 주로 서식한다.[9] 이러한 갯벌의 특성에 비춰 봤을 때 여성들이 말하는 '생합이 앉은 자리'란, 하부 조간대(갯벌)에 형성된 모래펄을 의미한다. 또한 물때에 따라 생합이 있는 장소가 달라지는데 사리 때는 바닷물이 빠지고 난 후에도 물이 고여 있는 '물밑' 또는 '물가'(갯골 주변)에 주로 생합이 있고, 조금 때는 갯벌이 드러나 솟아오른 '등'에 주로 분포한다. 매일같이 갯벌에 다니면서 생합의 서식 환경을 아는 여성들은 드넓게 펼쳐져 있는 갯벌에서 자기가 잡고 싶은 '생합이 어디에 있는지'를 알고 그곳을 찾아가서 생합을 채취한다.

같이 바다 나간다 해도 똑같이 잡는 게 아니야. 다 틀려, 충충이 있어. 인자 기술이 있는 거지. 어디 가면 더 있고, 어떻게 끌으면은 〔생합이〕 닿고. 아무래도 여그

본 고향 사람들하고 차이가 져. 인자 우리가 잡는 것(생합)은 지금은(겨울철) 얕게 끗고(끌고) 다니면은 없어. 깊이 넣으면은 소리도 감각이 있어. 이렇게 닿둥 만둥(닿는 둥 마는 둥) 하는 소리가 있어. 그런 거를 기술 있는 사람하고 기술 없는 사람하고 차이가 지는 거지. 인자 소리가 민감해, 아무튼 '아무 소리도 아니다' 하면서도 파보면은 기거든. 근데 그거를 몰르는 사람은 그것을 제치고 지나가버리면은 그것을 못 캐는 거지. …… 큰 거는 좀 든든하게 소리가 나고, 좀 잔(작은) 것은 소리가 좀 방정스럽게 그렇게 나. 큰 것은 소리도 요란스럽지, '벅' 소리 난다든가. —사례 7

흔히 여성들의 맨손어업은 특별한 자본이나 기술 없이 누구나 갯벌에 나가 할 수 있는 일들로 여겨진다. 갯벌에 나가 모든 사람들이 조개를 캘 수 있는 것은 사실이지만, 그 채취량이나 질에 있어서는 차이가 난다. 맨손어업을 오랫동안 해오면서 체득한 갯벌 생태계와 물때에 대한 지식, 그리고 이러한 생태적 특성에 따른 백합의 서식 환경을 체험적으로 잘 아는 사람과 그렇지 않은 사람의 생합 채취량은 다를 수밖에 없으며, 따라서 그 결과물인 수입도 달라진다. 여성들은 갯벌에 나가 한 물때에 채취하는 생합의 양을 좌우하는 데 있어, 그레(그랭이: 백합 채취 도구)를 끄는 숙련된 기술과 감각이 무엇보다 중요함을 지적한다. 그레를 끄는 기술은 계절별, 생합의 크기별로 다른데, 생합이 갯벌에 있을 때인 여름철에는 그레를 얕게 끌어야 하며, 겨울철에는 생합이 갯벌 깊숙이 들어가 있기 때문에 그레를 더 깊이 끌어야만 생합을 캘 수 있다. 주로 물밑에 있는 큰 생합은 그레를 깊이 끌어야 잡을 수 있고, 등에 주로 많이 있는 작은 생합은 얕게 끌어야 한다. 또한 조개의 종류마다 그 외피의 두께에 따라 그레에 부딪히는 소리가 각각 다르기 때문에, 그것이 생합인지 다른 조개인지를 구분하기 위해서는 소리에 민감해야 한다. 생합만을 주로 잡는 계화도 여성들의 경우, 소리에 민감하지 않으면 그레에 뭔가가 부딪힐 때마다 갯벌을 뒤적거려 생합인지 아닌지를 가려내야 하기 때문에 그 생산량은 더 적어지게 된다.

우리가 가면은 잔 것은 안 잡잖아, 아예. 종패[10]는 안 잡어, 절대 안 잡어. 이런 종
패 요만썩한 것은 안 잡고, 우리가 작은 거 소합이라고 하는데 최하 소합만한 것
을 잡지, 이렇게 잔 것은 안 잡지. 키워야 또 잡어먹잖아. 그것까지 잡어먹으면은
아예 씨가 말라버리니까, 싹 없어져버리지. 그러고 물 서서(물이 빠져) 나가면은
이제 물 들어오면은 "아, 이제 생합 임자가 들어오니까 우리는 가자" 하고 오는 거
고. 물이 들어오면? 그렇지. 우리가 인자 못 잡어, 물이 들어오면 가야 하니까. 물
이 들어오면 "아, 우리보고 생합 이제 그만 잡으라고, 집으로 가라고. 생합 임자가
들어오니까 우리는 가자" 이렇게 얘기하고 오지. 생합 임자잖아, 물이. 물이 안 들
어오면 무한정 잡지. 사람 욕심이 그러잖아. ─사례 8

물 들어오면 나와야지, 안 나오면 안 되거든. 물에 쫓기면은, 인제 경운기 타고 댕
기니까 경운기에 물 쌓이면은 생명에 지장이 있은께 나와야 돼. ─사례 9

　　자연자원에 의존하여 생계를 유지하며 살아가는 공동체의 삶을 지속 가능
하게 하는 토대는 바로 자연환경이다. 사례 8은 여성들이 갯벌에 나가 생합
을 잡을 때 반드시 지켜야 하는 원칙들을 알려준다. 일단은 백합의 어린 새끼
인 치패(종패)는 절대 잡아서는 안 되고 적어도 소합 정도의 크기만을 잡아야
된다. 이러한 원칙은 농부가 다음해 농사를 위해 종자를 남기는 것과 유사하
다고 볼 수 있는데, 생합이 생육·성장할 수 있도록 놓아줌을 의미한다. "키
워야 또 잡어먹잖아. 그것까지 잡어먹으면은 아예 씨가 말라버리니까, 싹 없
어져버리지"라는 사례 8의 말 속에는 바다와 갯벌에서 자연적으로 자라난 백
합을 채취하는 여성들의 맨손어업에 있어, 갯벌 생산성 유지는 곧 삶의 지속
성과 연결된다는 사실이 내포되어 있다.
　　두번째 원칙은 '물때에 순응, 협력하기'이다. 바다와 갯벌의 입장에서 보

면, 물때란 이 여성들에게 갯벌에서의 노동을 허락한 시간이다. 여성들은 바닷물이 들어오는 것을 '생합 임자가 들어온다'로 표현한다. 생합의 주인은 바다와 갯벌이고, 자신들은 잠시 한 물때 정도 갯벌과 바다에게 허락을 받고 땀 흘려 열심히 일한 뒤 그만큼의 생합을 캐서 가져올 수 있을 뿐임을 이 여성들은 알고 있다. 물때가 아니면, 인간의 욕심은 무한정해질 수밖에 없다. 하지만 물때는 인간에게 더 이상 욕심을 부리지 말고 이제는 집으로 돌아갈 시간임을 알려주는 것이며, 물이 들면 여성들은 '생합 임자'인 바다에게 갯벌을 되돌려주어야 한다. 아쉽지만 갯벌이 자신들에게 허락한 시간 동안 잡은 생합에 만족하고 이제는 돌아가야 한다는 것을, 그리고 내일 또다시 갯벌은 이들을 맞이해줄 것이라는 사실을 이 여성들은 몸과 마음으로 안다. 이렇듯 바다의 순환 주기인 물때에 따른 여성들의 갯일은 갯벌에서 자라는 생합을 채취·소비하여 삶을 지속할 수 있을 뿐만 아니라, 다시 생합이 자랄 수 있도록 바다 생태계의 재생 과정에 협력하는 방식이라 하겠다.

삶의 희망을 주는 생계 터전이자 치유의 장소, 새만금 갯벌

드넓은 갯벌에서 쉼없이 조개를 캐는 여성들의 갯일은 자신과 가족의 생계를 이어주는 것임과 동시에, 노동이 이루어지는 갯벌로부터 편안함과 치유를 얻는 '살아남'의 과정이라고 볼 수 있다. 바닷물이 빠지면 갯벌은 열린다. 열린 갯벌과 함께 여성들의 '오늘'은 시작되고 갯벌은 품고 있던 생합들을 여성들에게 내어준다. '생합 임자'인 바닷물이 들어오기 시작하면 오늘을 살아갈 수 있을 정도의 생합을 채취한 여성들은 가정과 마을공동체라는 또 다른 삶터로 향한다.

집으로 돌아온 여성들은 아내, 며느리, 그리고 어머니 노릇으로 분주하다. 이러한 노릇들로부터 억압과 고통, 상처를 경험한 여성들은 내일 또다시 열릴 갯벌을 품고 있는 바다를 바라보며 오늘을 보낸다. 다시 열려 드넓게 펼쳐진 갯벌에 여성들은 홀로 서서 울거나 일하면서 이를 풀어낸다. 산과 바다, 갯벌, 그리고 생계를 이어주는 고마운 뭇 생명들(생합)은 바로 여성들의 억압된 목소리와 고통을 들어주는 존재들이다. 이 존재들로부터 여성들은 편안함과 치유의 힘을 얻고, 이는 갯벌과 여성이 '다시 살아감'의 원리가 된다.

> 힘들지, [갯일은] 노동치고는 최고 된(힘든) 상노동이여. 바다 나가서 몇 시간 작업하는 것. 왜냐, 정신없이 해야 그만큼의 대가를 얻을 수 있기 땜에 농땡이나 치고, 내가 게을러 가지고, "나, 내가 좀 쉬어야지" 뭐 해야지 그러면은 그만한 보상을 못 갖고 와. 내가 땀 뺀 만큼 벌어 갖고 오는 거여. ―사례 1

여성들에게 갯일은 하루하루의 생계를 이어가야 하는 부담이 아닐 수 없다. 그러나 자신과 가족이 먹고살기 위해 해야만 하는 힘든 갯일이지만 자신이 수고한 만큼의 보상을 얻을 수 있기에 즐겁고 보람을 느낄 수 있었다. 평생을 갯일로 살아온 사례 1은 못 배우고 가진 것 없는 사람들한테 갯벌은 자기가 땀 흘려 일한 만큼 대가를 주고, 정직하게 자신들을 대해준다고 이야기한다. 연령이나 학력과 같은 어떠한 차별과 편견 없이 갯벌은 이들 여성들을 보듬어 안고, 이 여성들 역시 갯벌 속에서 성실하고 당당하게 자신들의 삶을 살아낼 수 있었다. 또한 매일같이 반복되는 여성들의 갯일은 갯벌과의 일상적인 만남을 통해 자신들의 삶에 갯벌을 의미 있는 공간으로 자리매김하는 과정이었다.

> 나? 육남매. 생합 잡어서 다 먹고살고. 그것(생합) 아니믄 죽었지. 여그는 그것 아니믄 죽어, 여그가 생금밭이여! 날마다 캐도 또 가믄 또 있고, 또 가믄 또 있고. …… 진짜 딴 디 사람들은 몰라도 여그 사람들은 이것이 황금밭이거든. 말인께 그렇지, 내가 스무 살 먹어 갖고 와서 시집 와 갖고 평상(평생)을 바다만 벌어먹고 사

는디, 밭 한 뙈기나 있어, 논 한 배미나 있어? 암꿋도 없어 갖고 이 달랑 살꿍둥이 하나 갖고 먹고사는디. 생합 안 잡았으면 참말로 우리집 형편없어. 새끼들도 못 멕여 살려서 굶어죽였어. 내가 그래도 그렇게 숱헌 돈 벌었은께 다 그렇게 먹고살고 그랬지. —사례 2

사례 2는 정읍(농촌)에서 섬인 계화도로 시집 와 처음엔 도저히 살 수가 없을 것 같았다고 한다. 그녀는 "막 시집 와서 못살겠다 싶었는데 갯벌에서 생합 잡아 돈 버는 재미로, 그것에 취미를 붙여서 인자 정 붙이고 산 거여"라고 말했다. 그녀는 갯벌에 나가 울던 기억을 떠올리며, "내가 폭폭 헌게 울었지, 먹고살기 힘든게"로 그 이유를 설명했다. 그녀가 낯선 바닷가 삶에 적응할 수 있도록 해준 것은 갯벌이었고, 이 갯벌이 있었기에 어려운 가정 형편에도 육 남매를 먹이고 키울 수 있었다. 이런 갯벌을 그녀는 날마다 가도 한 구럭 가득히 생합을 캐어올 수 있는 '생금밭', '황금밭'임을 강조했다. 특별한 자본을 투자하지 않아도 그레와 구럭만 들고 나가 자신이 땀 흘려 일하면 언제든지 돈이 되는 생합을 캐어올 수 있는 갯벌이 여성들에겐 앞으로의 삶을 보장하는 적금통장이나 다를 바 없는 것이다. 또한 '돈 버는(=생합 캐는) 재미'가 있어 여성들은 힘든 갯일이 즐거울 수 있다. '돈 버는 재미' 속에는 일하는 즐거움(성취감)은 물론, 이렇게 돈을 벌어서 또 하루를 살아갈 수 있다는 삶의 희망이 담겨 있다. 그래서 이들의 삶은 지속될 수 있었다. 계화도 원주민 여성들에게 갯벌은 '생금밭=목숨'과 같은 삶터로서 힘든 갯살림을 살아갈 수 있는 의지와 희망을 주는 자립의 터전이다.

인자 바다는 나의 행복이라고 정말, 내가 지금까지 건강하게 살아온 것이 바다 덕이라고, 정말. 살면서 너무 힘들어 가지고. …… 우리 신랑이 완전히 미쳐버려 갖고 인자 날마다 집의도 안 들어오고, 돈 벌어 갖고 전부 다 술 먹고 바람 피고 노름허고 그냥 미쳐 갖고 다니네. 그러니 나는 어쩌겄는가잉? 신랑이 집의를 안 들어오니까 인자 우리 시누들이 나를 볶아 먹고. 시집살이는 엄청 살아진 거야, 말도 못해. …… 그만큼 고통받고 살고 우리 시누들이 볶아 먹어서. 날마다 뚜들어 맞고 살고. [시누한테] 맞기도 했지. …… 우리 신랑이 엄청 [집안 살림] 망해먹은 거야, 여섯 번을 살림을 망해먹은 거야. 그래 갖고 14년 동안을 내가 생과부 생활을 했어, 14년 동안을. 그 세월을 그니까 바다 때문에 살았잖아. [바다 나가면] 편안해. 너무 편안하고 너무 진짜 평화로워. 딱 5시간 동안, 그때는 진짜로 행복한 시간이야. 딱 5시간이 행복해, 밤에 잠잘 때하고. 그때가 젤 행복한 시간이야, 바다 갈 때하고 잠자는 시간하고, 진짜여. 그래야 바다 가서 웃고 그러지, 집에서는 웃을 수가 있간이? 쥐 죽은 듯이 살아야 되는데……. —사례 7

사례 7의 남편은 그녀가 둘째 아이를 낳고 난 이후로, 아예 집에 들어오지 않았다고 한다. 밖에서 다른 여자와 바람을 피우고 살림을 차린 것이다. 그녀는 이런 남편의 외도로 14년 동안이나 생과부 생활을 했다고 한다. 밖에서 다른 여자와 바람을 피우고 술과 노름에 빠져 있던 남편의 방탕한 생활은 집안 살림을 여섯 번이나 '망해먹는' 결과로 돌아왔다. 밖으로만 떠돌던 남편은 집에 돈 한 푼 가져다주지 않았고 시부모와 어린 자식들, 그리고 이혼하고 일본으로 돈 벌러간 다섯째 시누이의 세 아이들까지 그녀가 보살펴야만 했다. 게다가 남편의 외도와 방탕한 생활의 원인을 시누이들은 그녀의 탓으로 여겨, 그녀는 다섯 명의 시누이들에게 시집살이와 구타를 당하는 수모를 겪어야 했다.

이렇게 힘든 삶을 살아온 그녀에게 갯벌은 행복의 공간이었다. 남편의 외도와 시누이들의 고된 시집살이, 그리고 어려운 가정살림을 혼자서 꾸려가야만 했던 그녀의 삶에서 갯벌에 나가 조개를 캐는 5시간과 잠잘 때가 가장 행복한 시간이었다. "쥐 죽은 듯이 살아야 되는" 집을 벗어나 그녀가 웃을 수 있고 숨을 쉴 수 있었던 곳은 바로 갯벌이었다. 갯벌에서 생합을 캐기 위해 땀 흘려 일하는 그 5시간 동안 그녀는 가장 평화롭고 편안할 수 있었으며, 그렇게 일해서 번 돈으로 가정살림을 혼자서 지탱해갈 수 있었다. 사례 7는 이 세월을 "바다 때문에 살았잖아"라며 자신이 지금까지 건강하게 살아올 수 있었던 것은 '바다 덕(분)'임을 강조하였다.

나는 이 생합 나오는 것이 그렇게 사랑스럽다구. 이상하게 생합만 나오면 그 소리가 전 그렇게 사랑스럽게 들리는 이유가, 생명이잖아요. …… 나는 그게(생합) 나오면은 "아휴, 너밖에는 나를 도와줄 사람이 없구나", "나와줘서 고맙다" 내가 그래유. 그것은 아마 내가 혼자 사는 사람이기 때문에 그런 것 같아요. …… 그 생합이 그 많은 새끼를 산란해서 우리 인간들한테 멕이고 우리는 그 속에서 더불어 잡어다가 먹고살고 진짜 우리가 생명을 유지하고 살고 허는디, 하루아침에 그걸 죽인다고 생각하믄 아, 정신이 왔다갔다해. 진짜 마음속으로 항상 고마움을 내가 느끼고 그러는디 가을 들어서 새만금이 공사를 저렇게 한다고 하니까 '와, 너하고 나하고 언제 헤어질지……' 그 생각만 하믄은 마음이 울컥울컥한다니까. ―사례 8

사례 8은 다섯 식구의 생계를 혼자 책임져야 하는 여성 가장이다. 갑작스러운 남편의 죽음으로 이 여성은 다섯 식구의 생계를 책임져야 했고, 사남매를 뒷바라지해야 하는 막막한 상황이 되었다. 이런 막막한 상황에서 이 여성이 혼자 아이들을 공부시키고 당당하게 살림을 꾸려나갈 수 있는 의지와 희망을 준 것은 다름아닌 갯벌이었다. 이 여성에게 갯벌에서 나오는 생합은 단순한 생계수단만이 아닌 자신의 아픔과 어려움을 함께 나눌 수 있는 존재였다. 갯벌만 나가면 이 여성은 맘이 편해지고 아프던 몸도 낫는 것 같다고 이야기한다. 이 여성은 생합을 보면 "너밖에는 나를 도와줄 사람이 없구나" 하며, 고마움과 반가움에 한 번 더 쓰다듬으며 마치 친구에게 이야기하듯 대화를 나누곤 한다. 새만금 방조제 공사로 갈수록 줄어들고 죽어가는 생합을 보면서 "너와 내가 언제 헤어질지 모르겠다"며 안타까운 심정에 우울해진다고 한다. 이 여성이 뭇 생명들에게 경외감과 소중함을 느낄 수 있었던 것은 갯벌과 자신의 삶을 일체화시켜 살아왔던 '갯살림'의 경험에서 체득된 것이라 할 수 있다.

'갯살림'의 위협, 새만금 간척사업

갯벌에서 나오는 뭇 생명들과 더불어 갯살림을 유지해온 여성들에게 갯벌은 단순히 먹고사는 생계수단을 넘어 '삶 그 자체', 즉 자신들의 물질적·문화적 생존의 토대로서 의미와 가치를 지닌 삶터였다. 그런 갯벌을 '쓸모 없는 황무지'라며 방조제로 막고 농지를 만들겠다는 것이 새만금 간척사업이다. 새만금 간척사업이 현실에서 추진될 수 있는 것은 바로 갯벌을 '쓸모 없는 땅'으로 여겨 이를 상업적 이윤을 획득하기 위한 다른 용도로의 전환이라는 자본주의적 경제 가치에 근거한 개발논리 때문이다.

> 아, 지금 생명이 살아 있는데 쓸모 없는 땅이라니 그건 말이 안 되는 소리지. 그 속에서 우리 인간이 살고 있잖아. 그러니까 살아 있는 땅이지. 이런 뻘땅을 왜 저렇게 해놓은 거야. —사례 6

> [새만금 갯벌을] 막는 게 제일 마음이 아픈 거여. 막는 걸로 인해서 모든 피해가 오기 땜이 막는 것이 제일 싫어. 막는 것이 제일로 싫은 거여, 지금. …… 우리가 하는 디까지(데까지) 혀서 먹고살라고 노력을 해야 하는디, 당장 여기를 막아버리면 어디서 먹고 쓰고 사느냐 이 말이지. 그렁께 이렇게 북풍(분통)으로 죽지. —사례 1

하지만 여성들에게 갯벌은 조개나 몇 개 캐어 먹고 마는 황무지가 결코 아니다. 갯벌의 생산성은 그들의 삶을 유지시키기에 충분할 만큼 경제적 효용성을 지닌다. 뿐만 아니라 갯벌 속에는 무수한 생물들이 서식하고 있다는 점에서 생태적 가치를 가지고 있다. 이러한 갯벌의 다양한 생물 자원들은 마을 주민들이 다양한 방식으로 생산 활동을 하며 삶을 살아갈 수 있도록 해주는 무한한 발전 가능성을 지닌 공간이다. 현재 자신들이 겪고 있는 모든 고통과 피해의 원인을 새만금 간척사업 때문이라고 인식하고 있는 여성들은 갯벌을 막는 것이 '가장 마음이 아프고 제일 싫은 것'이라고 이야기한다.

> 새만금 사업을 반대하는 것은 우리가 먹고살 터전이니까. 자기네들이 생존권 보상해주고 호당 7,800(만 원)씩 준다고 한께 그놈 갖고 사는 동안, 여그가 10년 안에 공장이 들어앉고 부안이 시가 되고 여그가 읍이 되고 여그가 아파트가 들어앉고 저기가 공장이 생기고 여기가 항구가 되믄은 아, 자식들도 여그 와서 벌어묵고 살 거 아니여. 그래서 둘려 갖고(속아서) 했지. …… 그때 [정부가] 거짓말을 많이 했지. 지금같이 했으면은 누가 여그서 찬성할 사람이 하나나 있어? 하나도 없지, 하나도 없어. ―사례 10

새만금 간척사업이 시작될 당시, 계화도 주민들과 전북 도민들 대부분은 새만금 사업의 목적은 복합 산업단지의 건설이라고 알고 있었고, 지역 발전에 대한 기대 심리에서 새만금 간척사업을 찬성하는 입장이었다. 전라북도가 발전되면 자신의 자식들은 힘들게 갯벌에 나가 고생하지 않아도 될 뿐만 아니라, 도시로 나가 어렵게 직장을 잡을 필요 없이 고향에서 살아갈 수 있으리라는 기대 역시 이들이 자신들의 삶터인 갯벌을 포기하면서까지 새만금 사업을 찬성한 이유였던 것이다. 그러나 이들의 기대와 달리 새만금 간척사업은 농지를 조성하기 위한 사업이고, 이렇게 조성된 간척지가 자신들과는 무관한 것이라는 사실을 뒤늦게 알게 된 마을 주민들은 자신들을 속여온 정부에 대해 실망과 분노를 느낄 수밖에 없었다.

우리 지역이 간척으로 그 수몰민들이 이제 들어오고 해서 지역이 형성되었는데 그 갈등이 심했어요. 이주민, 원주민이 엉켜지다 보니까. 이주민들이 여기에서 자리 잡기까지 상당히 힘들었고 그런 갈등을 겪으면서 어느 정도 공동체가 자리를 잡아가는 단계였거든요. 근데 그 보상이 딱 터졌어요. 보상 문제가 터지니까 거기서 바로 이주민, 원주민 얘기가 나오는 거예요. 원주민이 하는 얘기가, '너희(이주민)들은 땅도 받지 않았느냐, 이미 보상이라는 걸 받아 갖고 왔지 않느냐? 우리 원주민들은 땅도 한 평 없고 바다에만 의지해 살고 실제로 바다 하면 우리 원주민이고 하니까 우리가 더 많이 타야 된다. 너희들은 더 적게 타야 된다'. 또 원주민들 사이에서도 뭐 '나는 배를 가지고 있고, 나는 1년에 [바다를] 몇 번을 나가고' 뭐 이걸 가지고 난리가 아니었어요. 그냥 막 온 동네가. —사례 11

새만금 간척사업으로 인한 갯벌 매립과 보상 문제가 터지자, 표면적으로 안정을 되찾은 듯싶은 이주민과 원주민 간의 잠재된 갈등이 또다시 표출하였다. 정부로부터 집과 농경지를 배분받아 온 이주민들에 대해 원주민들은 자신들의 생금밭을 빼앗겼다는 피해의식과 박탈감을 느끼고 있었다. 이런 원주민들의 입장에서 자신들은 새만금 사업의 직접적인 피해자이고, 과거 계화 간척공사 때도 정부가 아무런 피해 보상을 해주지 않았기 때문에 보상의 일차적 대상이 될 거라는 막연한 기대를 하고 있었다. 또한 원주민들 사이에서도 '누가 보상을 더 많이 타야 하느냐'의 문제를 놓고 각기 다른 생각들로 갈등, 대립하였다.

현재 이 보상은 1원짜리 하나도 받아보지도 못하고 이렇게 빚만 지고. 시행 일자가 넘었다고 선외로 빠져서. …… 근데 가만 보면은 저기 다방 허니, 부안에 저런 데 도시에서 사는 사람들은 귀가 빠르고 속보가(정보가) 빠르니까 서류를 다 완벽하게 했는데 여기 사람들은 늦잖여. 누가 말 안해주고 그러면은. 그래서 제외된 거여, 전부다. 그래서 여그 주민들은 [보상을] 안 탄 사람이 많어. 진짜 날마다 바다 아니면은 못사는 사람들이 못 탄 사람들이 많어. 그걸 보면 너무 억울해. —사례 12

또한 마을 주민들 대부분은 보상[11]과 관련하여 보상 대상자의 선정이 공정하지 못했다고 생각하고 있으며, 한 마을 내에서도 차등적 보상이 주어진 것에 대해 불만을 가지고 있었다. 어업 상실에 대한 보상이 97% 정도가 이루어졌다는 정부의 발표와는 달리, 계화도 주민 상당수는 보상에서 제외된 경우가 많았다. 특히 여성들이 주로 종사해온 맨손어업 보상의 경우 보상금이 너무 적게, 그리고 차등적으로 지급되었다는 점 이외에도 보상을 받아야 할 사람들이 보상에서 제외되었거나 보상과는 무관한 사람들이 보상을 타게 된 것에 대해 주민들은 불만을 가지고 있었다.

보상에서 누락된 사람들 대부분은 여성들로, 이는 가정과 마을공동체 내에서 주로 생활하는 여성들이 보상과 관련된 정보와 행정 절차를 잘 몰랐기 때문이다. 이와는 달리 행정 기관과 가깝게 지내온 남성들과 일부 주민들은 정보를 쉽게 접하면서 친분과 권력에 의지하여 부당한 이익을 챙길 수 있었다고 사례 12는 해석하고 있었다. 이와 같은 보상을 둘러싼 갈등과 불만은 마을 주민들 간의 불신과 반목을 초래하여 마을공동체를 분열, 동요시키는 요인이 되었다.

인자 저렇게 갖다 해놓은께, 솔직히 인자 패류 같은 것이, 어패류 같은 것이 많이 상혀(썩어). 물이 활용을 안하기 땜이 막 뻘이 이렇게 돋아져 가지고 막 썩고 어패류 같은 것이 전부, 썩어서 그냥, 생합도 썩지. ─사례 1

그게 막기 시작해 갖고 어떻게 됐냐면은 조개도 많이 없어지고, 지금 땅도 많이 썩어가고 있어요. 지금 아무데나 가서 땅을 파보면은 썩은 뻘이 나와요. 그리고 여름에는 우리가 경운기 타고 왔다갔다하는데 냄새가 무지하게 나요. 그렇게 오염이 되어버렸어요. 지금 뻘이 시커멓게 다 죽어가는 거예요. ─사례 7

갯벌과 바다의 수산자원에 의존하여 살아온 원주민들의 삶을 위협하는 직접적인 원인은 갯벌 생태계의 변화에 따른 어획량 감소이다. 방조제로 바닷물의 유입 속도가 느려지면서 조금 때는 육지 근처의 갯벌까지 바닷물이 미치지 못하게 되었고, 이에 따라 갯벌은 말라 갈라지는 한편, 하얀 소금기가 올라왔다. 게다가 갯벌에서는 썩는 냄새가 나고, 시커멓게 색깔이 변해갔다. 주민들의 표현대로 '뻘이 죽어가고 있는 것'이다. 뻘이 죽어 생물이 살 수 없는 갯벌을 주민들은 흔히 '죽뻘'이라고 부른다. 갯벌의 죽뻘화는 갯벌 생태계를 오염시키는 결과를 가져오고, 이러한 갯벌의 오염과 변화는 바다와 갯벌 속에서 살아가는 다양한 생물들에게도 영향을 미친다. 이 결과 주민들의 어업 활동 역시 심각한 타격을 받을 수밖에 없다.

> 근께 그때만 해도(80년대 중반~90년대 초) 뭐 양식장 관리하는 사람, 생합 잡는 사람, 또 꼬막(동죽) 캐러 가는 사람, 해태(해태양식: 김양식) 하러 가는 사람, 뭐 개맥이(개막이) 어장 하는 사람 많했지. 그리고 배 타고 가서는 기(게) 잡는 사람, 시라시(실뱀장어) 잡는 사람도 있고. ―사례 12

> 예전엔 맨손어업만이 아니라 숭어잡이 하고 쭈꾸미잡이도 하고 그런 사회였는데 지금은 그게 일체 없잖아요. …… 바다가 이미 조업할 수 있는 공간이 좁아져버렸어요. 사람은 늘어나고 작업할 수 있는 장소는 좁아지니까 이제는 투쟁밖에 안 되는 거죠. ―사례 13

새만금 간척사업이 시작되기 이전에 주민들의 어업 활동은 다양했다. 그만큼 바다와 갯벌의 생물 자원은 풍부했을 뿐만 아니라 다양했다. 하지만 방조제로 인한 해양 생태계의 변화는 생물 자원들을 갈수록 줄어들게 하고 있다. 바다와 갯벌 생태계의 악화로 어패류가 감소되자, 주민들의 어업 활동은 생합과 숭어로 몰리게 되었다. 이러한 생합잡이와 숭어잡이로의 집중화 현상은 갯벌 생태계의 변화와 어패류의 고갈을 더욱더 가속화시키는 한편, 한정된 생합과 숭어를 놓고 주민들 간에는 경쟁이 치열해졌다.

예전에는 솔직히 부지런만 하믄, 어업하지 갯일하지 순 갯바닥에서 뜯어서 먹고 사니까 인심 좋고, 좋지. 뭣이고 사 먹고 팔아먹는 것이 없었어. 참 전부 나눠 먹고 바다에서 나온 것이나 밭에서 나온 것이나 할 것 없이. 우애가 좋고 인심이 좋았지. 근디 지금은 인심도 박허고 사는 것이 참 팍팍혀. 바다 것은 점점 없어지고 뻘은 산더미처럼 돋아지고. 이것이 문제가 크당께, 참말로. ─사례 1

오로지 바다와 갯벌만을 의지하여 살아왔던 원주민들의 기억 속에 바다와 갯벌은 풍요로운 삶의 터전이었다. 계화도는 자신만 부지런하면 잘살 수 있는 곳이었고, 바다 것이건 밭에서 나는 것이건 간에 이웃끼리 나눠 먹고 서로를 위해주는 인심 좋은 마을이었다. 하지만 마을 주민들은 두 번의 간척을 경험하면서 갈수록 황폐해져가는 갯벌과 바다처럼 이웃 간의 경쟁과 갈등으로 팍팍한 삶을 살아가야 하는 상황에 처하게 되었다.

아, 여그 수재민들(이주민들) 농사 배당받아서, 논 받고 집 받은 사람들은 〔바다를〕 막으나마나 어서 막으라고 그려, 그 사람들은. 농사짓는 사람들은 여기를 막아야 한다는 것이여. 근디 우리 같은 사람들은 참 맞들 않지. 우리야 거기다(바다, 갯벌) 턱을 대고 이날까정 살아나왔는디, 그런 식으로 말을 하면 우리 같은 사람들 가슴 속에다 불지르는 것밖에는 안 돼. 열불나서 못살겄어, 진짜 열불나서. ─사례 14

한편 새만금 간척사업을 놓고 어업에 종사해온 원주민들은 이를 반대하였으나 농사를 짓는 이주민들은 찬성하는 입장을 보이면서 마을 주민들 간의 갈등은 더욱 첨예화되었다. 농사를 지을 수 있는 논을 가진 이주민들과는 달리 원주민들은 바다와 갯벌에만 의지하여 하루하루 생계를 유지해온 사람들이다. 이런 원주민들에게 바다와 갯벌이 없어지는 것은 생계 터전을 잃게 되는 재난이 아닐 수 없다. 모아둔 재산이 있거나 배움과 기술이 있는 사람들은 다른 생계로의 전환이 가능한 일이다. 하지만 평생 동안 바다와 갯벌에 나가 하루 벌어 하루를 살아온 원주민 대다수는 그렇지 못하다. 게다가 갯벌의 매립으로 정부가 자신들한테 준 보상금은 1년 생활비 수준에도 못 미치는 액수였다.

그렇기 때문에 막연한 기대와 희망만을 가졌을 뿐, 급작스러운 변화에 아무런 준비가 없던 그들은 '앞으로 어떻게 살아가야 할지'가 막막하고 불안하기만 하다. 이에 비해 농사를 지으면서 어업을 겸해온 이주민들에겐 용돈을 벌어 쓸 수 있는 '부업거리'가 없어져서 아쉬운 일에 지나지 않는다고 원주민들은 생각한다. 이와 같이 갯벌 이외에는 아무런 생계수단이 없는, 그리고 과거 자신들의 삶터를 이주민들에게 빼앗겼다는 박탈감과 피해의식을 가진 원주민들은 생계가 어려워질수록 이주민들에 대한 감정이 더 악화될 수밖에 없다.

생합도 작년같이 많이 나오면은 괜찮은디, 생합도 작년의 10분의 1도 못 나오잖아. 지금 장정들이 가갔고 많이 잡는 사람이 3만 원, 4만 원, 글 안으면은 진짜 한 번 앤기면(잡히면) 한 5만 원 그려. 우리 같은 사람은 가야 한 2만 원 벌기도 힘들어, 지금은. 작년에는 보통 4~5만 원 벌었는디. 그니까 돈이 더 복잡허지. 그래서 걱정이여. …… 생합이 없어지는 거, 우리 목숨을 가져가는 거여. 먹고살 것이 없으면 죽는 거 아니여. —사례 10

새만금 방조제 공사가 시작되기 이전에, 여성들이 갯벌에서 생합을 채취하여 벌어들이는 소득은 한 물때에 평균 5만 원이었다. 하지만 방조제 공사가 70% 이상 진척된 2002년 들어서는 생합 채취량이 10분의 1로 줄어들었고, 여성들의 소득 역시 급격하게 감소하고 있다. 생합 채취로 가구의 생계와 소득을 유지해왔던 여성들에게 생합 채취량 감소는 갯살림을 위협하는 주요 요인이다. 따라서 갯살림의 위협을 가져오는 직접적인 원인인 새만금 방조제를 바라보는 여성들의 심정은 답답하고 안타까울 수밖에 없다.

아휴, 덤프차가 자갈을 실어다 막 철철 부서. 〔새만금 방조제〕 공사를 허는 거여. 그 〔돌〕 붓는 소리에 내 가슴이 철렁철렁 내려앉어. '아휴, 이거 어떡하나, 저거 하루하루 죽음이 닥치는데' 진짜 아쩔하더라고, 가서 보니까. 그 자갈 붓는 소리에 내 몸이 섬뜩섬뜩 막 몸서리쳐져. ─사례 2

여성들이 생합을 채취하는 장소는 새만금 방조제 공사장 부근으로, 허리 굽혀 조개를 캐던 여성들이 고개를 들고 바라보면 공사현장이 정면으로 보인다. 하루가 다르게 뻗어가는 방조제로 갯벌이 막혀가듯이 여성들의 마음 역시 막혀간다. 사례 2는 갯벌에 '돌 붓는 소리'를 들으면 하루하루 죽음이 다가오는 것 같아 몸서리가 쳐진다고 이야기한다. 바닷물이 들어와야 갯벌과 뭇 생명들이 살아갈 수 있고, 이들과 더불어 자신들의 삶이 지속될 수 있다. 그렇기 때문에 여성들은 생명을 실어 나르는 바닷물의 흐름을 가로막고 서 있는 방조제가 죽음처럼 여겨진다.

여기를 지금이라도 안 막으면 사실 수는 있는 거예요? 그러지, 날마다 벌으니까. 생활 터전이 되고 우리가 진짜 용돈이 딱 떨어져도 〔갯벌에〕 나갔다 하면은 돈이니까. 근게 어쨌든 뻘을 살려야 우리가 사니까. 사는 데까지는 살아야 헐 것 아니여. 그러니까 인제 바다를 살리는 것만이 우리의 생명이여. ─사례 6

앞으로 제일 바라는 것은 새만금 못 막게 하는 거여, 다른 거 없어. 글 안하면 여 그 주민들 여그서 못살어, 다 떠나야 혀. 올해 죽고 살고 가서 살려야지. 〔새만금 갯벌을〕 못 막게 할라고 하는 것이니까 못하게 해야지. ─사례 10

여성들의 입장에서 보면, 새만금 갯벌은 자신은 물론 가족과 마을공동체의 생존이 달린 목숨과도 같은 삶터이다. 갯벌 생태계의 악화로 가장 직접적인 피해와 고통을 당할 수밖에 없는 가난한 원주민 여성들은 다른 마을 주민들보다 더 소리 높여 갯벌을 살려야 한다고 주장하고 있다. 앞으로 새만금 지역에서 살아가기 위해서는 갯벌을 지키는 일, 다시 말해 새만금 방조제 공사를 저지해야 한다. '갯벌=생계/생존'을 향한 의지와 절박한 태도를 가진 여성들은 새만금 간척사업으로 갈수록 파괴되어가는 갯벌을 살리기 위해 지역 새만금 반대운동에 적극적으로 결합한다.

살아남기—생존을 위한 여성들의 저항

2002년 4월, 새만금 방조제 공사는 70% 이상 진행된 상태였다. 새만금 방조제를 쌓기 위해서는 엄청난 양의 토석이 필요하다. 이러한 토석은 새만금 지구 내의 산을 깎아 충당하게 되는데 계화도 주변의 해창산이 토석 채취를 위해 깎여가고 있었다. 이런 상황에서 지역 새만금 반대운동 조직인 '부안사람들'과 환경단체 활동가들은 새만금 방조제 공사를 저지하기 위해 '해창산 토석 채취를 반대하는 점거농성'에 들어갔다.

해창산을 털어가믄은 새만금이 금방 막히잖여. 그것 못 들어갈라고 그러지. [새만금을] 못 막게. 단 1년, 2년이라도 연장하면 우리가 다믄 2년이라도 생합을 더 잡잖아. 그렇게라도 살아나갈라고 그러지. '우리가 이렇게 막어서 다믄 1년, 2년이라도 살어야 되겠다' 이런 마음으로. ―사례 10

새만금 사업으로 어장이 황폐화되면서 계화도 주민들에게 유일하게 남은 생계수단은 갯벌의 조개뿐이었다. 갯벌마저 막힌다면 이들의 삶은 더 이상 지속될 수 없다. 그런 절박한 상황에서 해창산을 지키는 것은 자신들의 삶을 하루라도, 1~2년이라도 연장할 수 있는 유일한 방법이었다. 해창산을 지킴으로써 갯벌과 자신들의 삶을 지킬 수 있다고 판단한 여성들은 해창산 점거농성에 적극적으로 참여하였다. 여성들은 토석을 채취하려는 시공업체 인부들에 맞서 덤프트럭 앞에 드러눕거나 포크레인 위에 올라타기, 토석을 채취·운반하는 트럭 앞을 가로막거나 공사 진입로 한가운데에 앉아 있기 등 온몸으로 저항하였다. 농성 중반에 접어들면서 싸움은 더 빈번해졌다. 점거농성으로 몇 주 동안 공사를 못해 경제적으로 피해를 보고 있던 시공업체 측은 공사를 방해하는 농성 단원들을 '공사업무방해죄'로 고발하기에 이르렀다. 이때부터 매일같이 농성 단원들은 경찰서로 연행되었고, 여기에는 해창산 농성에 주도적으로 참여한 마을 여성들도 포함되어 있었다. 고소·고발로 해창산 농성은 점점 치열한 싸움으로 전개되어갔고, 그럴수록 여성들의 분노는 더해만 갔다. 여성들이 느끼는 분노의 근원에는 자신들이 살기 위해 삶터를 지키는 것이 '왜 죄가 되는가'에 대한 부당함과 억울함이 자리잡고 있었다.

내가 뭐 다른 것 땜에 그러는 거야? 아, 내 삶의 터전만 내 앞으로 돌려주면은 나, 뭐 이러지도 안해. …… 그 사람들은(시공업체 인부들) 생명하고도 바꿀 수 없는 것이 오로지 일(해창산 토석 채취공사)뿐이니까. 아, 우리는 앞으로 죽을 수밖에 없는 거니까. 나 같은 경우는 그러잖아. 나 혼자 살지, 내가 혼자 그 자식들 넷을 다 책임져야 하잖아. 그러는데 지금 이게(출석 요구서) 말이 안 되는 짓이잖아. 아, 근께 진짜 내가 마음이 아프다 못해서 내 가슴에 피멍이 맺힐 것 같애, 지금 피멍이 맺혔어. 근디 이 답답한 심정을 내가 거그 가서 소리도 못 지르고 말도 못헌다는 것은 말이 안 되잖아. 엉, 덤프트럭 막아도 방해여? 그러면 지금 우리 어민들 다 죽게 생겼는디. 그럼 그건 누가 책임질 거여, 누가? 나는 내 개인도 다섯 식구야, 그건 책임을 누가 져? ―사례 8

여성 가장인 사례 8은 어려운 가정 형편에도 생업도 포기한 채 매일같이 해창산을 지키기 위해 농성에 참여했다. 농성 초기에 그녀는 토석 채취에 항의하며 덤프트럭 앞에 드러누워 토석을 운반하지 못하게 했다. 시공업체 측은 이때 찍은 그녀의 사진을 증거 자료로 제시하며 그녀를 '공사업무방해죄'로 고발하였다. 그녀는 자신의 행동에 대해 '내 삶터를 되돌려 달라는 것이고 지금 방조제가 막히면 앞으로 죽을 수밖에 없기 때문에' 해창산을 지키려고 한 것이라고 강조하였다. 앞으로 갯벌이 막히면 죽을 수밖에 없는 어민들의 생명보다, 그리고 그녀가 책임져야 할 다섯 식구의 생명보다 자신들의 공사만을 중요하게 여기는 시공업체에게 그녀는 책임질 것을 요구하고 있다. 그것이 '죄'가 된다면 자신을 잡아넣으라며 그녀는 강하게 분노했다.

차 못 다니게 찻길에 가 앉어 있었더니 [나를] 막 꿋고 다니길래 차 앞에 가 누워버린 거지. …… 너무 한스러워. 그런 사람들한테 당하고 힘이 부족하니까, 우리 힘이 너무 부족하니까 그게 억울해서 그랬지(울었지). …… [바다가] 우리한테는 진짜 우리 생명이지, 우리 생명. 바다 생명도 중요하지만은 우리 생명도 연관이 되지. 경찰서에 연행될 때의 심정은? 뭐 심정이랄 것도 없어. 담담했어, 나는. 붙들려가라 하고 놔둬불고 그냥 간 거여. 무서울 거 하나도 없는 거여. 경찰도 안 무섭고 어떤 놈도 안 무섭고. 인자 대통령이 와도 안 무서울 정도야. 왜 막었냐? 나 먹고살라고 막었다. 니네들은 다 배우고 똑똑하고 권력이 있으니까 돈 벌지만, 우리는 뭣 모르고 가서 하루 벌어 하루 살은께 그게 우리의 만족인데 그것마저 뺏어가면은 우리는 어떻게 하냐고? 진짜 우리 목숨을 끊는 거나 다름이 없는 거지. 뭐 살인이 달리 살인이여. —사례 6

사례 6은 해창산 농성을 주도적으로 이끈 여성이다. 그녀는 자신이 앞장서서 온 동네를 돌며 여성들에게 해창산 농성에 참여와 협조를 부탁하는 한편, 마을 여성들을 조직해내는 역할을 담당했다. 게다가 그녀는 농성을 끝내고 마을로 내려와서 여성들에게 "우리가 가서 못 막게 하니까 저 사람들이 쩔 쩔매더라. 그 사람들이 생각할 때도 뭔가 의의가 있으니까 함부로 못하는 것 아니겠느냐"며 자신들의 저항에 대한 정당성과 의의를 설명하기도 했다. 공 사를 저지하기 위해 덤프트럭 앞을 가로막고 공사 진입로 한가운데에 앉아 있던 그녀는 '덩치 좋은' 6명의 남자들에 의해 끌려 나왔다. 하지만 그녀는 결코 포기하거나 물러서지 않았다. 수십 명의 남성들로 구성된 시공업체 측 의 조직적인 대응으로 덤프트럭이 토석을 운반해가는 것을 지켜볼 수밖에 없 었던 그녀는 울분을 터뜨렸다. 그렇게 농성을 하던 그녀가 경찰서에 연행되 어 조사를 받게 되었는데, 조사 과정에서도 그녀는 자신의 행동이 정당함을 주장했다. 그녀는 못 배우고 가진 것 없는 자신들은 하루 벌어 하루를 살아가 는 게 만족인데 그것마저 빼앗아가는 것은 자신들의 목숨을 끊는 것과 마찬 가지임을 항변했다. 한 달여간 지속된 해창산 농성이 마무리되는 마지막까지 그녀는 해창산을 지키려 노력했다.

나는 분명히 해창(해창산 농성장)을 갈 수밖에 없는 사람이여. 나는 여기 어민의 한 사람으로서, 나는 내 생명의 터전을 뺏길 수가 없으니까 나는 가는 거고, 나는 이 공사가 좋은 공사가 아니기 때문에 나는 이 새만금을 절대적으로 반대하는 사람, 우리 회원('부안사람들') 중에 한 사람이기 때문에 가는 것이여. 누가 나를 막어? 누가 나를 막어? 나를 누가 막어? ⋯⋯ 나는 어디를 가더래도 이 새만금은 계속 반 대할 거여. 계속할 거야. 계속하지, 내가 살아야 할 곳인디, 그럼 안 되지. 바다를 떠나서도? 그럼, 바다를 떠나도 계속해야지. 바다는 내줄 수가 없어, 내줄 수가 없 어. —사례 8

사례 8은 자신의 생명의 터전인 갯벌을 내어줄 수 없는 '어민'이자, '새만 금 사업을 반대하는 사람'이기 때문에 자신은 '해창산에 갈 수밖에 없는 사 람'임을 강조했다. 이는 '어민/생합잡이'로서 자신이 먹고살기 위해 저항해온 그녀가 자신을 새만금 반대운동하는 사람으로 정체화하고 있음을 보여준다. 이렇게 정체화한 그녀는 자신이 "바다를 떠나도 새만금을 반대하는 운동을 지속할 것이며, 결코 바다를 내줄 수가 없다"며 강한 의지를 보이고 있었다.

나는 보상 얘기를 잘 안 쓰는 게 이 자연을 보호하고 이 생명을 살리자는 그런 뜻을 가지고 지금 운동을 하잖아. 그래서 나는 보상에 대해서는 그렇게 안 생각해. 왜그냐면 생명 때문에, 이 생명을 살리고……. 참 하나님이 정말로 귀한 걸 주셨는데 사람의 힘으로 파괴시키고 이걸 막는다는 것은 좀 그렇잖아. 그러니까 내 뜻은 그거여. 나도 생명을 귀하게 여기자. ─사례 6

사례 6은 해창산 점거농성을 '생명을 살리기 위한 운동'으로 인식하고 있었다. 갯벌을 자신의 '생명/생명줄'로 여기며 살아온 그녀의 입장에서 보면 자신들의 생명은 갯벌과 바다 생명들과 연결되어 있고, 그런 갯벌을 지키기 위한 해창산 농성은 '자신들과 갯벌의 생명을 살리는 운동'인 것이다. 저항의 과정을 거치면서 그녀는 자신을 '생명을 귀하게 여기는, 그래서 이러한 생명들을 살리는 운동을 하는 사람'으로 정체화한다. 이러한 '생명을 살리는 사람'으로서의 정체성은 "계화도가 생명을 살리는 데 한몫을 했으면 한다"는 그녀의 바람에서 단적으로 드러난다.

바다 생명 다 죽는다! 건져내자 건져내자, 바다 생명 건져내자.
걱정마라 걱정마라, 느그 생명 건져주마.
걱정마라 걱정마라, 느그 생명 우리가 건져주마.
바다 생명 다 죽는다! 우리가 건져내세, 바다 생명 건져내세.
부안 사람 똘똘 뭉쳐 다 나와 갖고
우리가 바다 생명 건져내 갖고 백세, 천세, 만세 이 (강)변에서 사세.

건져내자 건져내자, 바다 생명 건져내자.

살려내자 살려내자, 바다 생명 살려내자.

걱정마라 걱정마라, 바다 생명 살려주마.

걱정마라 걱정마라, 우리들이 살려주마. ―사례 4

위의 구호는 새만금 방조제 공사 저지를 위해 여성들이 진행했던 주민집회 '새만금 사업 장례식'에서 사례 4가 즉석에서 외친 구호이다. 사례 4는 2002년 당시 81세의 여성 노인이었다. 그녀는 지팡이를 짚고 매일같이 해창산 농성장으로 올라왔다. 그녀의 지팡이는 시공업체 직원들에게 굉장히 위협적이었다. 그녀가 "이 놈들아, 우리를 죽일 셈이냐"며 지팡이를 휘두르면 이들은 피할 수밖에 없었다. 그런 그녀가 새만금 사업 장례식에서 외친 위의 즉석 구호는 농성에 참여한 여성들의 생각을 함축하고 있다.

새만금 간척사업과 같은 개발은 인간을 포함한 모든 생명들에게 '죽음'을 의미하고, 이에 저항하여 바다 생명을 살리는 주체는 여성(지역 주민)이며, 새만금 지역에서의 지속 가능한 생존 및 발전 방향은 새만금 갯벌과 살아 있는 관계를 유지하며 살아온 자신들의 삶 속에서 찾아야 한다는 여성들의 관점을 드러내고 있는 것이다.

'갯살림' 지속하기

여성들은 저항의 과정을 통해 갯벌을 지키는 일도, 그러한 갯벌과 함께 자신들의 마을이 발전하는 것도 주민들 모두가 나서서 해야 할 일임을 깨닫게 된다. 또한 이들은 자신들의 삶터인 갯벌을 파괴하면서까지 지역이 발전하는 것을 원치 않는다. 지역 발전은 갯벌을 보전함으로써 가능한 일이다. 갯벌과 뭇 생명들을 지키고 보전할 때 자신들의 마을이 발전할 수 있고, 전북이 발전하며, 국가가 발전할 수 있다고 여성들은 말한다.

새만금이라는 이름도 인제는 자꾸 그냥 하기 싫어. 우리는 뻘땅이라고 그래, 뻘하고 땅. 〔새만금이라는 말도〕 하기 싫다니까. 왜냐면 우리는 항상 그냥 뻘땅이라고 해. 우리는 뻘땅이지, 갯벌 이름조차도 안 썼지. 우리는 이것(새만금 반대운동) 하면서 갯벌이라는 소리를 들어본 거지, 우리는 갯벌이라고 안해. 그냥 뻘땅이야, 뻘이 있는 땅이라니까. 〔육지와 똑같이〕 땅으로 인정하는 거지. 그래서 우리는 '뻘땅 간다'고 그러지, 갯벌 간다고 안해. '뻘땅 가자' 그러지. 그래서 내가 새만금을 누가 그렇게 이름을 지어놨느냐고. '새만금' 소리만 들어도 인자는 넌덜정이(넌더리) 난다고, 내가. ―사례 8

사례 8은 이제 '새만금' 이름만 들어도 '넌덜정이' 난다고 한다. 간척사업이 시작되면서 자신들의 '뻘땅'에는 '새만금 갯벌'이라는 이름이 붙여졌다. '새만금 간척사업'에서 '새만금'은 전북의 김제와 만경평야의 앞 글자('만', '김: 금')를 조합하여 만들어진 이름이다. '새만금'은 '쓸모 없는 땅'인 갯벌을 메워 '김제·만경평야'와 같이 드넓은 농경지를 새롭게 만들어 쌀을 수확하겠다는 개발 시행자들의 사업 목적(의도)이 함축된 명칭이라 할 수 있다. 여성들은 '자신들의 뻘땅'에 나가 생합을 채취해서 하루하루 생계를 이어왔고, 이러한 뻘땅은 육지의 농경지와 다를 바 없는 생산 공간이었다. 그런 뻘땅을 '쓸모 없는 땅'이라며 메워 논을 만들겠다는 것이 바로 '새만금' 간척사업이다. 이미 이들에겐 뻘땅 그 자체가 농경지인데도 말이다.

그렇기 때문에 여성들은 갯벌을 대상화된 '자원' 혹은 '수단'으로만 여기기보다는 '우리의 뻘땅', 즉 자신들의 삶과 연결된 육지와 똑같은 땅으로 인식해왔다고 볼 수 있다. 새만금 간척사업은 이 여성들로부터 뻘땅을 빼앗고 바닷가 사람으로서, 생합잡이로서 살아온 이 여성들에게 다른 삶을 살라고 강요한다. 하지만 이 여성들이 잘할 수 있는 일은 뻘땅에 나가 조개를 캐는 일이다. 게다가 이들은 오로지 자신의 몸과 그레 하나만을 가지고 뻘땅에 나가 생합을 캐서 하루하루를 살아온 '가진 것 없는 사람들'이다. 그런 그들이 자신들의 뻘땅을 떠나 몸과 손에 익은 갯일을 버리고 다른 곳에서 새로운 삶에 정착하기란 어려운 일이다. 그렇기 때문에 여성들은 '자신들의 뻘땅'을 내어줄 수 없다고 목소리를 높이는 것이다. 또한 '새만금' '갯벌'이 아닌 '자신들의 뻘땅'을 되찾기 위해 '뻘땅이 쓸모 없다'며 간척하려는 개발론자들에 맞서 온몸으로 싸우는 것이며, 이들에게 '뻘땅의 가치'를 재인식시키고 '뻘땅의 소중함'을 다시 선언하고자 노력하는 것이다.

> 이 방조제가 막아지고 하면서 생명이 죽어나가면은 작지만 크게 생각하면 우리 인간 스스로가 죽어나가는 삶이다. …… 진짜 그 조개들이 사람한테 돈을 벌어주고 생명을 유지할 수 있는 그것을 주는데 그 생명들을 사람에 의해서 다 죽인다고 할 때, 그 생명들은 사람에 의해서 죽었지만 사람 스스로는 내 목숨을 끊는 거나 마찬가지당께. 그 많은 생명들이 살아 있음으로써 우리는 거기서 노동을 해 갖고 거기서 벌어먹고 우리가 쓰고 생명을 유지해나갈 수 있는데, 그 생명들이 죽음으로 인해서 사람은 자기 목숨을 자꾸 단축시키는 거 아닌가. 그런 생각이 들더라고.
> —사례 12

여성들은 새만금 간척사업을 '수많은 생명을 죽이는 잔인한 짓'으로 정의하고 있다. 자신들은 갯벌 속에서 자라는 생명들에 의존하여 갯벌과 더불어 살아왔다고 이야기하는 여성들은 새만금 간척사업과 같은 인간에 의한 자연 파괴는 인간 스스로의 목숨을 단축시키는 행위일 수밖에 없음을 지적한다. 이 여성들의 관점에서 보면, 인간과 자연은 상호 연관성을 가지며 서로가 연결되어 있다. 자연과 더불어 사는 삶, 다시 말해 인간의 삶과 자연은 유기적으로 연결되어 있다는 전일적인 사고방식을 가진 여성들에게 있어, 새만금 간척사업은 물질적인 성장과 풍요라는 인간의 탐욕에 의해 무수한 생명들을 죽이는 것을 의미한다.

더욱이 인간에 의해 이러한 생명들이 죽어나감으로써 결국 인간의 '삶/생명' 역시 죽어갈 수밖에 없다고 이 여성들은 생각하고 있다. 이렇듯 여성들의 관점에서 새만금 간척사업은 인간에게 풍요와 발전을 가져다주는 것이 아니라, 갯벌과 뭇 생명들을 죽임으로써 인간 스스로의 생존마저도 위협하는 행위인 것이다.

여기 막는다 해서 뭐 우리한테 논을 주겠어? 저런 정부놈들 땅 비싸게 팔어먹을 수작인디, 즈그들 거그다가 돈 투자해 갖고 뜯어낼라고 하는 수작인디, 우리 같은 사람이 논이 배당이 되냐고. 자기네들(정치인들) 잇속 채릴라고 하는 짓이지. 다른 사람을 살리는 것이 아니란 말이여. 이 정말 어민들, 서민들을 생각하고 국민들을 생각하고 한다면은 그렇게 할 수가 없는 노릇이여. 그러잖어? 그렇게 생각할 수밖에 없어, 우리는. 바다를 살리고 생명을 정말로 귀하게 여긴다면은 이렇게 할 수는 없지. ―사례 6

여성들은 새만금 간척사업으로 자신들이 얻을 것은 아무것도 없다는 사실을 지적한다. 간척사업을 시행하는 국가나 기업이 실질적인 개발 이익을 챙기게 되고, 정작 새만금 지역에서 살아온 자신들은 간척의 결과로부터 소외될 수밖에 없음을 알고 있는 것이다. 여성들의 입장에서 보면, 새만금 간척사업은 지역 주민들을 잘살게 해주려는 것이 아니라 '권력을 가진 자들'이 자신의 권력을 유지하고 개발의 단기적 차익을 챙기기 위한 것이다. 그렇기 때문에 여성들은 "바다를 살리고 생명을 귀하게 여긴다면 새만금 간척사업을 할 수는 없을 것"이라며 간척 개발을 추진하는 정치인들을 비판한다.

새만금 간척사업은 지역의 자연환경과 주민들의 삶에 대한 어떠한 배려와 관심도 기울이지 않은 채 결정, 추진되어왔다. 사업의 결정과 추진 과정에서 지역 주민들은 일차적으로 소외를 경험하였고, 간척으로 생겨나는 결과물의 배분 과정에서 또다시 소외와 박탈감을 겪었다.

여기를 막게 된다면은 어업에 종사하고 산 사람들은 이곳을 떠나야 한다는 입장이여. 먹고살 길을 찾아야 되는 거죠. 자식을 데리고 고향을 등지고 떠나야 된다는 거지. 그때가 되면은 공동체가 다 흐트러지고 다 떠나게 생겼는디, 고향을 등져도 어디 가서 사냐 이것이지. 못 배우고 기술 없는 이 사람들이, 아는 거라고는 고기 잡고 사는 것밖에 없는디. 배운 거라고는 바다 가서 고기 잡고 생합 잡는 것밖에 없는 사람들이 어디 가서 뭣을 혀 먹고살아? 서울 가서 딱 지하철에 노숙자밖에 더 되겠냐고. …… 근께, 어쨌든 바다를 뻘을 살려야 우리가 사니까. 사는 데까지는 살아야 헐 것 아니여. …… 그러기 때문에 우리는 이 바다를 내줄 수가 없어. …… 우리 삶의 터전만 이대로 놓아두면 우리는 더 이상도 이하도 바래지도 않는다고, 바랄 것도 없고. ─사례 10

사례 10은 새만금 방조제로 갯벌이 막히게 되면 어업에 종사해온 마을 주민들은 떠날 수밖에 없다고 이야기한다. 더 이상 먹고살 수 있는 삶의 터전이 없어진 그들은 먹고살 길을 찾아 떠나야 된다는 것이다. 고향을 등지고 이 사람들이 떠나면 마을공동체가 해체되는 것은 당연한 일이고, 오로지 바다와 갯벌에서 고기잡이와 조개를 캐며 살아온 그들은 생계가 막연해지는 상황으로 내몰리게 되는 것이다. 가진 것 없고 바닷일 이외에는 특별한 기술과 배움이 없는 이들이 고향을 떠나 도시나 다른 지역으로 간다 해도 '노숙자/실업자'나 도시의 '빈민'으로 살아갈 수밖에 없다. 바닷가 사람으로 살아온 자신들이 바다와 갯벌을 떠나 살 수 없다는 것을 알기 때문에 바다와 갯벌을 살리는 일이야말로 자신들이 살 길이자, 마을공동체를 유지시키는 일이라고 여성들은 주장한다.

그 사람들은 '떠나면 그만이다'고 생각을 하는데 떠나도 마찬가지지. 여기서 막막한 것처럼 떠나도 내가 확실하게 뭐 저기가 있어서 가는 것도 아니고 어디로 가서 잘될지도 모르는 것이고. 도피일 수밖에 없어. 그 사람들 가갔고 진짜 어디 가갔고 내가 잘될 경우는 상관없지만 못 될 경우, 어디 뭐 돈이 없어 가지고 서울 빈민촌이나 가고 그런데. 집 싸게 얻을 수 있는 데로 가갔고 뭐 개발이라는 명목하에 또다시 거기서 이사갈 상황이 닥친다면은 또 이사를 가야 돼. 그러면 그 사람은 또 도피가 될 수밖에 없단 말이여. 그니까 내가 이사를 갈 때 가더라도 말 한마디라도 높여줬으면, 한 사람 한 사람 힘은 없지만 그 힘, 한 사람 한 사람이 모여 갖고 큰 소리 좀 내줬으면…… 막힐 때 막힐망정. ─사례 3

계화도는 현재까지 마을을 떠난 사람들이 그렇게 많지 않다. 하지만 갈수록 살기 어려워지면서 마을을 떠나는 사람들이 하나둘 생겨나고 있고, 마을 사람들 대부분이 바다가 막히면 고향을 떠나겠다는 생각들을 하고 있다. 사례 3은 그러한 마을 주민들의 '떠나겠다'는 생각들을 '도피'로 받아들인다. 생활이 어렵고 앞으로의 생계가 막막하다고 마을을 떠난다 해도 가진 것 없는 자신들이 갈 수 있는 곳이란 서울의 빈민촌뿐이라고 그녀는 말한다. 싼 집을 얻어 살게 된 도시의 빈민촌에서 개발이라는 명목으로 또다시 이사를 가야 하는 상황이 되면 이들의 삶은 '도피'의 연속일 수밖에 없다. 이렇게 생각하는 그녀는 "떠날 때 떠나더라도 지금 살고 있는 이곳에서 어떻게든 삶을 지속할 수 있는 노력은 해봐야 한다"고 주장한다. '막힐 때 막힐망정' 마을의 한 사람 한 사람이 갯벌을 살리는 일에 참여하는 것이 무엇보다 중요하고, '도피'하는 삶이 아닌 어려움을 함께 해결해나가는 노력이 필요하다는 사실을 그녀는 강조했다.

갯살림을 유지하기 위해 갯벌과 살아 있는 관계를 맺어온 여성들의 입장에서 보면, 새만금 간척사업은 갯벌과 뭇 생명을 죽임으로써 자신과 가족의 생명(생존)까지도 위협하는 것으로 인식될 수밖에 없다. 그렇기 때문에 여성들은 '지금 당장 새만금 간척사업을 중단'하는 것만이 갯벌의 무수한 생명들을 살리고 자신들도 갯벌과 더불어 삶을 살아갈 수 있다고 주장한다. 여성들은 새만금 방조제 공사로 "죽어가는 생명들을 한 번이라도 와서 보고 그 생명들에게 미안함을 느끼는 사람이라면 새만금 갯벌을 막을 수는 없을 것이다"며 안타까움과 절박한 심정을 토로했다. 자신들이 반대하고 끝까지 싸워도 정부가 새만금 갯벌을 막을 수밖에 없다면 '새만금 갯벌과 똑같은 곳'으로 이주시켜주거나(사례 8), 자신이 죽을 때까지(사례 10, "갯벌이 안 막힌다면 아무 걱정 없이 눈을 감을 수 있다") "20년만 기다려줬으면 좋겠다"(사례 9)고 여성들은 이야기한다.

새만금 여성들의 '갯살림' 경험에서 출발하는 새만금 갯벌 '살림'은 새만금 간척사업으로부터 인간을 포함한 뭇 생명들의 삶터인 갯벌과 바다를 지키고, 파괴된 갯벌을 보살피며 가꾸는 것임과 동시에, 이제까지 인간-자본-남성의 이해에 가려 억압당하고 가치절하됐던 자연과 여성을 비롯한 '타자화된 것'들이 갖는 긍정성과 가치를 살려내는 인간의 모든 활동을 의미한다. 이런 의미에서 볼 때 새만금 갯벌 '살림'은 단지 여성들의 책임과 실천만으로는 이루어질 수 없다. 인간 중심적이고 가부장적인 사회 속에서 '자연과 여성을 비롯한 타자화된 것들의 희생과 배제'라는 폭력에 기반하고 있는 '개발'로부터 갯벌(자연)을 보전하고, 인간 사회의 불평등과 부정의를 해결해나가는 방법은 사회구성원 전체가 자연과 인간의 삶이 서로 유기적으로 연결되어 있음을 깨닫고, 인간과 자연, 인간과 인간이 서로의 다양성과 차이를 인정하는 가운데 더불어 살아갈 수 있는 삶의 윤리를 사회 전반적으로 확산·실천해나갈 때 비로소 가능한 일일 것이다.

에필로그—새만금 갯벌과 어머니의 마음

2003년 6월 28일, 전북 부안에서 열린 해창산 위령제에 다녀왔다. 부안에 내려가 확인한 해창산은 처참함 그 자체였다. 새만금 방조제를 쌓기 위해 깎여나간 해창산은 산이라고 할 수 없는 지경이었다. 2002년 여름 한 달 동안 이곳을 지키려, 아니 새만금 간척사업을 저지하려 수많은 사람들이 싸웠고, 그리고 삼보일배 대장정 속에 담긴 수많은 사람들의 눈물과 염원에도 불구하고 새만금 방조제는 갈수록 새만금 갯벌과 바다, 주민들의 숨통을 조여오고 있었다.

처참하게 파헤쳐진 해창산을 바라보며 마음이 아파 위령제 내내 눈물을 흘렸다. 새만금 방조제 공사를 위해 자신의 살과 뼈를 내어준 해창산과 뭇 생명들의 고통과 아픔이 느껴졌기 때문이다. 또한 이 지경으로 만든 나를 포함한 인간의 오만과 탐욕이 너무나 큰 죄라는 생각에 참회의 눈물을 흘리지 않을 수 없었다. 위령제가 끝났지만 내 마음속에는 여전히 미안함이 남아 있었고, 파괴의 장본인인 내 자신이 해창산의 아픔과 고통을 온몸으로 느끼며 해창산을 어루만져줘야겠다는 생각이 들었다.

신발을 벗고 맨발로 잘게 부숴진 해창산을 한 바퀴 돌며 삼보일배를 하기 시작했다. 잘게 부숴진 자갈들이 내 맨발과 무릎의 여린 살을 뚫고 내 가슴속까지 찌르는 고통을 온몸과 마음으로 느끼며 오체투지로 삼보일배를 했다. 형체도 알아볼 수 없을 정도로 깎이고 파헤쳐진 해창산의 고통과 아픔에 비하면 내 살을 파고드는 고통은 아주 찰나에 불과했다. '이 정도로 내가 아프고 고통스러운데' 하는 생각이 들자, 너무 가슴이 아려와 땅바닥에 엎드려 한참 동안을 울었다.

"미안하다, 너를 지키지 못해 미안하다. 용서를 해주라, 반드시 너의 죽음과 아픔, 고통을 잊지 않을 것이다. 이렇게 네 살과 뼈를 내주면서도 너는 아무런 비명조차도, 한마디도 항의하지 않은 네가 우리에게 깨달으라고 하는 것이 무엇인지를 나의 화두로 삼으며 살아갈 거다. 이건 내가 '어머니들의 삶'으로 새만금을, 이 세상을 바라보려 한 나의 출발점이니, 내가 이것을 풀어가는 것이 내 길을 가는 것이라 여기며 살아갈 거다."

해창산 위령제는 "네가 아프니 내가 아프다", "내가 죽는 것은 괜찮다. 너를 살릴 수만 있다면"이라는 말의 의미를 절감 또 절감하게 된 사건이었다. 이것은 인간의 탐욕으로 죽어가면서도 자신이 품고 길러온 뭇 생명들을 인간에게 아낌없이 내어주는 새만금 갯벌과 바다의 마음이고, 자식과 가족을 살리기 위해 갯벌에 나가 쉼없이 온몸과 마음으로 살림 노동을 해온 새만금 어머니들의 마음일 것이다.

작년 6월에 처음으로 해창산이 포크레인으로 깎여나가는 것을 보며 나는 눈물을 흘렸다. 환경운동을 하면서 한 번도 자연의 죽음과 고통을 가슴으로 느껴보지 못했던 나에게는 처음 있는, 아주 특별한 경험이었다. 이번 해창산 위령제에서 흘린 눈물 역시 앞으로 걸어가야 할 길에 중요한 힘이 될 거라는 느낌을 가져본다.

하지만 여전히 새만금은 나에게 고통으로 남아 있다. 이것은 내가 이 '새만금'으로 해야 할 일이 아직도 남아 있다는 것이고, 새만금을 통해 뭔가를 깨달으라는 어떤 계시 같기도 하다. 앞으로 무엇을, 어떻게 해야 개발과 환경 파괴로부터 자연과 우리 스스로를 지켜낼 수 있을 것인지를 구체적으로 실천하며 살아가야겠다는 생각을 해본다.

지금 생각해보면, 삼보일배는 해창산을 위한 것이라기보다는 내 안의 답답함을 풀어내는 것이었다는 생각이 든다. '나를 다잡기 위해, 나를 지탱하기 위한 작은 의례'로서 말이다. 아직 분명한 것이라곤 아무것도 없지만, 내 삶에 중요한 '뭔가'를 찾았다는 느낌이 든다.

왜 자꾸만 눈물이 나는지…….

1) 이 글은 2001년 4월부터 2002년 12월까지의 현지 조사와 새만금 여성들의 구술생애사를 기반으로 씌어진 필자의 석사학위 논문 「새만금 지역 여성의 삶과 갯벌의 관계에 대한 생태여성주의적 접근—부안 '그레'마을 여성들의 갯살림을 중심으로」의 내용을 발췌, 수정한 것이다.

2) 새만금 간척사업의 직접적인 영향을 받는 지역은 전북 내의 군산시, 김제시 및 부안군의 3개 시·군이다. 이들 3개 시·군의 어가는 총 5,202호이며, 이들 어가의 인구는 1만 7,032명이다. 3개 시·군 가운데 새만금 사업의 영향을 가장 직접적으로 받는 지역은 도서를 포함한 해안의 18개 읍·면·동의 어촌마을이라 할 수 있다. 이들 18개 읍·면·동의 어가는 3,754호이며, 이들 어가의 인구는 1만 1,970명에 이른다. 박재묵, 「새만금 사업과 지역사회 변동」, 『환경사회학연구 ECO』 2, 한국환경사회학회(서울: 도요새), 2002.

3) 계화도는 1968년 계화 간척공사로 섬에서 육지가 되었지만, 주민들 대다수는 과거 섬마을 당시의 지명인 '계화도'를 아직까지 사용하고 있다. 이는 '섬/바닷가' 사람으로서의 삶과 문화를 지켜가고자 하는 주민들의 바람을 단적으로 나타내준다고 할 수 있기 때문에 필자는 '계화리'라는 행정구역상의 명칭보다 '계화도'라는 지명을 사용하고자 한다.

4) 정부는 기존 어촌인 창북리에 484동, 돈지리(현 의복리)에 275동, 계화도에 241동으로 된 이주민 주택단지 1,000동을 조성하여 이주민들을 분산·배치하였다.

5) 계화 방조제로 인해 바닷물의 유입이 막히면서 마을 앞 조류지와 방조제 안의 물이 썩고 오염되기 시작했다. 이 결과 계화도 주민들은 악취와 모기떼로 환경 피해를 감수해야만 했다.

6) 계화도 주민들은 이주민들이 살던 집을 한일집·쌍용집·대덕집 등으로 흔히 부르는데, 이는 공사를 시공했던 건설회사의 이름에서 유래한 것으로 여겨진다.

7) 이는 갯벌과 바다의 이용과 수익권이 개별 가구를 기본 단위로 하는 어촌 지역의 경제적 특성에 따른 것이라 할 수 있다.

8) 갯벌은 상부 조간대(high-tidal flat), 중부 조간대(mid-tidal flat), 하부 조간대(low-tidal flat)로 구분되는데 이는 해수면의 높이에 따른 것이다. 해수면의 높이에 따라 갯벌의 퇴적물 입자 크기가 달라지고, 이에 따라 서식하는 생물의 종류도 달라진다. 고철환, 『한국의 갯벌: 환경, 생물 그리고 인간』, 서울대출판부, 2001.

9) 새만금생명학회 전문가들과 계화도 주민들의 간담회 내용 중, 전남대 지구환경과학부의 전승수 교수의 설명을 참조한 것이다.

10) 종패는 농업에 있어서 종묘와 같이 일정 기간을 기른 다음 다른 곳으로 옮겨 성체로 기르는 이른바 '씨'(종자)를 말하는 것으로서 그 크기는 개의치 않는다. 종패는 크기 1cm 이내의 치패를 이식한 뒤 성육시키는 경우도 있고, 2cm 이상의 종패를 이식하는 경우도 있다. 치패는 말 그대로 어린 조개를 의미한다.

11) 새만금 간척사업에 따른 어업 피해 보상은 면허어업(양식장), 허가어업(어선어업), 신고어업(맨손어업)으로 구분되어 이루어졌다. 보상 대상 물건이 확실한 면허어업과 허가어업에 대한 보상이 우선적으로 이루어졌고, 맨손어업에 대한 보상은 보상 자격과 기준, 그리고 어업 피해 조사를 거쳐 보상액을 산정한 후 보상이 이루어졌다.

윤박경　(재)대화문화아카데미 대화문화네트워크 연구원. 젊은 에코페미니스트 공동체 '꿈꾸는 지렁이들의 모임'(꿈지모) 회원. 여성과 자연의 눈으로 세상을 바라보고 다시 짜기 위해 열심히 살아가고자 한다. 새만금은 여성과 자연의 마음이라 할 수 있는 "네가 아프니 나도 아프다"를 깨닫게 해준 배움의 장이었다. 논문으로 「새만금 지역 여성의 삶과 갯벌의 관계에 대한 생태여성주의적 접근—부안 '그레' 마을 여성들의 갯살림을 중심으로」가 있고, 공저로 『꿈꾸는 지렁이들』(환경과생명, 2003)이 있다.

생태경제의 눈으로 본 갯벌 가치

새만금 갯벌의 생태, 경제, 사회문화, 심미적 가치 / 최미희

1. 새만금 간척사업 논의의 현주소

1) 우왕좌왕하는 간척지 용도 변경

1998년 9월 24일 감사원에서는 새만금 사업 추진실태 감사 결과를 발표하였다. 농지 조성과 수자원 개발을 목적으로 실시하는 새만금 사업 계획은 문제가 있다는 것이다. 새만금 간척사업이 1991년 시작한 이래로 8년여 동안 방조제를 계속 쌓아오던 중이었기에 감사원의 발표는 사람들을 혼란스럽게 했다. 주된 내용을 보면 새만금 간척농지 조성 계획은 "수질 예측이 틀렸으며 경제성 분석에 오류가 있고, 전라북도가 당초의 농지 조성 계획을 복합 산업단지로 변경하려는 계획을 수립한 것은 잘못"이라는 것이다. 감사원이 조사한 바에 따르면, "농어촌진흥공사(현 농업기반공사)는 1994년 이후 1998년까지 간척지를 복합 산업단지로 전환하기 위한 사업시행 계획서를 작성, 농림부에 승인을 요청하고 농림부는 그 사업시행 계획서를 그대로 승인하는 등 1994년부터 내부적으로는 사실상 매립 목적을 변경하여 사업을 시행하여온 것"이라 한다.

공유수면매립법에 따르면 매립지의 용도에 따라 관할 부처를 달리한다.

간척지를 농지로 사용할 경우에는 농림부가 관할하고, 산업단지나 택지로 사용할 경우에는 건교부가 해양수산부로부터 매립을 허가받아야 한다. 이러한 법적 제약에 따라 농림부는 간척지를 산업용지로 사용하는 간척 허가를 받을 수 없다. 그런데 농림부가 명목상으로는 농지를 조성한다고 해놓고 내심 복합 산업단지를 조성하기 위해 간척사업을 벌였음이 확인된 것이다. 최근에도 농림부가 농업기반공사를 통해 농작물 수확이 신통치 않은 한계농지를 문화마을이라는 명목하에 택지로 개발하여 분양을 일삼고 있는 것(www. karico.co.kr 참조)과 일맥상통한다. 농산물 수입 개방에 대한 대응치고는 왠지 석연치 아니한 면이 있다.

전라북도는 농림부의 복합 산업단지 조성 계획을 구체화하기 위해 한국산업경제연구원에 용역을 의뢰하여 복합 산업단지의 타당성을 검토하였다. 뿐만 아니라 지역 언론을 통하여 간척지를 복합 산업단지로 개발하여 차세대 경제 발전의 축이 되어야 한다는 여론을 조성하였다. 결과적으로 "새만금 사업은 전북도민의 숙원 사업이고, 낙후된 지역 경제를 활성화하는 기회"라고 인식하도록 각인하는 역할을 한 것이다.

2) 계층과 종파를 초월한 삼보일배의 울림

한편 민간 축에서는 1990년대 중반부터 계속되어온 환경단체의 갯벌 살리기 운동과 일부 환경단체의 입장을 초월하여 불교·원불교·천주교·기독교 4대 종교가 하나가 된 소리 없는 절규 삼보일배, 그리고 이를 뒤쫓은 수많은 국민들의 성원을 통하여 새로운 사회 변화의 장이 열렸다. 1960년대에는 보릿고개를 넘기 위해 '잘 살아보세'를 외치며 조국 근대화에 팔을 걷어붙이고 경제 개발을 외쳤다면, 21세기인 오늘날에는 경제 발전의 결과로 고스란히 남겨진 피폐한 환경과 해체된 공동체 문화는 더 이상 곤란하다고 외친다.

삼보일배에는 행정부의 수장인 환경부·농림부·해양수산부 장관뿐 아니라 국회의원들이 다녀갔고, 헤아릴 수 없이 많은 지역 단체와 종교계의 지원,

그리고 무엇보다도 중요한 시민의 동참이 있었다. 특히 '새만금 방조제 공사를 잠정 중단하고 신구상기획단에서 새로운 대안을 마련하라는 정책 제안'에 현직 국회의원 272명 중 54%에 해당하는 147명이 서명(「한국일보」 2003. 5. 29)하는 성과를 거둬 입법부에서도 한 목소리를 보태는 계기를 만들었다.

3) 산업단지를 선호하는 정부

삼보일배가 진행되는 중에 새만금 간척사업을 둘러싼 찬반 양론이 끊임없이 일자, 2003년 6월 5일 노무현 대통령이 "과거 정부에서 2년간 토론을 거쳐 결정한 사항을 다음 정부가 뒤집는 것은 어려워 새만금 사업을 중단하거나 취소하지는 않겠다. 농지로 타당하지 않을 경우 다른 용도로 모색할 수 있기 때문에 신구상기획단(새만금 사업 특별위원회)을 만들었다. 이제 가장 큰 쟁점은 꼭 농지로 할 것인지, 관광지 또는 산업단지 등으로 할 것인지의 여부"(「한국일보」 2002. 6. 5)라는 발언을 통하여 최고 정책 결정자의 입장을 밝혔다. 같은 해 6월 26일 정부 관련 부처가 추천하는 민간인, 민주당 인사 등 27명이 신구상기획단 위원으로 확정되었다. 1999년의 민관공동조사단과 다른 점은 본 특위 구성위원에 민간 추천인사가 빠졌고, 행정부 추천위원과 민주당 인사로 구성됐다는 것이다.

2003년 7월 22일의 국무회의에서는 "친환경적 개발을 기본으로 경제성을 추구한다는 전북도민의 희망을 반영해 매립지를 농지에서 산업·연구·관광단지로 변경하는 방안을 검토" 하겠다고 못박은 바 있다. 현재 예정된 신시도와 가력도 배수갑문을 그대로 이용하는 방안과, 갑문을 확장하거나 제3의 배수갑문을 설치해 추가로 해수 유통로를 확보하는 방안(3,000억 원 이상 추가 예산 소요)을 검토 중이다. 국무회의에서는 "해수 유통량이 많으면 갯벌의 수질 보전에는 유리하나 간척사업은 어려워진다. 그래서 국립환경연구원, 해양연구원, 농어촌연구원의 검토안을 토대로 해수 유통 방안을 수립하겠다"고 방조제 완공을 전제로 한 용도 변경을 모색 중이라 한다.

4) 새만금 문제의 전환점을 마련한 사법부의 판결

2003년 7월 15일 서울행정법원은 정부의 개발을 통한 경제 발전 논리에 환경 보전을 덧칠하는 축과는 다른 입장을 밝힌다. 바로 "간척농지에서 농사를 짓기 위해 만드는 새만금호가 썩을 가능성이 높고, 썩지 않게 하기 위해서는 돈이 너무 많이 들게 되므로 실현 불가능하다. 방조제를 막으면 수질 오염과 갯벌 파괴 등에 의한 환경 피해가 심각히 우려된다"는 이유로 '새만금 간척공사 집행정지 가처분'을 결정한 것이다. 갯벌을 농지로 바꾸었을 때 새만금호가 썩게 되는 환경 오염 문제와 갯벌이 사라지는 돌이킬 수 없는 환경 피해를 우리 사회가 심각히 받아들여야 한다는 입장을 취하였다. 일부 과격한 환경론자들만 주장하는 것으로 알려졌던 환경 문제가 경제 개발을 통해 얻어지는 그 어떤 이익보다도 우선적으로 검토되어야 할 중요한 문제라는 것을 사법부로부터 평가받은 것이다.

사회의 보수세력으로 분류되는 사법부에서 환경이 망가지면 망가뜨려서 돈을 버는 것보다 훨씬 더 많은 대가를 치러야 한다는 사실을 판결을 통해 선언하였으니, 이는 기존의 정부 입장에 비추어 볼 때 가히 혁명적인 발상이라 할 수 있다. 이러한 판단의 근원은 새만금 사업 잠정 중단 결정을 내린 서울행정법원 행정3부 강영호 부장판사의 발언을 통해 보다 명확해진다. 재판부는 "1994년 물막이 공사를 했다가 복원한 시화호 사례 연구가 이번 결정에 큰 도움을 줬다. 시화호의 경우 호수 복원에 1조 원 이상이 들었는데 새만금 공사로 생길 호수는 수질 회복을 위해 시화호보다 두 배 이상의 예산이 들어갈 것이라는 결론"에 이르렀다는 것이다. 그뿐 아니라 "독일의 아돌프 켈러만 박사를 증인으로 채택해 새만금 갯벌은 생태학적으로 보전 가치가 충분하다는 의견을 들은 것"도 판단의 근거로 삼았다고 한다(「중앙일보」 2003. 7. 16).

5) 개발인가, 환경 보전인가

이 과정에서 우리는 정부가 사회적 가치 기준으로 갯벌보다는 농지가, 농지보다는 복합 산업단지가 경제적으로 이익이 크다는, 다시 말해 가치가 크다는 입장을 취하고 있음을 확인할 수 있다. 갯벌의 가치 또는 환경 오염으로 인한 사회적 손실보다는 개발의 가치 또는 개발에 따른 사회적 이득이 훨씬 크다는 것이다. 물론 개발을 결정하는 데 갯벌의 가치와 그 지역에 사는 사람들이 꾸려온 삶의 사회문화적 가치는 그리 중시하지 않는다. 갯벌을 황무지로 취급하고, 그 지역에 사는 사람들의 삶의 가치는 보상이라는 형태를 통해 충분히 감안한 것으로 보는 것이다. 그 결과 개발하는 데 얼마의 비용이 들고 개발된 지역을 농지나 산업용지로 전환하면 얼마의 이득이 생길 것인가 하는 경제적 이득에만 관심을 집중하고 있다.

반면 사법부는 환경단체나 환경에 관심을 갖는 일반 시민들의 입장에 손을 들어주었다. 개발을 통해 얻어지는 이득이 있다 한들, 환경이 파괴되면 결국 이를 복구하기 위해 더 많은 돈이 들어갈 수밖에 없고, 결과적으로 사회적 손실을 낳을 뿐이라는 것이다.

우리는 이와 같은 정부와 사법부의 태도를 통해 우리 사회 인식 변화의 접점, 그리고 한 치도 양보하기 어려운 개발과 보전의 갈등 근원인 "어떠한 것이 과연 우리 사회가 중시해야 할 것이며, 사회적 가치가 높은 것인가"에 대한 인식을 확인할 수 있었다. 우리 사회는 과연 개발에 따른 경제적 이득과 갯벌 보전에 따른 생태 및 사회문화적 이득 중 어디에 더 높은 가치를 두고 있는 것일까?

2. 갯벌은 개발 이익보다 큰 가치를 갖는가

1) 다른 주장을 펼치는 보고서들

1989년 새만금 간척사업의 경제적 타당성 분석[2]에서는 새만금 간척에 따른 갯벌 피해를 고려하지 않고 있다. 당시 환경영향평가[3]에서는 간척공사로 갯벌 파괴를 초래하고, 갯벌 상실이 가져올 생태계 영향을 구체적으로 밝혔고, 피해조사 보고서4를 통해 어업 피해를 확인하고 그후 어민 보상까지 하였다. 그럼에도 불구하고 경제적 타당성 분석에서 갯벌 상실은 경제적 손실로 고려하지 않는다. 우리 사회는 1989년 사업 수행 여부를 판단할 때 '갯벌은 황무지'이기 때문에 사라진다 할지라도 이것이 사회적 손해가 아니라고 판단한 것이다.

아래의 글을 보면, 1989년 새만금 간척사업 환경영향평가서에서도 불가피한 환경 영향으로 갯벌 파괴를 우려하였음을 확인할 수 있다. 즉 환경영향평가에서 갯벌은 생물의 서식처이며 이들과 먹이연쇄를 갖는 모든 연안 생물과 연계되어 있는 생태 시스템이자 해수를 자정하는 콩팥이라는 것이다.

> 방조제가 체절되어 해수의 유출이 제한되면 방조제 내측에 서식하던 모든 조간대 생물과 조하대 생물은 도태된다. 조간대 생물이 죽어 없어지게 되면 조간대 자체 생태계의 파괴는 물론 이들에 연결된 먹이연쇄가 갖는 모든 연안 생물에 영향을 미치게 된다. 이에 따라 방조제 외해의 생물에도 영향을 주며, 조간대에 조석 현상이 없어지면 수면의 감소, 담수의 증가 등에 의해 이 지역의 기후에도 영향을 주어 주위의 식물상도 영향을 입는다. 갯벌이 간척지가 되면 여기에 자생하던 염생 식물들도 서식처를 잃게 되며, 갯벌의 상실로 갯벌의 유기물 분해 능력이 없어져 해수의 자정 능력이 줄어든다.
> ─농림수산부·농업진흥공사, 「새만금지구 간척종합개발사업 환경영향평가서」, 1989.8.

그런데 이 환경영향평가서에서는 새만금 지역의 수산업 관련 현황은 파악하고 있으면서도 정작 중요한 문제인 수산업에 종사하는 사람들에 대한 사회경제적 영향이 어떠한지는 밝히지 않고 있다. 이 평가서는 개발로 삶의 생존권을 박탈당하는 어민들에 대한 현실은 전혀 고려하지 않고 있는 것이다. 그렇지만 수산업 관련 현황 파악을 통해 우리는 새만금 갯벌이 먹이연쇄를 통한 생태 시스템이자, 인간에게 수산물을 제공하는 수산물 생산 공장으로서의 가치를 갖고 있음을 확인할 수 있다.

정리하자면 새만금 사업타당성 보고서, 사업에 따른 피해조사 보고서, 환경영향평가서 등이 모두 제각각이며 그 결과 올바른 정책을 결정하지 못한 것이다. 정책 결정에 흠이 있었던 것이다. 그 중 특히 아쉬운 점은 갯벌이 가치가 있다고 확인하고 있음에도 불구하고, 경제성 분석에서 갯벌의 가치를 감안하지 않았다는 사실이다.

2) 갯벌의 가치에 대한 사회 인식의 변화

어쨌든 새만금 간척사업은 갯벌의 가치는 따질 필요조차 없다는 전제에서 시작되었다. 새만금 갯벌의 가치를 이야기하기 전에 잠시 갯벌을 포함한 습지에 대한 우리 사회 인식의 변화를 살펴보기로 하자.

1996년 정부와 환경단체는 같은 해 12월 호주에서 열린 람사회의를 준비한다. 환경부는 람사 당사국이 되기 위하여, 환경단체는 국제 세미나 준비 등을 통하여 '습지의 중요성'에 대한 인식을 함께한다. 새만금 사업이 시작된 지 5년여가 지난 다음의 일이었다. 1996년 말 환경단체는 습지보전 연대회의를 결성하고, 우리나라는 1997년 람사협약[5]에 가입했으며, 1998년 12월에는 습지보전법을 제정했다. 습지의 중요성에 대한 인식을 한 지 불과 2년 만의 일이었다.

이 과정에서 갯벌과 농지 중 어느 것이 더 가치가 높으냐 하는 사회적 논의가 뜨겁게 일어났다. 이런 논의에 불을 붙인 것은 환경부가 해양연구소의 이흥동 등[6]에 의뢰하여 밝힌, 갯벌은 농지보다 3배의 가치가 높다는 연구 결과였다. 이 연구 결과는 새만금 간척사업을 둘러싼 사회적 논의의 장이라면 어디에서나 인용되었다. "갯벌은 농지보다 3배나 그 경제적 가치가 높기 때문에 보전되어야 한다"는 여론이 들끓었다. 습지의 가치에 대한 우리 사회의 인식 변화를 반영하여, 1998년 영산강 4단계 간척사업 타당성 조사에서는

'갯벌의 가치를 고려한 경제성 분석'을 실시하였다. 정부의 해안 관리 목표가 리아스식 해안을 직선화시키는 것7이었던 구시대의 정책을 변경하지 않을 수 없는 새로운 시작이었다. 새만금 갯벌과 농지의 가치를 둘러싼 사회적 논의가 한창이던 1999년에 정부는 갯벌 훼손을 이유로 영산강 4단계 간척사업을 철회하였다. 이는 우리 사회에서 갯벌의 가치를 반영하여 사업을 철회한 첫번째 사례이다.

3) 농지냐, 갯벌이냐

감사원의 감사에서 사업 타당성에 대한 문제 지적과 새만금 간척 반대운동이 격화되자 1999년 5월 정부는 초법적 기구인 민관공동조사단을 결성하여 1년여에 걸쳐 새만금 간척공사를 중단하고 간척사업의 타당성에 대한 재검토를 하기로 결정하였다. 새만금 간척 지역의 갯벌 가치에 대한 본격적인 논의를 시작한 것이다. 재검토 과정과 그 이후 사회적 논의의 중점은 "새만금 담수호가 농업용수 4급수를 달성할 수 있느냐" 하는 환경 오염 문제와 "갯벌과 농지 중 어느 것이 더 사회에 이득이냐" 하는 갯벌의 가치 논쟁으로 모아진다.

1996년 이홍동 등의 연구에서 중점을 두었던 농지와 갯벌 중 어느 것이 더 가치가 크냐의 논의를 확대하여 민관공동조사단에서는 간척에 따른 이득과 손실을 저울질한다. 이 논의는 이득과 손실을 좀더 구체적으로 논의하고 있을 뿐이지, 갯벌과 농지 중 어느 것이 더 사회적으로 이득이냐는 논리를 벗어나지 못하고 있다. 새만금호의 수질이 문제가 되는 것은 그것이 농작물을 경작하기 위해 필요한 농업용수의 젖줄이기 때문이다. 결국은 새만금호 수질이 농업용수 기준인 4급수를 달성할 수 있으면 사업을 계속하는 것이 마땅하고, 그렇지 못하면 사업을 계속한다 할지라도 새만금호 물을 이용해 농사를 지을 수 없을 터이니 간척에 따른 주요 이득을 낼 수 없다는 것이 주된 이유이다.

이것은 2003년 노무현 대통령이 새만금 간척지가 농지로서는 사회적 이득을 내기 어렵다는 판단하에 간척지를 다른 용도로 이용하기 위해 신구상기획단을 결성한 것과 맥을 함께한다. 농지가 이득을 낼 수 없는 것이라면 산업단지 또는 관광단지 등을 만들도록 하자는 것이 그것이다. 간척지와 갯벌 중 어느 것이 더 경제적으로 이득일 것이냐 하는 것이 새만금 갯벌 가치 논쟁의 핵심을 이루고 있다.

이는 새만금 간척 반대운동 진영으로 하여금 갯벌과 농지의 가치를 상대 비교하는 경제중심론을 중심으로 활동하게 만들었다. 갯벌 그 자체의 가치가 소중하다는 외침 속에서 가장 앞에 내세운 슬로건은 "갯벌이 농지나 공장보다 더 가치가 크다"는 것일 수밖에 없었다. 간척 반대운동이 일어나는 곳이면 어디서나 울려 퍼지는 고규태 시인의 〈도요새〉라는 노랫말과 범능 스님의 가락에서도 그 냄새는 지울 수 없다. 생명의 터전인 갯벌을 노래하면서 '바다가 논밭이고 갯벌이 공장'이라는 말을 통해 세인들의 관심을 불러일으키고 있다. 시대적 과제를 반영하다 보니 생명을 이야기하면서 갯벌이 간척보다 경제적으로 얼마나 큰 가치를 갖는지를 이야기하지 않을 수 없었던 것이다.

4) 미래세대로부터 빌려 쓰는 갯벌

그렇지만 사회적 논의는 여기서 그치지 않는다. 경제 논리에 그 축이 움직이는 한 켠에서는 다른 목소리가 울린다. 현세대가 다음 세대의 것을 몽땅 당겨 쓰는 것은 사회적으로 바람직하지 못하다는 '미래세대 환경소송'[8]이 그것이다. 이를 통하여 사람들은 경제적 측면을 벗어나 갯벌은 '미래세대로부터 빌려온 것'이라는 청지기적 가치를 이야기한다. 법원은 '미래세대에게 소송 제기의 자격이 있음'을 확인해주었다. 우리 사회에서 갯벌을 비롯한 각종 생태계와 관련한 정책은 현세대가 보는 가치만을 고려할 것이 아니라 미래세대가 갖는 가치를 중시해야 한다는 것이다.

〈도요새〉

고규태 글 / 범능 곡

바다를 가로막아 무엇에 쓰려나
동진강 만경강은 흘러서 어디로

옛날-부터- 바다가 그대로- 논밭-인데
김제-들판- 적시며 그대로- 젖줄-인데

갯벌을 모두메워 무엇을 만드나
백설이 내려앉은 소금은 어디서

옛날-부터- 갯벌이 그대로- 공장인데
옥구-염전- 알알이 그대로- 보석인데

도요 도요 도요새 도와- 달라- 외치네 아아
도요 도요 도요새 다시불수- 있을까

천만금 주고도 바꿀수 없는 바다여갯벌이 여 아아

생명의 터전 우리가 우리가 지-킨-다

불공정 절차 — 미래세대의 권리

① 헌법을 제정하거나 개정할 때 미래세대들의 의사를 묻지 아니하였기 때문에 미래세대의 수요가 모두 헌법전에 반영되었다고 보기 어렵다. 그러나 미래세대들의 자유와 권리는 헌법에 열거되지 아니한 이유로 경시되지 아니한다(헌법 제37조 제1항).

② 현행 헌법 전문은 헌법전에 열거되지 아니한 미래세대들의 자유와 권리를 확인하고 그 보장을 미래에까지 확장시킨다. 즉 1987년의 헌법 전문은 "우리들과 우리들의 자손의 안전과 자유와 행복을 영원히 확보할 것을 다짐하면서" 헌법을 개정한다고 규정함으로써, 현재세대와 미래세대 간의 형평(inter-generation equity)을 선언하고 있다.

③ 헌법에 열거되지 아니한 자유와 권리라고 할지라도 미래세대의 안전과 자유와 행복과 관련된 것이라면 모두 헌법적 보호를 받는다. 새만금 갯벌에서는 현재세대와 미래세대의 몫이 대립한다. 미래세대들은 사업자들의 주장처럼 수혜자가 아니라 잠재적 피해자들이다.

④ 현재세대들은 갯벌 매립공사의 수혜자가 미래세대임을 알면서도 그들의 의견을 묻지 아니한 채 매립공사를 진행시킴으로써 미래세대들의 몫을 침해하는 부정의를 야기시켰다. 미래세대의 편익을 침해하는 현재세대는 형사상 배임 내지 횡령을 구성할 수도 있다. 환경 정의를 실천하기 위한 정책적 제안들은 실체법과 절차법으로 구체화되어야 한다.

⑤ 1992년의 리오 환경선언과 '의제 21'의 취지를 존중한다면 세대 간 형평을 확보한다는 차원에서 개발이나 자원 이용에 대한 현재세대의 한계가 규정되고, 미래세대의 미사용 가치와 선택적 가치가 '기대 이익'으로 규정되어야 한다.

— 전재경, 「적법 절차와 새만금의 법적 청산」, 새만금 대토론회 중에서, 2003. 4. 25.

5) 백합과 갯지렁이도 갯벌의 주인

우리나라에서는 갯벌의 가치 논의에 미래세대를 고려하고는 있지만, 다른 나라에서와 같이 갯벌 내에 서식하는 백합·갯지렁이·농발게 등 각종 생물의 권리까지 인정하는 '자연권리'에 대한 소송이 제기된 적은 없었다. 그렇지만 2003년 10월 15일 천성산 늪과 계곡에 서식하는 꼬리치레도롱뇽을 천성산 일대 생명의 대표로 하여 '천성산 고속철도사업'으로부터 생존권을 지키기 위한 소송이 제기되었다. 우리나라에서 처음 제기된 자연권리 소송이다. 봄이 되면 짚신을 성글게 엮어 신고 뜨거운 물을 하수구에 버리지 않던, 사람과 자연이 공생해온 우리 문화에 비추어 볼 때 도롱뇽 권리 소송은 낯선 일이 아니다. 재판부에서 자연의 권리를 인정할 것인지 향후 그 귀추가 주목된다.

미국에서는 1960년대와 70년대를 거치면서 자연권리 소송이 시민 소송으로 발전하였다. 일본에서는 '이사하야 만 자연권리 소송'을 통해 이사하야 만의 대표적 생물종인 키조개·짱뚱어·농게·갈매기·도요새 등의 생존권리를 대변하여 6명의 변호사가 일본 정부를 상대로 소송을 냈고, 재판부에서도 이를 받아들였다. 자연의 권리를 인간의 권리와 동등하게 인정한 것이다.

법정에 선 도롱뇽

고속철도 관통 반대 천성산비상대책위원회는 2003년 10월 15일 오전 9시 부산지방법원에서 도롱뇽 소송을 개시, 원고 도롱뇽을 대리하여 '도롱뇽의 친구들' 이름으로 '공사착공금지 가처분 신청'을 법원에 제출하였다.

도롱뇽 소송을 제기하게 된 취지는 이렇다. 천성산의 문제는 더 이상 고속철도 관통이라는 환경 문제에 국한되지 않는다. 잘못된 개발 모델과 근시안적인 경제 논리로 파괴되고 있는 우리 산하의 아픔의 상징으로 자리잡았다. 그러므로 천성산은 이미 사라져간 많은 생명들을 품어 안고 '도롱뇽의 친구들'이라는 일반인에 의해 희망을 만들어가는 환경성지로 거듭날 수 있어야 한다. 이를 위해 천성산비상대책회의는 천성산 일대에 서식하는 법적 보호 양서류 1호인 꼬리치레도롱뇽의 이름으로 환경부와 정부를 상대로 생존권을 지키기 위한 소송을 제기한다. 특히 부실한 환경영향평가가 개발에 대한 면죄부의 역할밖에 하지 못하는 병폐를, 누락된 법종 보호종들과 생명들에 대한 책임을 지고 공식적으로 문제 제기함으로써 생물종에 대한 권리를 회복하고, 환경부와 환경 보전을 위한 법이 제자리를 찾을 수 있는 계기를 만들어 이 땅의 미래의 거울이 되고자 한다.

— 천성산 홈페이지(www.cheonsung.com)

일본 이사하야 만의 자연권리 소송

짱뚱어를 법정에 세울 결심을 했던 하라다 게이이치로 씨는 "인간도 자연의 일부다. 자연을 지키는 것은 인간을 지키는 것"이란 말을 듣고 자연의 권리를 위한 소송을 제기하기로 결심했다. 1996년 7월 16일 일이었다. 이 재판에 참여한 변호사는 이를 좀더 시적으로 표현한다.

"어제 아침에는 인간이었던 물질이 저녁에는 바닷말로 변하고, 오늘은 짱뚱어가 되며, 내일은 도요새로 태어나 타향의 하늘을 여행한다. 이러한 순환 세계의 큰 수레바퀴가 이사하야 만이다. 자연인이 자연물과 공동으로 재판을 다투는 근원이 거기에 있다. 자연을 미래로 향해 지속시키고 후대에 전하는 노력을 오늘 하지 않으면 인류의 내일은 어떻게 보증될 수 있을 것인가? 자연인 원고는 이렇게 호소하고 싶은 것이다. ……"

자연권리사상은 1972년 미국의 크리스토퍼 스톤 교수가 발표한 「나무의 당사자 적격」이라는 제목의 논문이었다. 어린아이의 권리를 일정 범위 안에서 어른이 대변하는 것처럼 자연물의 권리를 자연에 관심이 큰 시민에게 대변시켜야 한다고 보았다. 같은 해 미국연방대법원의 환경 관계 판결에서 스톤 교수의 견해를 지지하는 소수 의견이 나오면서 그 뒤 오염된 강, 늪지, 해안, 종, 나무 등의 이름으로 소송이 제기되었다. 1973년에는 '멸종 위기에 처한 종에 관한 법'이 제정되어 이 법에 위반한 행위에 대해서 '누구라도' 국가를 대신해 그 시정을 구할 수 있게 되었다.

— 박순철, 『세계의 습지를 가다』, 한국해양수산개발원, 2002.

이렇듯 갯벌이 지닌 가치가 귀중함에도 불구하고 최근 논의가 활발한 새만금 대안 논쟁에서도 갯벌의 가치에 대한 논의는 미진한 편이다. 대부분의 대안이 전라북도와 기타 지역과의 경제적 형평성에 중점을 두고 있고, 갯벌 가치에 관련한 대안은 찾아보기 힘들다. 다만 전승수 교수가 제안하는 갯벌 어촌 공동작업에서 갯벌의 가치를 고려한 소박한 대안을 만날 수 있다.9

결국 우리 사회의 인식은 농지나 산업용지를 만드는 것 이상으로 갯벌의 경제적 가치가 크다는 축과 갯벌이 가치가 있다 할지라도 사회 발전을 위해 개발이 불가피하다는 또 하나의 축에 머물러 있다. 이러한 인식은 갯벌이 얼마나 경제성이 있는가 하는 논리가 주된 것이다. 그렇다면 학계와 다른 나라의 갯벌을 비롯한 생태계의 가치에 대한 인식과 논의 수준은 어떠한지 확인하기로 한다.

3. 갯벌의 시스템적 가치―1차 가치

갯벌 생태계의 가치는 경제적 가치로 표현할 수 있다. 갯벌이 지닌 가치를 몽땅 갯벌의 경제적 가치로 추정하는 것은 불가능하지만, 사람들이 갯벌을 '이렇기 때문에 사람들에게 꼭 필요한 것'이라고 생각하는 부분은 경제적 가치로 추정할 수 있다(부록 '갯벌의 가치에 대한 이론적 배경' 참조). 경제적 가치는 사람들이 얼마나 갯벌을 유용하게 생각하는지에 근거를 두기 때문이다.

우선 새만금 갯벌의 가치를 논하기 이전에 갯벌의 생태학적 특성을 확인하기로 한다. 뒤에 나오는 '새만금 갯벌의 특성'에서 볼 수 있듯이 전라북도 서해안에 위치한 새만금 갯벌은 북서계절풍의 영향으로 겨울에 역동적인 변화를 거듭한다. 새만금 갯벌의 가장 큰 지리적 특징은 강의 하구갯벌이라는 것이다. 만경강과 동진강이 만나는 강 하구에는 내륙 하천으로부터 유입된 퇴적토가 모인 사주(沙洲)가 발달해 있다. 외해와 직접 맞닿은 갯벌 또한 새만금 갯벌의 일부분으로 계화·거전 등이 이에 해당한다.

강 하구갯벌인 지역과 외해와 인접한 갯벌은 지질 구조가 서로 달라 지질 변화에 따라 다양한 저서생물이 서식하고 있다. 이는 여느 갯벌과 다른 새만 금 갯벌의 특성이다. 다양한 저서생물을 먹이로 하는 각종 철새, 특히 도요· 물떼새류는 호주에서 시베리아를 오가면서 새만금 갯벌을 중간 기착지로 이 용한다. 간척과 연안 개발, 그리고 오염으로 서해안 갯벌이 점차 사라지고 있 어, 동아시아를 이동 통로로 하는 각종 철새들은 드넓은 호주와 시베리아의 서식지와 달리 좁은 새만금 갯벌에서 채식을 한다. 닭장의 닭처럼 좁은 공간 에서 휴식을 위해 잠시 머물고 지나가는 것이다.

조류학자의 말을 인용해서 우리나라 지도 전체 크기를 호주와 시베리아 도요·물떼새의 서식지라고 한다면, 우리나라에 머무는 도요·물떼새의 중간 기착지로서의 갯벌은 지도에서 점 하나에 해당할 정도로 비좁은 공간이라고 한다. 그럼에도 불구하고 시베리아의 광활한 땅에서 서식하던 수많은 도요· 물떼새가 상대적으로 조그마한 이곳에서 장거리 이동에 충분한 먹이를 찾을 수 있을 만큼 새만금 갯벌은 생태적으로 매우 중요한 장소이다. 뿐만 아니라 서해에 서식하는 각종 어류가 새만금 갯벌을 산란장으로 이용한다. 서해 연 안에 서식하는 어류의 약 70%가 새만금 갯벌 일대에 서식하고 있는 것으로 보아, 우리가 아직 파악하지 못한 다양한 어류가 새만금 갯벌을 산란장으로 이용하고 있음을 쉽게 상상할 수 있다.

새만금 갯벌은 기후와 계절적 영향을 받으면서 역동적으로 변화하고 있는 생태계로, 갯벌 스스로 물리적 환경에 따라 침전물과 영양물질의 퇴적과 배 출을 지속할 뿐 아니라, 각종 갯벌 생물에게 서식처를 제공하고, 갯벌 내에 부 유하는 각종 영양물 등을 통해 서식하는 이동성 동물인 조개 등 저서생물에 게 먹이를 제공한다. 이를 통해 새만금 갯벌은 수질을 정화하고 생물 다양성 의 저장고가 된다. 갯벌의 생성을 통하여 생태적 기능을 수행하는 역동적 생 태계인 것이다.

새만금 갯벌은 이와 같은 생태적 기능을 통해 각종 서비스를 사람들에게 제공한다. 철새만이 아니라 사람들도 갯벌에 서식하는 각종 저서생물의 덕을 보는 것이다. 간척하기 이전 새만금 갯벌의 조개 생산량은 전국 1위를 차지하였다. 뿐만 아니라 전어·웅어·밴댕이·청멸·멸치 등 우리 식탁에 오르는 각종 수산물을 생산하고 있다. 어린아이들은 갯벌에 사는 각종 생물을 만나면 시간 가는 줄 모르고 뛰어놀고, 사람들은 갯가에 나가 휴식을 취한다. 갯벌은 각종 생산물과 상품을 생산하는 공장인 것이다.

폭풍과 해일은 조수간만을 통해 갯벌과 갯가에서 저절로 흡수된다. 뿐만 아니라 갯벌은 만경강과 동진강에서 흘러나오는 각종 영양염류나 독성물질의 정화를 통해 수질을 개선한다. 외해의 각종 오염물도 밀물과 썰물을 통해 오가면서 정화된다. 또 갯벌은 철새를 비롯한 각종 저서생물이 풍부한 생물 다양성을 통해 외부의 충격에도 잘 견디는 생태계의 복원력을 강화시킨다.

이처럼 새만금 갯벌은 각종 서비스를 제공하는 자원인 것이다. 이뿐인가. 새만금 갯벌은 고대 한반도 농경 및 해양문화를 간직하고 있는 문화유산이기도 하다. 농업 지역과 해양문화가 만나는 어촌인 부안, 김제, 익산이 강을 타고 서로 어우러져 있는데, 부안과 군산의 해양 활동은 타 지역과 연결하는 통로이다.

이렇듯 갯벌과 갯벌에 사는 생물, 그리고 인간 사회는 시스템으로 연계되어 있다. 이를 통해 우리는 각종 서비스를 갯벌로부터 제공받는 것이다. 시스템 중 일부가 지탱 가능한 만큼 변했을 때에도 시스템은 계속 유지된다. 그 변화는 생태계를 더 풍부하게 해서 생태계의 복원력이 강해지기도 하고 역으로 약해지기도 한다. 사람들은 어떠한 변화가 생태계를 건강하게 하는 것인지 잘 알지 못한다. 이를 '생태계 변화의 불확실성' 이라고 이야기한다.

건강한 생태계와 관련하여 생물 다양성을 예로 생각해보자. 사람들은 생물 다양성이 풍부해지면 생태계에 어떤 압박(stress)이나 쇼크(shock)가 왔을 때 다시 복원하는 힘이 강해질 것이라 예측한다. 다양하면 다양할수록 변화에 대한 적응력이 강해질 것이라는 전제에서 그렇다. 우리는 이를 일컬어 생태계의 지탱 가능성이 커진다고 이야기한다.

예를 들면 내가 100만 원을 가지고 있다고 할 때, 100만 원을 모두 주식에 투자하는 것보다는 주식과 회사채, 그리고 부동산 등에 나눠 투자하는 것이 손해를 적게 본다는 것과 같은 의미이다. 생물 다양성이 풍부하면 생물끼리의 상호작용이 활발하여 예기치 못한 재앙이 왔을 때 이를 견뎌내는 힘이 훨씬 큰 것이다. 특히 강 하구인 새만금 갯벌이 갖는 동아시아 철새의 중간 기착지로서의 역할은 이러한 생물 다양성을 통한 복원력을 강화시켜준다. 철새는 호주 생태계와 우리나라, 그리고 시베리아 생태계를 오가는 생물이다. 따라서 왕복하는 동안 생태계를 교란시켜 그 적응력을 풍부하게 해준다. 이로 인해 생물 다양성은 더 풍부해지고 생태계는 더 건강해지는 것이다.

이와 같이 갯벌이 사람들에게 제공하는 각종 서비스의 기반이 되는 생태계의 시스템적 순환과 이를 이루고 있는 각종 연결고리는 경제적 가치로 환산하기 어렵다. 이는 갯벌 자체의 생태 시스템이 지탱 가능하도록 하여 각종 생명을 부양하기 위한 기반인 갯벌의 1차 가치(primary value)인 것이다.

새만금 갯벌의 특징

새만금 갯벌은 서해안의 중심에 위치하는 만경강·동진강 하구역 일대에 드넓게 펼쳐져 있는 전라북도 갯벌의 90%를 점하는 갯벌을 말한다. 새만금 갯벌의 북쪽은 금강 하구로서 금강에 의한 육상 기원 퇴적물의 영향을 받고 있다. 금강에 의한 육수 유입량은 연 $6.4 \times 109m^3$이며, 대부분 홍수기에 집중된다. 그러나 갯벌 중앙에 위치하는 만경강과 동진강의 육수 유입량은 금강에 비해 훨씬 적지만, 새만금 갯벌에 직접적인 영향을 주는 강이라고 볼 수 있다. 새만금 갯벌은 만경강·동진강 유역과 이들 강 하구의 사주 지역이 중요한 부분을 차지하고, 이 두 강에 의해 영향을 받고 있으나 새만금 갯벌의 전 지역이 모두 이들 강에 의해 영향을 받는 것은 아니다. 강 하구를 벗어나면 서해 고유의 특성이 지배하는 지역이다. 지역에 따라서 대상 분포 양상이 조금씩 차이를 나타내고 있다.

만경강·동진강 하구역에 위치하는 갯벌은 조위(潮位: 조석 현상으로 변화하는 해면의 높이)가 높아 대기에 노출되는 시간이 길며, 퇴적물은 주로 니질(뻘)로 구성되는 환경적 특성을 가지고 있다. 이러한 지역에는 저서동물 군집이 비교적 단순하여 주로 계류가 거의 전 갯벌에 출현한다. 반면에 계화·거전 등에 위치하는 갯벌은 외해와 직접 맞닿아 있으며, 갯벌이 십여 km까지 발달하고 있기 때문에 강 하구역의 갯벌과는 달리 해수에 잠기는 시간이 길고, 퇴적물 내 사질의 함량이 많은 환경적 특성을 보인다. 이러한 갯벌에는 상부부터 하부 조간대까지 조위에 따라 다양한 저서동물 군집이 형성되어 있다.

만경강과 동진강 하구역을 비롯하여 새만금 간척사업 일대에 서식하고 있는 해산 어류는 14목 66과 96속 158종인데, 이는 우리나라의 서해 연안 전 어류의 67.8%의 어종에 해당한다. 고유종과 회유 및 계절적 어류 등 다양하다. 우리 국민들의 식생활에 널리 이용되고 있는 어종으로는 전어·웅어·밴댕이·청멸·멸치 등이 있다.

또한 만경강·동진강 하구는 봄가을 도요·물떼새 들이 통과하는 중요한 지역이다. 1997년 환경부에서 발표한 전국 철새 동시 센서스 보고서에 의하면 조사 기간 중 만경강 하구는 총 37만 1,129개체, 동진강 하구는 27만 924개체가 조사되었으며, 검은머리갈매기·큰고니·재두루미·흰갈매기 등 희귀 조류가 다수 서식하는 곳이나 간척사업으로 그 서식지가 위협받고 있다고 밝히고 있다.

— 전국환경운동연합(www.kfem.or.kr)

4. 갯벌이 인간에게 주는 각종 서비스—2차 가치

이러한 1차 가치의 기반하에 갯벌은 각종 서비스를 사람들에게 제공한다. 이를 2차 가치(secondary value)라 한다. 새만금 갯벌 생태계도 이와 같은 생태계의 기반인 1차 가치를 통해 2차 가치인 각종 서비스를 우리에게 제공하고 있다. 새만금 갯벌이 우리에게 무상으로 부여하는 생명부양(life-support) 서비스인 2차 가치를 하나씩 살펴보기로 한다.

갯벌이 우리에게 제공하는 2차 가치인 생명부양 서비스는 경제적 총가치로 평가할 수 있다. 직접 사용 가치로는 수산물 생산 서비스와 관광 및 레크리에이션 서비스가 있다. 직접 사용 가치에서 어민의 삶의 터전이자 문화공동체의 근원이고, 고대부터 역사와 문화를 간직한 문화적·교육적 가치 등도 빼놓을 수 없다. 간접 사용 가치로 홍수 및 해일 조절·해수면 상승으로 인한 피해 저감 서비스, 수질 오염 정화 서비스 등이 있다. 아직 밝혀지진 않았지만 향후 갯벌에 서식하는 생명체로부터 서비스받을지도 모를 의약품적 가치로서의 선택 가치도 있다.

그밖에 비사용 가치인 미래세대에게 물려주고 싶은 유증 가치, 갯벌의 생물로부터 어떤 혜택을 받는 것과 상관없이 생물이 존재한다는 그 자체만으로 만족하는 존재 가치, 새만금 갯벌의 도요·물떼새가 서식처를 잃지 않았으면 좋겠다는 바람에서 비롯되는 박애 가치 등도 새만금 갯벌을 통해 사람들이 누리는 서비스이다. 하나씩 2차 가치를 살펴보기로 한다.

1) 자연재해 방지 가치
새만금 갯벌은 연안을 따라 발달해 있는 육지로부터 흘러온 퇴적물이 쌓인 갯벌과 사주로 구성되어 있다. 계절적 변화와 해수면 상승에 따라 바다 쪽으로 퇴적이 계속된다. 육지의 퇴적물이 만경강과 동진강을 타고 계속 흘러오기 때문에 가능한 것이다. 이를 일컬어 염하구형 갯벌이라 한다. 방조제를 쌓지 않고 놓아두면 해수면 상승에 따라 계속 넓어진다. 새만금 갯벌은 이를 통해 지구 온난화에 따른 해수면 상승을 흡수하고, 폭풍과 연안 침식을 막아준다. 새만금 갯벌을 이루는 주변 환경인 해안가·사구·강어귀 등은 거센 바람과 바다, 해안 수위 상승의 변화에 자연적으로 적응할 준비가 스스로 되어 있는 것이다. 대규모 자연재해를 흡수하는 보험, 그것이 바로 만경강과 동진강을 따라 육상 퇴적물이 쌓여가는 갯벌과 주변 환경이다.

환경정책평가연구원의 연구 결과는 해수면 상승과 관련해 우리를 긴장시킨다. 앞으로 100년 뒤에는 지구 온난화 현상으로 한반도의 해수면이 1m 가량 상승해 남북을 합쳐 전체 면적의 1.2% 가량이 침수된다는 것이다. 환경정책평가연구원은 「지구 온난화에 따른 한반도 주변의 해수면 변화와 그 영향에 관한 연구」(2003)에서 태풍과 해일, 향후 기온 상승 등을 고려할 때 2100년이면 2,643km²가 침수될 수 있다고 밝혔다. 특히 "서해안이 남해안과 동해안보다 훨씬 취약한 것으로 확인되었으며, 인구가 밀집한 군산과 목포 일부 지역, 아산만 일대가 침수 예상 지역에 포함됐다"고 한다. 새만금 갯벌 간척지인 군산이 포함된 것이다.

새만금 방조제를 통하여 폭풍과 해일로부터 연안 지역을 안전하게 하는 것이 옳은 것인지, 갯벌 스스로 해수면 상승에 대비해 퇴적물을 쌓아가면서 각종 천연재해를 막아주는 서비스를 계속 제공받을 것인지 생각해보게 한다. 방조제와 갯벌 중 어느 것이 가치가 더 큰지 말이다. 이는 경제학에서 볼 때 갯벌이 인간 사회에 제공하는 서비스인 간접 사용 가치이다.

새만금 해역에 형성되어 있는 퇴적체는 조류 우세 염하구 퇴적 환경에서 연안을 따라 대상으로 발달하는 전형적 세립질 갯벌과 중앙 조하대역에 형성되어 있는 사주가 대표적이라고 할 수 있다. 이것은 현재의 새만금 연안역이 전형적인 조류 우세 염하구 퇴적 환경임을 보여준다. 일반적으로 염하구형 조석 평원의 자연적 진화 양상은 해수면이 상승함에 따라 바다 쪽으로 전진 퇴적되며 상향 세립화하는 퇴적체를 형성한다. 물론 육지로부터 공급되는 퇴적물의 양이 해수면 상승에 따라 점차 커지는 수용 공간을 채울 수 있을 정도를 유지한다는 전제 조건을 만족할 경우에 해당된다. 대부분의 염하구형 갯벌은 이러한 조건을 만족하는 조차가 큰 연안 하구에 발달하며, 새만금 연안역은 이러한 조건을 만족한다. 주변의 곰소만 갯벌 및 영광 갯벌과 달리 새만금 갯벌이 비교적 느리지만 뻘질 갯벌이 장기적으로 성장하였던 것은 새만금 갯벌이 염하구형이기 때문이다. 이것은 현재의 자연 상태를 유지한다면 해수면 상승에 따라 넓어질 수 있음을 의미한다. 또한 이것은 지구 온난화에 따라 연안역 침수, 폭풍 피해, 연안 침식 등의 심각한 대규모의 자연재해가 발생할 수 있는 문제점을 갯벌 스스로 해결하는 방향으로 진화할 수 있음을 의미한다.

새만금 갯벌의 퇴적 환경이 일반적인 갯벌 환경이 아니라 하구 환경이라는 것은 생태적 평가나 생산성 및 경제성 평가시에 새로운 척도를 가지고 평가해야 한다는 것을 의미한다. 하구 환경은 노출되어 있는 다양한 하구형 갯벌(뻘질 갯벌, 사주 등)과 수중에 들어 있으며, 다양한 염분을 갖는 얕은 해양 공간이 모두 생산성과 환경적 능력이 매우 높기 때문이다.

— 전승수, 「새만금사업 공개토론회 자료」, 지속가능발전위원회, 2001. 5.

2) 수질 정화 가치

새만금 갯벌이 만경강과 동진강의 하구갯벌인 까닭에 갯벌에는 육상으로부터 많은 유기물이 유입된다. 특히 바닷물과 민물이 겹치는 장소여서 생물 다양성이 풍부하다. 육상에서 유입되는 각종 유기물과 무기물은 갯벌에 사는 생물들의 먹이가 된다. 뿐만 아니라 중금속도 빨아들여 독성물질을 제거하는 효과도 탁월하다. 갯벌은 오염물을 깨끗하게 처리하는 자연 하수처리장인 것이다. 종말처리 후 남는 찌꺼기를 어떻게 처리하나 걱정하지 않아도 되는 천연 하수종말처리장으로 건설비나 운영비도 들지 않는다.

새만금 민관공동조사단의 2000년 환경영향평가분과 의견을 보면 다음과 같다. 실험 대상 지역인 새만금 갯벌에서 유기물 정화 능력을 밝히기 위해 1ha당 표층 0.1cm에서만 미생물이 작용한다고 가정할 때 1ha당 9.25kg을 제거할 수 있는 것으로 추정되므로, 새만금 간척사업 지구 내 갯벌 면적(2만 8,000ha)에서 제거되는 유기물의 양은 하루에 1,850t이라고 한다. 여기에 미생물 반응 깊이 0.1cm는 물과 접촉하는 부분만을 의미하나 실제 미생물 반응은 이보다 더 깊은 수심에서도 일어나므로 실제 유기물 제거량은 훨씬 높게 나타날 수 있기 때문에 신중한 연구를 요한다고 덧붙이고 있다. 유기물 분해 능력뿐 아니라 중금속을 빨아들이는 평가에서도 구리의 경우 그램당 54.6μg, 카드뮴은 52.2μg, 납은 388.7μg의 흡착률을 보였다고 한다. 이러한 실험 결과에 따라 새만금 간척사업 지구 내 갯벌 면적에서 흡착에 의해 제거되는 중금속의 양은 하루 25t이라고 한다.

따라서 새만금 갯벌의 유기물 정화 능력은 미생물에 의한 분해작용과 흡착에 의한 것만 고려해도 하루에 1ha당 10.60kg이다. 오덤(Odum) 교수가 1ha의 갯벌이 21.7kg을 정화하는 것으로 분석한 결과와 비교할 때 약 50%에 해당한다. 참고로 영산강 갯벌은 하루에 1ha당 21.45kg을 정화한다. 이러한 갯벌의 유기물 정화 능력과 수질 정화 능력을 하수종말처리장을 건설·운영하고 슬러지(하수처리 과정에서 생긴 침전물)를 처리하는 각종 비용에 비할 때, 새만금 갯벌의 수질 정화 능력은 그보다 훨씬 큰 경제적 가치를 갖는다. 이것은 경제학에서 볼 때 갯벌이 인간 사회에 서비스를 제공하는 간접 사용 가치에 해당한다.

3) 선택 가치

일반적으로 갯벌이 거대한 생물 다양성의 보고이듯이, 새만금 강 하구는 풍부한 유기물을 지니고 있고, 각종 생물에게 적절한 은신처를 제공하고 있어 해양생물들의 산란장으로도 활용되는 등 풍부한 생물 다양성을 지니고 있다. 새만금 갯벌은 그 자체가 퇴적물의 공급이 왕성하게 이루어지는 곳이어서, 넓은 하구갯벌과 염습지가 발달해 있다. 이러한 하구갯벌은 철새들을 비롯한 다양한 생물의 이상적인 서식지가 된다.

이러한 갯벌에 서식하는 생물종들은 의약 산업에 광범위하게 이용될 가능성이 높다. 생물 다양성에 대한 가치를 '금전'으로 환산하는 것은 간단하지 않지만, 미래에 이 생물종들이 식품 안전성과 의학적 안전성의 역할을 하게 될 것이다. 전 세계적인 유전자 풀(pool)이 미래에 얼마나 필요할지 확실치는 않지만 잠재적인 미래 이용을 위한 생물 다양성 보전이 필요하다. 이것은 경제적 가치로 '선택 가치'(option value)에 해당한다. 다양성의 손실은 이러한 가치의 상실을 의미한다.

새만금 갯벌에 도래하는 도요·물떼새류

새만금 지역에서 동진강 하구의 조사 지역은 약 67km²이고 가장 바깥쪽의 폭은 5km 정도이다. 만경강 하구갯벌과 마찬가지로 하구 안쪽의 갯벌은 대부분 뻘갯벌이며, 외해 쪽으로 나갈수록 모래갯벌로 변한다. 상류 쪽인 학당과 문포 사이에는 매우 넓은 염생습지가 존재하며, 고도가 낮은 지역에는 칠면초가 우점종으로 자라며, 육지와 가까운 고도가 비교적 높은 지역에는 갈대 군락이 차지하고 있다. 이 지역도 일제 때인 1920년대부터 얕은 지역을 간척해서 논으로 바꾼 지역이며, 1970년대에는 계화도를 연결하는 방조제가 완성되어 또 한 번의 대규모 간척이 이루어진 지역이다.

만경강 하구의 조사 지역은 약 47km²였으며 대부분의 지역은 물이 빠지면 갯벌이 되는 지역이다. 가장 바깥쪽인 심포와 어은리 사이의 폭은 4km가 넘었다. 하구 안쪽은 주로 뻘갯벌이지만 외해 쪽으로 나가면 모래갯벌로 변한다. 진봉 일대에는 3km²가 넘는 칠면초가 우점종인 염생습지가 발달하여 있다. 또한 어은리에는 현재까지 소금을 생산하는 약 1km²의 염전이 남아 있어 사리 때에 갯벌이 모두 물에 잠기면 도요·물떼새류의 중요한 휴식지로 이용되고 있다. 주변의 육지 지역은 1920년대 갯벌을 간척한 지역으로 대규모 논농사 지역이다.

새만금 지역은 오랜 기간 동안 계속적으로 간척사업이 진행되어온 지역이기 때문에 소규모의 해안 절벽 지대를 제외하고는 해안선 전 지역에 방조제가 축조되어 있다. 따라서 육지로부터 바다까지 순차적으로 우점식물이 변하는 자연적인 모습의 해안선은 찾아볼 수 없다. 하지만 간척사업 이후에 강물의 퇴적과 침식작용으로 인한 갯벌의 변화로 만경강의 진봉 지역과 동진강의 학당과 문포 사이에 대규모의 염생습지가 발달하고 있어, 간척 전의 이 지역 습지의 원형을 추정할 수 있게 한다.

새만금 갯벌은 남북 대치 상태로 하구언을 건설하지 못한 한강 하구를 제외한 한국 서해안에서 하구언을 건설하지 않은 가장 큰 하구갯벌이다. 서해안에는 여러 지역에 대규모의 갯벌이 존재하지만, 도요·물떼새류의 도래 규모는 많은 차이가 난다. 특히 새만금의 만경강과 동진강 유역에 가장 많은 수의 도요·물떼새류가 찾아온다. 갯벌에서 조개, 갯지렁이 등의 저서무척추동물의 생물량을 측정해보면 그 이유를 알 수 있다. 상류로부터 막대한 양의 영양염류와 유기물이 흘러와서 쌓이는 강 하구갯벌에는 영양분이 풍부하기 때문에 생물량이 높지만, 하구갯벌이 아닌 곳에는 생물량이 적어 이를 먹이로 하는 도요·물떼새류가 적게 도래한다.

— 이한수·백운기·김진한, 「새만금 갯벌에 도래하는 도요·물떼새류」,
새만금생명학회, 2002.

4) 존재 가치·박애 가치·유증 가치

새만금 갯벌을 이용하지 않는다 하더라도 그 갯벌에 다양한 생물이 산다는 자체만으로도 사람들은 가치를 부여한다. 예를 들어 새만금 갯벌에 가서 '백합'을 먹고 즐기려는 마음이 없더라도 갯벌에 백합이 산다는 그 자체만으로 만족함을 느낀다. 이는 갯벌에 대해 인간이 느끼는 '존재 가치'에 해당한다.

환경단체 '풀꽃세상을 위한 모임'에서는 새만금 갯벌의 '백합'에게 풀꽃상을 주면서 "세세만년 갯벌에서 살아가기를 간절히 바란다"고 선정 이유를 밝히고 있다. 또 사람들은 그 작은 몸집으로 거친 바람을 견뎌내며 멀리 호주에서 밤낮을 가리지 않고 먹지도 못하고 계속 날아와 새만금 갯벌에서 휴식을 취하고 배를 불린 다음 시베리아로 날아가는 도요·물떼새의 서식처가 간척으로 사라질 것을 안타까워한다. 그러면서 도요·물떼새의 서식처가 보전되었으면 좋겠다는 바람을 갖는다. 우리는 이를 '박애 가치'라고 한다.

그런가 하면, 이러한 천혜의 갯벌을 내 후손에게 물려주고 싶어한다. 간척으로 그 아름다움이 사라지는 것에 대한 가슴앓이를 한다. 미래의 우리 후손이 그 아름다움과 혜택을 누릴 수 없기 때문이다. 그래서 미래세대 소송을 통해 "갯벌은 자손으로부터 보관받은 것이지 우리가 함부로 없애버릴 대상이 아니"라고 이야기한다. 이러한 현세대의 마음은 갯벌에 '유증 가치'를 부여하고 있는 것이다. 새만금 갯벌을 후손에게 영속적으로 물려주길 바라는 마음에서 미래세대 환경소송을 제기한 어린이들에게 풀꽃상 부상을 수여한 가치는 갯벌의 '유증 가치'에 해당한다.

이러한 존재 가치·박애 가치·유증 가치를 경제학에서는 갯벌의 비사용 가치라 부른다.

자연에 대한 존경심 회복과 인간에게 유용한가 아닌가와 관계없이 모든 존재들이 스스로 지니고 있는 가치를 옹호하는 우리는 '풀꽃상'을 제정, 감사와 존경, 때로는 북돋움이나 연민 등의 다양한 표현으로 우리의 생각을 실천하고자 합니다. 우리는 2000년 봄, 제5회 풀꽃상 본상을 '새만금 갯벌의 백합'에게 드립니다. 부상은 갯벌을 위해 소송을 건 어린이들에게 드립니다.

·본상 선정 이유: 모든 갯벌 생명체를 대신하여 '조개 중의 조개'라 불리는 백합이 세세만년 갯벌에서 살아가기를 간절히 바라는 마음에서 제5회 풀꽃상을 드립니다.

·부상 선정 이유: 단군 이래 최대의 간척사업이 진행 중인 새만금 갯벌사업에 맞닥뜨려 소송을 통하여 헌법이 보장한 재산권의 해석을 넓히고 확고하게 다짐으로써 굼뜨게 가는 법률에 신선한 충격을 주었을 뿐 아니라, 지금은 물론 앞으로도 계속 갯벌을 누려야 한다는 의지를 밝힌 자랑스러운 어린이들에게 어른으로서의 부끄러움과 함께 격려의 마음을 전달하기 위해 제5회 풀꽃상을 드립니다. 2000. 3. 26.

— 풀꽃세상을 위한 모임(www.fulssi.or.kr)

5) 수산물 생산 가치

만경강과 동진강 하구역을 비롯하여 새만금 갯벌 일대에 서식하고 있는 해산 어류는 수산물 중 주로 가치가 높은 어종들이다. 새만금 간척공사 이전인 1989년 새만금 갯벌 조개 생산량이 전국 생산량의 28%로 전국 1위인 점에 미루어 볼 때, 새만금 갯벌과 주변 지역이 얼마나 높은 수산물 생산 기능을 갖고 있었는지 가히 짐작할 수 있다. 국내 수산물 생산의 보고인 것이다. 앞에서 살펴보았듯이 새만금 갯벌의 가치 중 유일하게 간척공사에서 고려할 수밖에 없었던 것이 갯벌의 각종 수산물 생산 서비스이다. 어민들의 삶의 터전인 갯벌에서 나오는 수산물에 대해 보상을 하지 않을 수 없었기 때문이다.

새만금 갯벌의 수산물 생산 가치는 어업 손실 보상을 통해 확인할 수 있다. 어업 손실 피해 보상을 위해 1993년에 군산대학교 해양개발연구소에서 조사했던 새만금 갯벌의 수산물 생산 피해 예측을 보자.

피해 예측에 고려된 패류 양식 면허어업은 어민들이 공동 어로 행위를 통해 어획을 해온 것인데, 주민들은 이러한 어로 행위를 통해 바지락·가무락·새꼬막·피조개·동죽·전복·굴·백합·큰죽백합 등 조개류를 잡았다. 해조류 양식 면허어업에서는 김과 미역이, 어류 양식 및 정치망 면허어업에서는 실뱀장어 등이, 허가어업에서는 각종 수산물·전어·웅어·밴댕이·청멸·멸치 등이, 맨손어업에서는 개우럭·갯지렁이·백합 등의 피해가 예측되었다. 이를 통해 저서생물을 비롯해서 어류, 해초류까지 다양한 수산물이 새만금 갯벌 일원에서 생산되고 있음을 알 수 있다. 이는 경제학에서 볼 때 갯벌이 인간 사회에 서비스를 제공하는 직접 사용 가치이다.

새만금 사업에 대한 논의가 진행되는 동안에 갯벌을 지나치게 강조한 나머지 새만금 간척사업이 마치 갯벌만을 간척하는 사업으로 오인된 것 같다. 실제로는 새만금 사업은 하구와 바다, 그리고 갯벌을 간척하는 사업으로 갯벌은 그 일부였다. 그래서 가치를 비교하는 데 있어서도 일반 갯벌과 경작지의 비교보다는 하구 또는 하구갯벌과 경작지를 비교해야 타당하다. 하구 보전의 중요성은 하구를 기술하고 있는 모든 문헌들이 언급하고 있다. 더군다나 만경강·동진강 하구는 접경 지역에 있는 한강을 제외하고는 우리나라에서 유일하게 남은 대형 강의 하구이다. 하구는 육상으로부터 유입되는 유기물이 많고 뚜렷한 환경 구배(勾配)가 형성되는 곳이어서 다양한 서식 공간이 형성된다. 특히 해수와 담수 환경이 교차되는 기수 환경을 선호하여 하구에서만 서식하는 종들도 적지 않다. 이러한 생물들 중에 일부는 수산 가치가 높은 종(재첩 등)도 있다. 하구는 풍부한 유기물과 적절한 은신처 기능을 제공하고 있어 해양생물들의 산란장으로도 활용된다. 그리고 하구는 퇴적물 공급이 왕성하게 이루어지는 곳이어서, 넓은 하구갯벌과 염습지가 발달한다. 이러한 하구 습지는 철새들을 비롯한 다양한 생물 등의 이상적인 서식지가 된다. ……

하구에 서식하는 생물들은 기수 환경에만 적응하는 종들이 많으며, 이들 종들은 지리적으로 좁은 공간과 제한된 환경 여건에 적응하는 종들로 다른 환경에서는 서식하기가 어렵다. 만경강과 동진강의 하구에 대량으로 서식하는 계화도 조개 같은 경우에도 분포 지역을 보면 기수 환경을 선호하는 종임을 알 수 있다. 수산 통계에 따르면 새만금 갯벌이 있는 전북 지역의 갯벌에서 대량으로 어획되는 종 중에는 동죽·백합·큰죽백합 등 조개류가 있으며, 이 종들의 지역 연간 생산량은 전국 생산량의 절대적인 비중을 차지한다. 공사 직전인 1989년 생산량을 보면 전국 1위를 차지하여 전국 생산량의 28%를 차지하였다.

결론적으로 새만금 지역으로 불리는 만경강과 동진강 하구는 국내 수산물 생산에 있어서 매우 중요한 곳이었다. 1996년만 하더라도 백합은 전국 생산량의 65.1%, 동죽은 81.0%, 맛은 48.8%를 차지하였다. 이들 전북 생산량의 대부분이 새만금과 인근 지역의 생산량임을 감안하면, 이 하구의 생산성을 짐작할 수 있다. 새만금 갯벌이 간척, 매립된다는 것은 이러한 생물의 서식지를 없애버리는 것이다.

지금까지 새만금 지역의 수산자원 조사에서는 갯벌에서 생산되는 조개류에 대한 조사나 산란장이나 성육장으로서의 기능에 대한 조사는 없었다. 마지막 남은 대형 강 하구를 잃으면 당분간 하구 생태계와 하구의 기능을 연구할 장이 국내에서는 없어지는 것도 안타까운 일이다. 새만금 지역(만경강·동진강 하구와 인근 바다)에 서식하는 어류는 모두 158종으로, 이 가운데 상당히 많은 종이 만경강·동진강 하구를 이용하고 있다.

새만금 갯벌이 소멸되면 갯벌이 지닌 엄청난 자연 정화 효과가 감소되고, 적조 등을 유발하는 원인이 된다.

— 제종길, 「특집 새만금, 갯벌 그리고 생명」, 『인천문화비평』, 2001.

6) 어민의 삶의 터전인 어촌 전통문화 가치

새만금 갯벌 일원에서 생산되는 각종 수산물과 더불어 어촌이 형성되었고, 갯벌은 어민에게 삶의 터전으로서의 가치를 지닌다. 그렇지만 어촌공동체를 통해 천혜의 먹거리를 취하던 그 갯벌이 사라지므로 정부가 보상을 하겠다고 하자, 일부 어민들은 갯벌은 모두의 것이고 그동안 갯벌을 통해 먹고산 것도 감지덕지인데, 어떻게 "내 돈이 아니라 정부 돈인데 내가 불량한 마음 먹고 그 보상을 받겠느냐"는 아름다운 이야기를 한다. 갯벌은 인간에게 자연과 더불어 욕심 없이 살 수 있도록 하는 천혜의 가치, 삶의 터전이자 마음밭을 주었던 것이다. 그런데 이런 욕심 없는 몸과 마음밭이 간척을 통한 보상을 놓고 무너지면서 어민들은 마을공동체의 해체와 더불어 비바람 몰아치는 차가운 경쟁 세계로 내몰리게 되었다.

부안 창북리 주민 면담 자료

여기는 밭이 없고 순 논밖에 없습니다. 5월에 영농이 시작해서 길면 5개월 정도인데, 농사를 지으면서 여가 시간을 이용하는 사람까지 치면 맨손어업 종사자는 주민의 반이 넘는다. 왜냐하면 갯벌을 전업으로 해서 사는 사람은 노하우가 있다. 개우럭 하나를 잡는 데도 갯벌에서는 개우럭의 눈의 형태가 11가지 정도로 변한다. 그래서 잡는 종류가 다르다. 갯지렁이 잡는 사람들은 갯지렁이만 잡고, 갯벌에 나가면 이쪽은 갯지렁이가 서식하는 곳, 저쪽은 개우럭이 서식하는 곳, 이렇게 다 다르다. 그것들도 조건이 맞아야 사니까. 이런 것들을 해서 단 철에 200~300씩 버는 사람이 많다. 생합 같은 것 잡는 사람들은 생전 그것만 잡는다. 자기가 해변에 나가면 아니까 한 가지만 잡는다. 맛도 3가지가 있는데, 이 종류도 잡는 사람이 다르다. 자기가 전문적으로 잡는 것만 잡지 옆에 다른 것이 있어도 신경 쓰지 않는다. 그러니 갯벌을 평당 무엇이 나오고 하는 식으로 평가하는 것이 맞지 않는다. 당국에서 평당 천 원씩 계산했는데 전혀 가치가 맞지 않는다. ……

호패(호패증은 허가증인데 이것이 없다고 해변에 못 들어가는 것도 아니고, 아무 쓸모 없이 1년에 한 번씩 수수료만 뗄 뿐이지 생활하고 무관하다)가 있는 사람은 1차적으로 보상을 받고, 2차적으로 이야기했던 사람들은 전혀 몰랐고 보상 정보도 모르는 사람이 많았다. 심지어 어떤 사람들은 '이것 공돈 아니냐'며 부끄럽게 생각하는 사람도 있다. 생활 터전이 없어진다고 이야기해도 이것은 "내 돈이 아니라 정부 돈인데 내가 불량한 마음 먹는 것 아니냐"고 생각하는 사람도 있다. "갯벌은 내 땅이 아니다. 천연적으로 만들어진 곳에서 이제까지 먹고산 것만도 감지덕지다." 이렇게 순진하게 생각하는 사람도 많고, 양식업이나 서양물 많이 먹은 사람들은 8년분을 받아먹고도 부족해서 별짓 다하는 사람도 많다.

— 전재경, 「어촌 사회의 법의식」, 한국법제연구원, 1998.

간척사업으로 어민이 삶의 터전을 송두리째 빼앗겼다는 함한희 교수의 조사 결과는 갯벌이 어민에게 제공하던 삶의 터전으로서의 가치를 말한다. 갯벌에 사는 생물만이 서로 상호작용을 하면서 사는 것이 아니라, 사람도 갯벌과 더불어 또 공동 어획 속에서 이웃과 마을공동체적 삶의 상호작용을 하면서 자연의 일원으로서 산다. 삶의 터전이 무너지면서 생기는 미래에 대한 불안과 마을공동체 해체에 따른 문화적 공동화 현상은 삶에 대한 회의를 불러 일으키기에 충분하다. 또한 생각해보지도 못한 목돈이 보상으로 주어졌을 때 자신이 평생 살아가야 할 밑천임에도 불구하고 어려운 이웃에게 서슴없이 주는 것은 공동체적 삶의 방식에 기인한다. 그런데 이러한 모든 삶의 방식이 해체당하는 것은 엄청난 충격이 아닐 수 없다. 보상 이후 어민이 사회에 적응하지 못하는 것은 마치 늑대소년이 사람이 되는 교육을 견디지 못하고 목숨을 잃게 되는 현상과 다름없다. 갯벌은 어민에게 삶의 전부로서의 가치를 지닌 것이다. 이러한 가치는 경제학에서 볼 때 갯벌이 인간 사회에 제공하는 직접 사용 가치이다.

새만금 사업은 바다를 막아서 농지를 조성하는 사업이므로 바다와 갯벌에서 생계를 꾸려가던 어민들의 입장에서 보면 생활의 근거를 빼앗기는 재난이 아닐 수 없다. 더구나 조상 대대로 살아온 고향을 떠나서 다른 곳으로 이주해야 한다는 불안감은 외부의 사람들이 감히 상상하기 힘든 일이다. 그래서 이곳 주민들에게는 이 사업이 지금까지 견뎌온 어떤 고난과도 비교하기 힘든 것으로 인식된다. 폭풍·해일·조난과 같은 사고도 이들의 삶의 터전을 송두리째 앗아가는 것은 아니었다. 게다가 마을 주민들 전체가 집단적으로 피해를 입어야 한다는 점에서도 과거 어떤 재난의 경험과도 비교될 수 없다고 이들은 생각한다.

개인이 자신의 내면으로 느끼는 아픔이라 하더라도, 실제에 있어서는 그 고통이 다른 사람들에게 전달되어 사회적 고통이 된다. 사람들은 사회 조직 안에서 살아가기 때문에 다른 사람들과 상호작용 속에서 영향을 주고받게 마련이다. 그러므로 고통도 사회적이고 문화적 맥락에서 이해되어야 하며, 그러한 요소들을 찾아내서 고통의 원인을 분석한다거나 특성을 알아보는 일이 필요하다.

지역민들은 새만금 사업이 주는 고통을 개인적인 서술을 통해서 다양하게 드러내고 있다. 주민들이 저마다 토로한 고통의 내용을 분석해보면 몇 가지 공통된 주제가 드러난다.

첫째, 생존에 대한 불안이 가장 컸다.

"여기가 황금밭인디 막기는 왜 막는다고 하는지 모르겠어요. 내가 열이 받쳐서 못 살겠어요. 쌀이 남아돌아가서 수매도 못하는 판이고, 북한 사람에게 막 나누어주는 판인디, 또 농지를 맹글어 농사를 짓는다고요. 그럼 우리 어민들은 어떻게 살라고 하는 거요. 우리는 죽어도 좋다 이거 아니에요."

둘째, 경제적 보상이 가져온 사회적 갈등에 대한 것이다.

셋째, 가족주의로 인한 희생에서 오는 고통도 들어 있다.

"보상금은 1등급 나왔는데 새끼들이 실직당해서 새끼들 줘버렸지. 새끼들 있는데 애미가 어떻게 갖고 있어."

넷째, 국가주의와 지역 개발의 논리가 지역 사회에 깊숙이 파고들면서 마을공동체가 분열하는 현상도 이들에게는 고통스러운 것이다. 새만금 간척공사가 하루라도 빨리 완공되어야 살 수 있다는 의견과 당장이라도 그만두어야 한다는 의견이 팽팽하게 맞서고 있다. 마을공동체가 분열되어가고 있음을 보여주는 것이다.

— 함한희, 「사회적 고통을 보는 문화적 시각—새만금 지역의 경우」,
『환경사회학연구 ECO』 통권 2호, 한국환경사회학회, 2002.

7) 고대 농경 및 해양문화를 보전하는 문화유산 가치

갯벌을 포함한 습지는 종교상·역사상·고고학상 또는 다른 지역 사회를 위한 중요한 문화적 가치를 지니며, 국가 유산의 일부를 대표하기도 한다. 일부 습지는 국가 역사의 일부를 상징하는 전통 문화유산이며, 지역 주민들에게 종교적으로도 매우 중요한 공간이기도 하다.

새만금 갯벌 주변 사람들은 강이 제 모습을 잃으면 지역이 죽는다고 생각한다. 강을 중심으로 김제 평야를 둘러싼 농업 지역과 그 문화가 형성되었기 때문이다. 어느 한 지역의 문화는 역사적·종교적·신화적 의미를 지니며, 설화·민담·전설 등을 통해 구전된다. 한 예를 보자. 전북 해안 지역 사람들의 주업은 논농사이다. 예외적으로 어업에 전적으로 종사하는 마을도 있으나 논농사가 주업이고 어업은 부업으로 생각한다. 이들은 축제형·제사형·무속형의 동제(당산제)를 지내는데, 동제가 자연적·물리적·외적 환경 변화에 따라 사라지기도 하고, 현대 감각에 맞게 각색되기도 하고, 원형 그대로 유지되기도 하는 등 마을에 따라 다양하다. 계화면 동지마을 당산제는 1960년대 이후 폐지되었고, 변산면 모향마을의 산신제·당산제·용왕제는 계속 또는 다시 시행되고 있다. 이러한 동제는 모두 마을의 기금이나 호당 거출을 통해 운영되고 있다.[10] 동진강 유역 농경지와 부안 앞 갯벌을 포함한 앞바다와 더불어 사는 사람들의 문화의 발현인 것이다.

뿐만 아니라 부안과 군산은 해양 활동이 왕성한 곳으로, 흑산·영광·위도·인천 등과의 연결을 통해 많은 재화를 운송한다. 그 결과 이 지역에는 청자 유적과 어로문화 요소들이 분포해 있다. 최근 시화 지역 간척 결과, 물에 잠겨 있던 공룡알 화석지가 발견되어 문화재로 지정된 바 있다. 갯벌과 그 유역을 둘러싼 해안 지역에는 아직 밝혀지지 않은 고고학적 문화가 자리하고 있는 것이다.

이러한 문화적 특징에 대한 가치를 '돈'으로 환산하는 것은 어렵지만, 다른 나라 예를 통해 얼마나 귀중한 가치를 갖고 있는지 한 번 생각해보자. 포르투갈의 코아(Coa) 댐 건설은 일부 국가들에게 문화유적 장소에 대한 가치의 지표가 된다. 코아 댐에 2억 5,000만 달러가 이미 투자되었음에도 불구하고, 구석기시대(Paleolithic)의 조각이 발견된 이후 1995년에 댐 건설은 취소되었다. 최근에 조사된 람사 지역 중 30% 이상이 고고학적·역사적·문화적·종교적·신화적으로 또는 미술적·창조적으로 국가나 지역 차원에서 중요한 가치를 지닌다고 기록되어 있다. 최근 페루와 볼리비아 사이 람사 지역 가장자리에 걸친 티티카카 호수 바닥에서 선사시대 잉카문명의 사원이 발견되었다. 이러한 가치는 경제학에서 볼 때 갯벌이 인간 사회에 제공하는 직접 사용 가치이다.

8) 쉼터, 교육 및 관광 가치

새만금 갯벌에 사는 동식물의 다양성과 같은 자연의 아름다움은 관광객들을 모을 충분한 가치가 있다. 새만금 갯벌을 유네스코의 세계유산지역(World

Heritage Sites)에 등록하려는 움직임까지 있는데, 일반적으로 세계유산지역은 여행자들과 레크리에이션 이용자들이 많이 이용하고 있는 것에 비추어 볼 때 그렇다. '레크리에이션' 기능을 직접 말하지는 않는다 해도, 갯벌의 교육적 가치는 매우 크다. 일반 대중과 학교 어린이들을 위한 각종 교육관과 방문자 안내소가 서해안 주요 습지인 강화 갯벌, 무안 갯벌 등에 조성되는 것 못지않게 새만금 갯벌도 그러한 가치를 충분히 갖고 있는 것이다.

특히 이러한 관광 및 교육적 가치는 주민의 삶과 공유된다. 주민은 자신의 생활사와 토착 지식을 통해 관광객에게 봉사하고, 관광객은 이러한 프로그램을 통해 주민의 삶과 자연과 동화된 색다른 경험을 하게 된다. 갯벌과 더불어 주민의 삶과 관광객의 휴가가 맞물린 자연 속에서 맺어진 인간 관계는 눈앞의 경제적 가치를 넘어서는 가치를 창조한다. 결국은 주민의 사고방식과 행위양식이 관광객의 여가와 맞물린 문화적 과정 그 자체로부터 가치가 창출되는 것이다. 이러한 가치는 경제학 측면에서 볼 때 갯벌이 인간 사회에 제공하는 직접 사용 가치에 해당한다.

5. 이제 다른 시각으로 새만금 갯벌의 가치를 바라보자

앞에서 살펴본 것처럼 새만금 갯벌은 경제적 가치뿐만 아니라 경제적 가치로 담아내지 못하는 또 다른 가치들을 포함한다. 위 논의를 통해 확인할 수 있는 것은 새만금 갯벌과 갯벌을 둘러싼 인간 사회의 삶이 건강하여 그 자체로 1차 가치를 간직하게 되면, 갯벌로부터 각종 생명부양 서비스를 제공받을 수 있다는 점이다. 굳이 금전으로 환원한다면 이 서비스의 가치는 매우 클 것이다.

우리는 갯벌의 경제적 가치를 평가할 때 '갯벌이 사람에게 얼마나 유용한지'에만 관심을 두고 그러한 유용한 서비스를 제공하는 기반이 되는 갯벌을 건강하게 유지하기 위한 조건은 경시하는 경향이 있다. 다시 말해 갯벌의 가치를 이야기할 때 경제적 가치만을 중요시하면, 자칫 그 가치가 움트는 기반을 잃어 그나마 누리던 경제적 혜택까지도 상실할 가능성이 크다. 그런 점에서 생태계의 시스템적 특성을 잊어서는 안 된다.

우리 사회의 새만금 갯벌 가치 논쟁 어디에서도 갯벌의 시스템적 특성과 건강성에 대한 논의는 확인할 수 없다. 따라서 향후 새만금 갯벌의 가치를 논의할 때는 갯벌이 가진 서비스를 창출하는 기반 가치에 대한 논의도 함께 이루어져야 한다. 현재는 갯벌의 경제적 가치가 얼마나 큰 것인지를 이야기할 수 있는 것이 그나마 다행이라 생각하기 쉽고 사실 그러하기도 하다. 왜냐하면 그동안 갯벌의 가치는 철저하게 무시되어왔을 뿐만 아니라 경제 성장의 환상이 머물고 있는 현 상황에서 갯벌이 '얼마나 돈이 되는 것인지' 하는 논의가 설득력을 지녀왔기 때문이다. 1960년대 이후 근대화 속에서 초고속 경제 성장을 이뤄온 지난 40년의 역사적 방향은 그리 쉽게 바뀌지 않을 것이다. 그러므로 당분간 개발에 따른 경제적 이득과 갯벌의 경제적 가치 논의는 계속될 수밖에 없다. 그렇지만 이러한 과정 속에서도 갯벌 생태계가 지닌 시스템적 특성에 대한 논의를 배제해서는 안 될 것이다.

다른 한편 현 정부는 천혜의 자연이자 우리에게 각종 서비스를 베푸는 갯벌을 메워서 농지를 조성하겠다고 하더니, 이제 농지는 경제성이 없으니까 산업용지로 만들겠다고 한다. 농지와 산업용지에 대한 이야기를 하면서, 갯벌의 가치는 전혀 이야기하고 있지 않다. 즉 갯벌을 어떻게 보전하여 그로부터 자손만대까지 그 가치를 누릴 것인지에 대해서는 생각이 없다. 사법부에서 '새만금간척공사 집행정지 가처분'을 통해 "갯벌의 가치가 귀중하다"는 판단을 내렸음에도 불구하고 아랑곳하지 않는다. 이러한 시대적 상황을 우리는 어떻게 현실 속에 담아낼 것인가 하는 것이 향후 과제이다.

6. 새만금 갯벌의 가치를 보전하기 위하여

1) 새만금 갯벌이 다시 살아난다면

2003년 6월 10일 만경강 물이 빠져나가던 새만금 방조제 4공구 쪽이 막힌 후 동진강과 만경강 물이 만나 적체되면서 물이 빠지지 않자 갯벌 토사가 급속히 쌓이고 있다. 어민들은 이렇게 토사가 쌓이면 6개월 이내 어업이 불가능할 것이라고 말한다. 또 염도가 상당히 낮아져 숭어를 잡는 경우 살리기 위해 소금을 타야 하는 상황인데, 향후 어패류 수정이 잘 안 되고 산란이 이루어지지 않을 것이라 예측한다.[11] 현 상태에서 어민들의 바람은 갯벌이 살아 있어 이주하지 않고 어업에 기반하여 살 수 있는 것이다.[12] 반면, 이러한 소박한 어민들의 바람과 달리 전라북도 주요 언론과 도민들의 주된 반응은 "새만금 방조제 완료는 도민의 자존심이며, 막지 않을 경우 제시되는 각종 청사진이 실현된다는 보장이 없다. 소외 자존심을 극복하자"고 한다. 뿐만 아니라 지역 내 새만금 사업을 다시 생각해보자는 사람들도 '방조제 중단'이란 말은 삼가해달라고 당부한다. 새만금 지역 어민과 전라북도의 입장이 다른 것이다.

이러한 정황에 비추어 볼 때, 정부는 전라북도의 눈치를 살피고 있음을 알 수 있다. 경제성 있는 대안을 모색하자면서, 정부는 현재 예정된 배수갑문을 그대로 이용하는 방안과 갑문을 확장하거나 제3의 배수갑문을 설치하는 방안 등 방조제 완공을 전제로 새만금 문제를 검토하고자 한다(국무회의, 2003. 7. 22). 방조제 완공이란 대전제는 포기하지 않는 것이다. 반면 사법부에서는 "새만금 갯벌은 생태학적으로 보존 가치가 충분하다"(「중앙일보」 2003. 7. 16)는 점을 판단 근거로 삼으면서 갯벌 파괴에 따른 환경 피해를 우려하고 있다. 사법부와 정부 입장이 다른 것이다.

어민과 도민, 정부와 사법부가 입장을 달리하고 있는 현재, 막힌 4공구에 의해 갯벌은 점차 그 기능을 상실해가고 있다. 사법부가 공사 중지 가처분을 결정하면서 방조제 보강공사를 허용하였는데, 그 보강공사의 범위와 관련해

환경단체와 농림부의 주장이 달라 보강공사 공방은 법정으로까지 비화될 전망이다(「중앙일보」 2003. 7. 22).

이렇듯 사회적 공방은 팽팽할지라도, 사법부의 결정에 따라 당분간 새만금 갯벌은 변화는 하더라도 숨통은 끊어지지 않을 것이다. 숨통이 끊어지지 않고 버티는 한 새만금 갯벌의 기본적인 가치는 보장될 것이다. 앞의 가치 논의에서 살펴본 갯벌의 시스템적 가치인 1차 가치가 보장되어 갯벌이 생태적으로 지탱 가능하다면 그렇다. 우리는 갯벌이 지탱 가능할 것이라는 전제에서 논의를 전개시켜보자.

2) 갯벌도 잃고 경제성도 잃는 최악의 시나리오

동강 댐 건설 백지화 이후, 동강보존본부(www.dongriver.com)를 차리고 동강 살리기 제안까지 하면서 다양한 논의가 진행되었다. 그럼에도 불구하고, 밀려오는 인파를 마다하지 않는 래프팅 회사가 동강을 병들게 하고 있다. 정부에서도 동강 상류 백운산에 18홀 규모의 골프장을 허가하고, 350만 평 규모의 리조트 건설이 2001년 여름에 착공되어 2003년 가을 완공(「중앙일보」 2002. 7. 29)하는 등 개발사업을 포기하지 않는다. 동강 댐 건설은 저지되었지만, 실제 동강 살리기에는 실패한 것이다.

새만금 갯벌도 마찬가지이다. 아무리 그 가치가 뛰어나고 이를 사회적으로 인식한다 할지라도, 새만금 간척사업이 계속될 수밖에 없었던 '경제 발전'의 맹신을 놓지 않는 한 새만금 갯벌의 가치는 유지되기 어렵다. 다른 지역보다도 경제적 낙후성이 지역민의 소외감으로 뼛속 깊이 박힌 전라북도 지역이기 때문에 더욱 그러하다.

그렇지만 돌이켜 생각해보자. 새만금 갯벌을 간척하고 그 간척지에 산업단지가 들어온다면 전라북도 지역 사람들이 사회경제적으로 풍요로워질 것인지. 농지를 조성하려니 쌀이 남아돌아 활용도가 없을 뿐 아니라 수질 문제로 100% 농지 개발은 어렵다는 진단이다. 복합 산업단지를 조성하자니 일부

지방 공단 입주율은 30%대에 머물고, 전주공단도 텅 비어 있는 상태이다. 과연 새로운 공단을 조성할 필요가 있는지 의문이다. 뿐만 아니라 공단을 짓기 위해 토사로 땅을 다져야 하므로 임야 훼손 등 새로운 육상생태계의 파괴를 야기한다. 바다도시·교육도시·관광도시·항만도시 등 멋진 청사진을 그려보았자 생활용수를 어디서 조달할지, 항만에서 운송할 물동량은 없고 현실성이 없다. 바다목장이나 풍력발전을 구상하고 새만금 간척지의 면적을 2만 8,000ha에서 4,000ha로 축소 개발하려 하지만 경제성이 떨어지므로 경제적 소외감을 만회시키기 어렵다. 그 어떤 대안도 경제적 소외감을 만족시켜주지 못한다. 갯벌도 죽이고 경제적 소외감도 극복시키지 못하는 최악의 시나리오가 보인다.

3) 삶의 터전을 기반으로 한 갯벌 보전

지금까지 갯벌과 더불어 살아왔던 어민의 삶이 유지되면서 이를 토대로 내생적 발전을 꿈꾸는 수밖에 도리가 없다. 앞에서 살펴보았듯이 갯벌은 하늘이 내린 삶의 터전이자 문화의 보고이므로 보전할 가치가 충분하다. 그런 전제에서 경제적 소외감을 극복하는 방안을 생각하는 것이 바람직하다. 지금까지 어민을 비롯한 외지인들의 생명을 부양한 갯벌의 가치가 너무 평가절하되어온 것이 사실이다. 그 덕분에 위험을 무릅쓰고 성난 자연에 생명을 맡긴 채 사람들에게 먹거리를 제공해온 어민까지도 사회로부터 사람 대접을 받지 못했다. 어쩌면 국토의 불균형 발전 속에서 전라북도가 사회경제적으로 소외되어왔듯이 어민과 갯벌도 그와 같이 소외되어온 것이다.

그렇지만 사회는 갯벌을 둘러싼 다양한 가치를 인식하기 시작하였다. 갯벌이 미래에는 어떤 공장보다도 더 큰 경제적 선물을 안겨줄지도 모른다. 갯벌과 어민이 어우러져 살면서 공들여 쌓아온 귀중한 가치를 경제적으로도 인정받을 필요가 있다. 그런데 이러한 갯벌의 가치는 동강 댐의 사례에서 시사하듯이 공동체가 무너지면 보전되기 힘들다. 동강 댐 반대운동과 비경이 언론을 통해 알려지면서 외지인들은 지역민들이 그 가치로부터 향유해온 다양한 서비스를 순식간에 앗아간 것이다. 이를 저지할 공동체적 저항은 불가능했다.

새만금 방조제 4공구가 막히면서 그나마 남아 있던 어민들의 생존 기반이 사라지고 있다. 어민들은 그곳을 떠나게 될 것이다. 갯벌과 그 속에 사는 다양한 생물들, 그리고 이와 더불어 살던 어민들이 하나의 시스템을 이뤄 갯벌은 유지되어왔다. 지금 그 시스템 중 한 고리가 끊어지고 있다. 헤아릴 수 없는 금은보화가 있는데 주인이 사망한 것이나 다름없다. 그 금은보화를 누가 관리할 것인지가 문제이다. 갯벌은 공유 자원이므로 누구나 마음대로 이용할 수 있다. 갯벌에서 귀한 가치를 줍는 사람이 임자인 것이다. 이를 '원시 취득'이라고 한다. 그래서 국가에서는 어촌계를 통해 갯벌을 둘러싼 지역민에게 갯벌 이용권을 주어 관리를 맡긴다. 물론 남획도 있지만 방치하는 것보다 훨씬 관리비가 적게 들기 때문이다. 그 넓은 갯벌에서의 도둑질은 해양경찰청 직원의 숫자를 늘려서 관리될 성질의 것이 아니기 때문이다. 어민의 삶의 터전을 복원하는 작업도 갯벌을 지키기 위한 노력만큼이나 중요하다.

4) 어촌문화 되살리기

어민이 갯벌과 더불어 산다고 해서 갯벌이 지켜질 것인지도 이제 의문의 대상이 되고 있다. 새만금 방조제 4공구가 막히면서 어민들은 '핵폐기장 유치'를 고민했다. 결국 부안군수가 '핵폐기장 유치 신청'을 하는 바람에 부안군수는 동학혁명의 조병갑과 같은 처지가 되었고, 가슴 아픈 주민의 저항이 오늘도 계속되고 있다. 다른 한편, 자연과 더불어 살아온 순박하고 때 묻지 않은 어민들이 봉이 김선달이 대동강 물을 팔아먹었듯이 핵폐기장 유치 문제와 관련해 돈 되는 일이라면 서슴지 않는 형국을 보여주기도 했다. 원래 어민이 갖고 있던 어촌 전통문화야말로 가장 값비싼 금은보화라는 인식을 어떻게 하면 어민들이 수긍할 수 있을지가 당면 과제이다.

그 방법의 하나로 흩어진 어촌문화를 복원하기 위한 정신적·물적 지원이 시급하다. 이를 통해 떠난 어민을 고향으로 돌아오게 할 수 있을 것이다. 어민을 돌아오게 한 다음에는 자신들이 평생 갯벌과 더불어 살아온 문화가 세계문화유산으로서 손색이 없다는 점을 인식케 하는 것이 필요하다. 이를 위해 체계화된 사회적 지원이 뒤따라야 할 것이다.

어촌 사회 전통과의 교감 및 전통을 계승하는 방안을 모색하는 것도 필요하다. 타 지역의 경우도 최근 농촌 및 어촌 사회의 해체와 함께 가치관의 변화, 그리고 전통문화의 단절이 겹치면서 해안 민속문화가 점차 사라져가고 있다. 민속문화가 사라진다는 것은 그 지역을 가꿀 주인이 사라지는 것과 같다. 마을 사람들이 주최가 되어 스스로 신명이 나는 문화를 되찾을 수 있다면, 자신과 자신이 더불어 사는 갯벌이 자랑스러워지면서 저절로 보전될 것이다. 그 다음 이를 경제적인 것과 연계하는 방안을 생각하도록 한다.

예컨대, 마을 사람들의 삶터인 마을이라는 공간에서 축제를 한다든가, 주민이 주체가 된 자연과 문화가 어울린 각종 프로그램을 개발하는 것도 한 방편이 될 수 있다. 서해숙의 연구[13]에서 "마을 사람들의 삶터인 마을에서 축제가 베풀어진다면, 그래서 부녀자들이 아침에 설거지하다가, 소여물 주다가 축제를 보기 위해 마을 어귀 당산나무에 모여들어 축제의 신명을 만끽할 수 있다면, 마을 사람들의 진솔한 삶의 현장을 담아내는, 그래서 인위적인 화려함보다 전통적인 자연스러움이 배어나는 축제가 될 것이다"는 권고는 귀담아 들을 만하다.

또 다른 예로 아래의 인용글에서 조경만이 연구한 것처럼 주민의 생애사와 토착 지식이 기초가 되는 전통문화 보전 및 계승을 통한 관광 프로그램도 지역의 내생적 발전의 한 방편이 될 수 있다. 이러한 프로그램을 통해서 내방객이 주민과 함께 갯벌을 탐사하고 생물을 채취하면서 갯벌 지도를 만들고, 갯벌을 둘러싼 마을 특유의 전통 자연-문화를 경험하면서 삶의 다른 형태를 맛볼 수 있을 것이다. 또한 갯벌을 둘러싼 외지와 내지인의 문화적 공감대가 형성될 수 있을 것이다.

현재 무안 갯벌 습지보호지역의 관리 계획에서는 주민이 이에 주체적으로 참여할 활동들을 대폭 만들었다. 관리를 위한 주민위원회, 생태관광에서의 환경교사, 환경학교에서의 교사 등의 역할이다. 그들의 실제 지식도 중요하지만 그보다 주민의 정체성과 사회적 인정이 더 중요했다.

다음은 현재의 일반적인 생태관광을 벗어나 주민의 자기 생애사(life history)와 토착지식을 통해 주민과 관광객 모두의 참여의식을 활성화하기 위한 계획의 한 예이다. 여기서 주목해야 할 것은 프로그램 내용들이 어떤 관광 효과를 가져올 것인가 하는 점이 아니다. 이것들이 어떻게 주민 의식 속에 내재된 자연과 인간의 관계를 반영하며, 어떻게 주민이 이해 득실을 넘어서 자기 존재를 발현할 주체적 참여의 장으로 진입하는 데 기여할 것인가 하는 점이다.

자연환경	문화적 적응	관광 프로그램
갯벌과 바다의 물리적 환경	· 갯벌 지형에 대한 토착 지식 · 물때에 대한 토착 지식 · 기후에 대한 토착 지식	· 주민과 함께 갯벌 지도 만들기 · 탐사: 갯벌 지형과 토착 이름 · 물때에 맞춘 승선 체험과 수산의례 · 계절과 바람의 시간표 만들기 · 기후 예측 게임
생물학적 환경	· 동식물에 대한 토착 지식 · 도구와 채취 · 자원의 공동 관리와 지속적 이용 · 식료(음식)의 토착적 이용	· 동식물 채집과 토착 지식에 따른 캐릭터 만들기 · '우실', '바다풍수' 등 전통 자연-문화 공간 체험. 주민과 함께 상징지도 만들기 · 도구 제작 체험, 채취 체험 · '주비'의 공동 노동과 자원 관리 체험 · 해조류를 이용한 기근(饑饉) 음식 체험
기타	· 매향(埋香) 관습	· 자기 이름을 적은 매향 행사

여기서는 의사소통이 주민이 갖고 있는 사고방식과 행위양식에서 비롯되는 문화적 과정임을 중시하였다.

— 조경만, 「시민의식 속의 습지, 국가정책 속의 습지」,
'세계 습지의 날' 기념 세미나 발표 원고, 2003. 2. 4.

5) 지역 경제 활성화와 갯벌의 가치 보전

이러한 삶의 터전이 안착된 다음에는 연계 지역과 어떠한 방식으로 경제적 발전 방안을 쌓아나갈 것인지에 대한 논의가 필요하다. 새만금 지역과 인접한 전북 지역이 갖고 있는 경제 및 사회·문화 인프라와의 연계 방안이 그것이다. 이때에는 각 영역의 전문가와 다른 지역의 발전 경험을 숙지해야 한다. 지역민이 주체가 되어 갯벌의 가치 보전과 지역 경제 활성화의 조화를 꾀하는 것이다.

지역 경제 활성화와 연계 방안을 하나 생각해보자. 전북의 중심 전주를 생각하면 '전주대사습놀이'가 떠오른다. 국토종합계획의 광역권 전략에서는 지역 발전을 선도하는 지역 균형 개발을 위해 각 권역마다 특성화 전략을 세우고 있는데, '전주·군장권은 전주를 첨단 영상문화산업 거점도시로 육성'하는 전략을 세운 바 있다. 이에 전주는 1998년 내지 2000년부터 '세계소리축제, 전주종이축제, 조선문화특구개발, 문화의 거리 조성, 판소리 전용극장 건립' 등을 수립하여 진행 중에 있지만,14 이러한 계획은 전주를 벗어나 지역 전통문화와의 연계가 부족하다는 한계를 갖고 있다. 따라서 이 한계를 전통어촌문화의 보전과 연계시킨다면 실현 가능성이 배가될 것이다. 이와 같은 문화산업이 발전하고 성공하는 데 지역 기반이 되는 어촌 전통문화는 충분한 가치를 갖는다.

여기서 지역 경제 활성화도 중요하지만 그 근원이 되는 갯벌 보전은 경제 활성화의 제약 조건이어야 한다. 갯벌을 망가뜨리는 경제 활성화 방안은 바람직하지 못하다. 갯벌을 보전하면서 경제를 활성화시키는 것이 불가능하다면, 갯벌 보전에 따른 지역의 상대적 낙후는 타 지역에서 보상해야 마땅하다. 기금을 통해서든 지원을 통해서든 경제적 측면의 사회적 형평성을 어떻게 이루어나갈 것인지에 대한 진지한 논의가 향후 우리의 과제이다.

부록—갯벌의 가치에 대한 이론적 배경

1) 습지는 자연 그대로

갯벌을 비롯한 습지[15]는 지구상에서 가장 풍부한 생물 다양성을 지니고 있으며, 이러한 생태학적 성질에 기인하여 '생물학적 슈퍼마켓'이라 불린다. 또한 주변 생태계와 상호작용을 하면서 갖는 수문학적 및 화학적 순환 기능을 일컬어 '대지의 콩팥'이라 부르며, 각종 바다 생물에게 서식처를 제공하여 '바다 생물의 자궁'이라 일컫기도 한다. 그럼에도 불구하고 우리뿐 아니라 대부분의 나라가 오랜 기간 습지를 황무지로 인식하여 개발 대상으로 삼아왔다.

그러나 최근 그 유용성에 대한 이해가 높아지면서 보전의 필요성을 깨닫고 산업 선진국의 경우 1980년대 중반부터 '습지의 순손실 제로(0) 정책'을 채택하고 있다. '습지의 순손실 제로 정책'이라 함은 되도록이면 습지는 개발하지 말자는 것이다. 부득이하게 습지를 개발하는 경우는 대체 습지를 조성해서 습지의 총량이 줄어들지 않도록 해야 한다. 그만큼 습지는 중요한 가치를 갖는다고 생각한다.

우리도 1997년 람사협약에 가입하고, 1998년 습지보전법을 제정하여 습지의 손실을 막는 정책을 제도화하였다. 꼭 필요한 경우는 부득이하게 갯벌을 포함한 습지를 개발할 수밖에 없지만 되도록이면 습지를 보전하는 것이 바람직하다는 것이 우리 정책의 핵심이다. 그렇다면 어떤 경우는 개발하고, 어떤 경우는 개발을 금해야 할 것인가. 이 과정에서 갯벌이 얼마나 가치가 있는 것인지에 대한 의문이 인다.

2) 갯벌의 가치 논의에 대한 두 축

전통 경제학에서 갯벌의 가치는 '개인이 갯벌로부터 받는 서비스에 대해 얼마를 지불할 의사가 있는지'에 기초하여 평가한다. 개인이 갯벌의 서비스에 대해 지불 의사(WTP: willingness to pay)가 있으면 경제적 가치가 있는 것이고, 지불 의사가 없으면 가치가 없다고 본다. 사람 중심으로 갯벌의 가치를 평가하는 것이다. 그래서 경제학에서는 사람들이 갯벌에 대해 어떻게 생각하는지가 매우 중요하다. 새만금 갯벌을 평가할 때, 갯벌과 농지 중 어느 것이 더 비싼지 아니면 산업단지가 훨씬 이익이 큰 장사인지에 관심을 두는 것은 경제학적 사고에 기반한다. 우리 사회에서 그간 갯벌을 둘러싼 논의에서 주된 축을 이룬 것은 엄격히 말하면 이러한 전통 경제학적 사고의 지배를 받았다고 할 수 있다.

다른 한편, 갯벌이 얼마나 사람들에게 유용하냐 하는 시각에서 갯벌을 평가하는 것은 큰 오류를 낳을 수 있다고 생각하는 사람들이 있다. 많은 생태학자와 환경보호론자들이 주로 그런 생각을 한다. 갯벌은 사람이 좋아하든 그렇지 않든 8,000여 년 전부터 있어온 자연이고 그 자체 고유한 가치를 갖는다. 사람이나 갯벌에 사는 생물이나 모두 자연이 준 천혜의 선물을 누리면서 한평생 살다가 가는 것일 뿐, 인간이 갯벌을 지배해야 하는 사고를 거부하는 것이다. 짱뚱어나 사람이나 모두 갯벌에서 공생할 권리가 있다는 것은 의심의 여지가 없다. 그렇기 때문에 인간의 눈으로만 갯벌을 보고 평가하는 것은 갯벌 전체 가치에 대한 아주 자그마한 부분에 불과할 뿐이다. 갯벌의 경제적 가치평가는 갯벌의 부분 가치만을 반영한다고 생각한다.

여기서 우리 사회에서 대중에게까지 큰 궁금증을 자아내는 부분인 갯벌의 경제적 가치가 무엇인지에 대해 좀더 구체적으로 살펴보기로 한다.

3) 인간 중심, 갯벌의 경제적 가치

일반적으로 전통적인 경제학(신고전 후생경제학)에서는 생태계가 인간에게 서비스를 제공하고 인간이 이를 누리면서 그에 대해 갖는 선호를 생태계의 경제적 가치로 본다. 어떤 재화(good)와 서비스(service)의 사회적 가치는 그 것을 누리기 위한 대중의 지불 의사로 정의되고, 이러한 지불 의사는 개별적 인 사람들의 선호로부터 유도되며, 이들의 선호가 금전 단위로 표현 가능하 다고 가정한다. 그리고 이러한 편익의 개념이 서로 대체 가능한 모든 재화, 즉 시장에서 거래된 재화와 서비스이든, 시장에서 거래되지는 않지만 생태적 가치를 갖는 재화와 서비스이든 똑같이 적용되어야 함을 가정한다.[16] 그런데 우리가 갯벌이 지닌 다양한 재화와 서비스를 완전하게 알지 못하는 관계로 경제적 가치평가는 매우 어렵다.

갯벌의 경제적 총가치는 크게 사용 가치(use value)와 비사용 가치(nonuse value 또는 수동적 사용 가치passive use value)로 구분한다. 사용 가치란 사람 들이 갯벌을 사용함으로 해서 만족을 취하는 것에 대한 가치이다. 이는 다시 직접 사용 가치(direct use value)와 간접 사용 가치(indirect use value)로 나뉜 다. 직접 사용 가치란 갯벌로부터 나온 재화와 서비스를 직접 사용함으로써 얻게 되는 이득이다. 가령 갯벌로부터 나온 수산물, 레크리에이션, 문화 및 교 육적·심미적 측면 등과 같은 것들이 그것이다. 갯벌을 직접 사용함에 따른 이러한 편익은 가치로 측정 가능하다.

한편 갯벌로부터 서비스를 받기는 하지만 그 서비스가 간접적으로 사람들 에게 이익을 줄 때 이를 간접 사용 가치라고 한다. 예를 들어 갯벌이 제공하 는 홍수 피해 방지 서비스와 같은 것이 그것이다. 갯벌이 주변에 사는 사람들 을 홍수로부터 막아주는 역할을 하지만, 이는 수산물을 먹듯이 직접 자신의 돈을 지불한 후 이를 사용해서 그 편익을 취하는 것이 아니라, 홍수가 나지 않아 재산이나 인명의 손실을 줄이게 되는 간접 사용에 따른 편익을 말한다. 비사용 가치는 특정 자원을 사용함이 없이 존재하는 것 자체만으로 만족을 취하는 가치로 존재 가치(existence value)를 일컫는다.

직접 사용 가치는 시장이 존재하여 재화와 서비스의 가격으로 표현된다.

반면 간접 사용 가치와 비사용 가치는 시장에서 거래되는 것이 아니기 때문에 시장 가격이 존재하지 않는다. 따라서 갯벌의 경제 가치평가에서 주목되는 것은 바로 후자, 특히 비사용 가치이다. 현실적으로 갯벌이 제공하는 많은 기능과 서비스가 시장 가격을 지니지 않음으로써 무시되어온 점에 비추어, 이들의 가치화는 갯벌 보전의 가치를 제공할 수 있는 점에서 유용한 것이다.

4) 생태와 인간의 공생, 갯벌의 총가치

기존의 경제적 가치평가와는 달리 최근 발전하고 있는 생태경제학에서는 개별적인 구성 시스템보다 전체 시스템을 중시하여 갯벌의 경제적 가치만이 아니라 시스템 그 자체의 가치인 갯벌의 총가치 개념을 중시한다. 갯벌 자체가 가지고 있는 생태적 구조와 기능, 그로부터 나오는 서비스만을 볼 것이 아니라, 인간이 얼마나 갯벌에 영향을 미치고 그에 따라 갯벌이 어떠한 영향을 받으면서 사람들에게 서비스를 제공하는지에 관심을 둔다. 이를 두고 갯벌과 사람의 삶은 공진화(coevolution) 과정에 있다고 한다.

문제는 사람이 얼마만큼 갯벌을 비롯한 생태계에 영향을 미쳤을 때 갯벌 생태계가 지탱 가능할 것인지 누구도 알기 어렵다는 것이다. 이유는 경제계와 생태계가 어울려 비연속적인 변화를 계속하기 때문이다. 그 변화가 생태계를 지탱 가능하게 할 것인지 여부는 갯벌 생태계의 복원력(resilience capacity)과 관련한다. 외부적인 압박과 충격을 잘 견뎌낼 정도로 복원력이 충분한 경우, 이를 일컬어 건강한 생태계(healthy ecosystem)라고 한다.

갯벌과 인간 사회의 공진화 과정을 보다 구체적으로 확인해보자. 갯벌은 땅과 물의 중간적 위치에 처함으로써 갯벌 자체 내부에서, 갯벌과 인접 생태계 간, 갯벌과 인간 사회 간의 상호 연관을 갖는다. 이와 같이 갯벌이 다른 생태계와 인간 사회의 연결작용을 하는 열린 체계(open system)임은 다음 표의 투입-산출 행렬을 통해 쉽게 이해할 수 있다.

예컨대, 행렬의 S→W 요소는 태양 에너지가 갯벌에 투입 요소로서 작용

갯벌 환경 서비스의 투입-산출 행렬

까지→ 부터 ↓	태양(S)	갯벌(W)	기타 생태계(OE)	인간 사회	
				회사(HF)	가계(HH)
태양(S)	S→S	S→W	S→OE	S→HF	S→HH
갯벌(W)		W→W	W→OE	W→HF	W→HH
기타 생태계(OE)		OE→W	OE→OE	OE→HF	OE→HH
인간 사회 · 회사(HF)		HF→W	HF→OE	HF→HF	HF→HH
인간 사회 · 가계(HH)		HH→W	HH→OE	HH→HF	HH→HH

하여 에너지를 산출하는 것이다. 갯벌은 많은 환경 서비스를 생산하는데, 갯벌이 스스로를 유지(W→W)하는 한편, 다른 생태계(W→OE)와 인간 사회(W→HF, W→HH)에 서비스를 제공하기도 한다. 생산물의 처음 두 형태는 갯벌 자체를 형성·유지하는 수용 능력에 관련하고, 나머지 둘은 인류에게 제공하는 생명부양 가치와 관련한다. 즉 갯벌은 다른 생태계(W→OE)인 갯벌 내에 서식하는 조개 같은 이동성 동물에게 먹이를 제공하고, 회사와 가계(HF→HF, HF→HH)는 조개잡이, 양식사업 등을 통해 수산물을 생산하며, 이렇게 생산된 수산물을 이용해 각종 가공식품을 제조한다.

이러한 흐름을 종합할 때 갯벌 시스템이 인간에게 제공하는 총생산물은 첫째 갯벌 생태계의 자체 발전과 유지를 위한 것(W→W), 둘째 다른 생태계로 보내는 것(W→OE), 셋째 인간 사회로 보내는 것(W→HF, W→HH) 등의 세 가지로 나누어 볼 수 있다.

뒤의 그림은 이상의 논의를 정리한 것인데 경제적 총가치는 갯벌이 인간에게 제공하는 서비스(W→HF, W→HH)만을 가치로 보기 때문에, 생태계의 총가치와 같을 수 없게 된다. 갯벌 생태계와 인간 사회 간의 상호작용 속에서 갯벌의 건강함은 고려되지 못하고 있는 것이다. 이것이 갯벌의 경제적 가치가 갖는 한계이다.

생태계의 가치와 경제적 가치

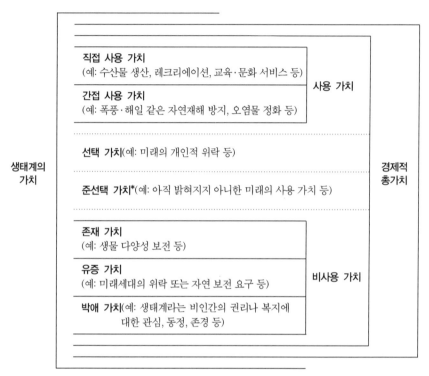

(생태계의 가치≠경제적 총가치)

* 참고: 이중 계산 문제로 준선택 가치는 경제적 총가치의 다른 구성 요소와 합산되지 않는다.

그래서 갯벌 생태계의 가치를 바라볼 때, 이러한 갯벌의 시스템적 관점이 필요하다는 것이다. 시스템 내부에서 나오는 다양한 생태학적 서비스와 기능 중 경제적인 관점에서 가치 부여가 가능한 것들이 있지만, 많은 부분은 생태계의 불확실성과 복잡한 조건으로 인하여 가치를 부여하기 힘들다. 그렇기 때문에 경제적 총가치는 생태계의 참 가치를 과소평가할 가능성이 있다. 이러한 측면을 고려할 때 갯벌의 총가치는 갯벌 생태 시스템을 총괄하는 1차 가치와 이러한 시스템으로부터 나오는 2차 가치로 구분할 수 있을 것이다.

5) 갯벌의 경제적 가치는 어떻게 알 수 있나

전통 경제학적 관점에서 갯벌의 총가치를 평가하기 어렵지만 사회적 요구에 따른 갯벌의 경제적 가치평가는 필요한 경우가 종종 있게 된다. 이 경우 갯벌의 경제적 가치평가에는 생태-경제 통합적 방법이 유용하다. 우선 자연과학적 지식에 의존하여 갯벌 생태계의 상호작용과 기능을 정의하고 특성화하도록 한다. 다음 사회과학적 측면에서 사회경제 체계가 직접·간접적으로 누리는 사용 가치와 비사용 가치를 도출한다. 최종적으로 갯벌의 상품과 서비스의 사회적(또는 경제적) 가치를 금전 크기로 측정하는 기법을 선택하는 식으로 접근한다.

뒤의 그림에서 볼 수 있듯이 갯벌은 그 크기, 지리적 위치, 수심, 계절적 변화, 조류 등에 따라 서로 다른 특성을 갖는다. 이러한 특성은 모래갯벌과 뻘갯벌 등 지질적으로 다른 갯벌을 형성하고, 지질 구조에 따라 갯벌에 사는 동식물상도 달라지게 된다. 주변 환경에 따라 동식물이 서로 어울리면서 갯벌은 서로 다른 생태적 구조를 조성한다. 동식물은 이러한 갯벌에서 살면서 다양한 기능을 낳는다. 해초류가 광합성을 하고, 조개 등 저서생물이 유기물을 먹어치우고, 뻘이 중금속을 흡수하는 등 생태적 순환 과정을 통해 다양한 생태적 기능을 발하게 된다. 이는 생태학에서 갯벌의 연구 과제이다. 뒤의 그림을 보면 상단의 특성-구조-과정을 통해 습지의 기능이 생성된다.

이러한 습지의 기능은 곧바로 사람들에게 서비스를 제공한다. 사람들은 갯벌에서 조개·김과 같은 수산물을 채취할 뿐만 아니라 레크리에이션 장소로 이용한다. 사람들이 평소에 그 가치를 인식하지 못하는 경우가 많지만, 갯벌은 폭풍 피해 저감, 오염물 및 독성물질 정화, 생물 다양성 유지 등과 같은 서비스를 사람들에게 제공한다. 그림의 생태-경제 공유 영역에서 볼 수 있듯이 갯벌은 각종 수산물과 상품을 생산하는 공장이자 각종 서비스를 제공하는 서비스 회사이다. 즉 갯벌이 사람들에게 어떠한 서비스를 제공하고, 사람들은 어떠한 서비스를 제공받는지와 관련한 정보는 생태학 및 경제학적 지식의

갯벌 생태계의 경제적 가치

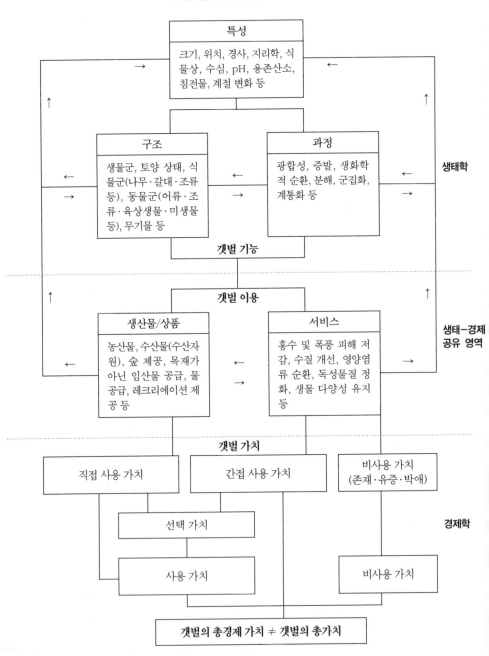

특성

크기, 위치, 경사, 지리학, 식물상, 수심, pH, 용존산소, 침전물, 계절 변화 등

구조

생물군, 토양 상태, 식물군(나무·갈대·조류 등), 동물군(어류·조류·육상생물·미생물 등), 무기물 등

과정

광합성, 증발, 생화학적 순환, 분해, 군집화, 계통화 등

생태학

갯벌 기능

갯벌 이용

생산물/상품

농산물, 수산물(수산자원), 숲 제공, 목재가 아닌 임산물 공급, 물 공급, 레크리에이션 제공 등

서비스

홍수 및 폭풍 피해 저감, 수질 개선, 영양염류 순환, 독성물질 정화, 생물 다양성 유지 등

생태-경제 공유 영역

갯벌 가치

직접 사용 가치

간접 사용 가치

비사용 가치 (존재·유증·박애)

선택 가치

경제학

사용 가치

비사용 가치

갯벌의 총경제 가치 ≠ 갯벌의 총가치

* 보기: ←시스템 상호간 되먹임(feedbacks), ─생태-경제 연결고리(linkage)

연계와 통합을 통해 구체화될 수 있다.

이러한 서비스는 사람들에게 다양한 이득을 준다. 그래서 사람들은 이러한 서비스를 누리는 것에 대한 대가를 지불할 용의가 있다. 뿐만 아니라 그러한 서비스가 꼭 필요한 경우, 원상태로 복원할 필요성도 느낀다. 자기 자신에게는 그 서비스를 누릴 기회가 오지 않는다 하더라도 그러한 서비스가 존재한다는 자체만으로도 그 서비스가 계속되길 바란다. 이 모든 것을 갯벌이 사람들에게 주는 경제적 가치로 평가할 수 있다. 이것은 경제학의 영역이다.

그렇지만 앞에서 살펴보았듯이 갯벌이 주는 경제적 가치의 총합만으로 갯벌 생태계가 갖는 시스템적 가치를 포괄할 수 없기 때문에, 갯벌의 경제적 총 가치는 갯벌 생태계 가치의 부분일 수밖에 없다.

주

1) 감사원, 「감사결과 처분요구서: 새만금지구 간척사업 추진실태」, 1998.
2) 농림수산부·농업진흥공사, 「새만금지구 간척종합개발사업 기본계획서」, 1989. 9.
3) 농림수산부·농업진흥공사, 「새만금지구 간척종합개발사업 환경영향평가서」, 1989. 8.
4) 군산대학교 해양개발연구소, 「새만금 간척종합개발사업으로 인한 어업피해 손실보상 평가에 대한 조사연구」, 1993. 12.
5) 람사협약(Ramsar Convention)의 정식 명칭은 '물새 서식처로서 특히 국제적으로 중요한 습지에 관한 협약(Convention on wetlands of International Importance especially as Waterfowl Habitat)이다.
6) 이흥동 외 6, 「홍보, 군장도, 영종도 지구의 '갯벌 보전과 이용의 경제성 평가」, 해양연구소, 1996. 농지는 미곡 생산 가치 247만 원/에이커인 데 비해 갯벌은 수산물 생산 서비스 365만 3,000원/에이커, 서식지 서비스 283만 4,000원/에이커, 오염 정화 서비스 155만 2,000원/에이커, 심미적 서비스 160만 원/에이커의 가치를 가진다.
7) 1962년 제정된 공유수면매립법은 바다 내지 갯벌의 매립 또는 간척(제2조 제2호)에 중점을 두었고(전재경, 「어촌 사회의 법의식: 재산권·생존권·환경권의 조화」, 한국법제연구원, 1998), 건교부와 농림부는 리아스식 해안의 간척 계획과 실행을 1990년대 새만금 간척을 둘러싼 사회적 논의 속에서도 계속해왔다(농어촌진흥공사, 「한국의 간척」, 1996; 건설부, 「제3차 국토종합개발계획 해설」(1992~2001), 1998].
8) 2000년 5월 녹색연합 및 생명회의와 주민 주최로 행정소송 제기, 2003년 1월 서울고법에서 항소 기각.
9) 오창환, 「새만금 신구상과 전라북도 발전」, 새만금 대안 마련을 위한 토론회, (사)시민환경연구소·새만금생명학회·국회환경경제연구회, 2003. 6. 13; 김석철, 시민방송(RTV)을 통해 방영된 10부작 다큐멘터리 프로그램 〈새만금 대안은 있다〉, 2002. 10; 전승수·권혁철, 「해양생태관광 특구로서의 전망」, 호남사회연구회, 2003. 5. 14.
10) 서해숙, 「전북 해안 지역 동제의 활용 방안: 고창·부안 지역을 중심으로」, 『한국민속학』 34, 2001.
11) 정연경·정명희·윤상훈, 「2003년 6월 새만금 현장 조사보고서」(녹색연합 내부자료), 2003. 6. 17~23.
12) 장지영, 전화 인터뷰에서, 2003. 6. 28.
13) 서해숙, 「전북 해안 지역 동제의 활용 방안: 고창·부안 지역을 중심으로」, 『한국민속학』 34, 2001.
14) 전라북도, 「전라북도 문화예술 발전 중장기 계획」, 2000.
15) 습지는 내륙습지와 연안습지로 나뉜다. 갯벌은 연안습지에 해당한다.
16) 그런데 생태계 재화 가운데 대체 불가능한 재화의 경우, 재화의 대체 가능함을 기준으로 하는 가치화 기준의 한계에 직면한다. 이 점에서 생태학자가 생태계를 보는 관점과 신고전 경제학자가 생태계를 보는 관점에 큰 차이가 나는 것이다. 즉 생태학자는 생태계의 재화와 서비스가 대체 불능하다고 보는 반면, 신고전 경제학자는 대체 가능하다고 본다.

최미희 생태경제학자. 생태경제연구소 소장. 우리나라의 대규모 국책사업은 그 수행에 있어서 생태계의 가치를 제대로 고려하고 있지 못하다는 문제 제기와 더불어, 환경을 고려한 비용편익 분석과 그 한계를 통해 생태계 관리 및 개발 계획에 생태-경제 통합 접근방식의 유용성을 주장하고 있다. 한국생태경제연구회 소장학자들과 함께 새만금 경제성 분석의 재평가를 통해 새만금 간척사업은 경제성이 없다는 연구 결과를 내놓은 바 있다.

생태계와 문화의 시각으로 본 새만금

역사·문화적 관점에서 본 새만금 문제와 새로운 세계의 전망 / 조경만

1. 생태계에 대한 관심이 필요하다

새만금 간척과 이에 대한 저항은 온 국민의 관심사일 뿐 아니라 세계 지식인과 학계, 환경단체들의 관심사이기도 하다. 우선 시화호의 수질 오염 경험에서 비롯된 간척의 반환경성이 새만금에서 다시 제기되어 수질 문제에 사람들의 관심이 집중되어 있다. 그러나 새만금은 여기에 그치지 않는다. 갯벌과 농토의 경제적 가치가 비교 담론이 되었고, 지금처럼 간척지를 농토로 사용하는 것에 대한 경제성이 문제시되었으며, 용도 변경을 이야기하기 훨씬 전부터 과연 간척지가 농지로 사용될 것인지에 대한 의구심도 있었다.

한편 꽤 오래 전부터 목포·군산·인천 등 서해안 지역의 지역 개발 담론에서 제시되었던 서해안과 중국의 지리적·경제적 연계가 최근에 새삼스럽게 강조되면서 새만금 지역이 그 개발의 한 지점으로 이야기되기도 한다. 새만금 간척을 중단시키려면 환경과 경제성에 대한 문제 제기만으로는 안 된다는 말도 있다. 전북 지역 주민들에게 지역 발전의 계기를 마련해줄 만한 대안이 있어야 한다는 것이다.

그러나 새만금 간척을 둘러싼 찬성과 반대 어느 편에서도 정작 생태계에 대해서는 거의 이야기하시 않았다. 생태계에 관한 이야기가 없었다는 필자의 말이 틀렸다고 반론을 펼 사람들이 많을 것이다. 그러나 사실이다. 엄밀히 말해 생태계란 하나의 체계를 뜻한다. 특정한 단위 공간 안에 있는 구성원들의 종수(種數), 개체수를 뛰어넘어 생물학적 구성원과 무생물학적 구성원 전체가 이룬 체계를 말한다. 새만금 지역이 어떠한 하위 생태계로 구성되어 있으며, 각 체계가 어떤 형태를 띠고 있는지, 현재 어떤 과정을 겪고 있는지, 하위 생태계들은 어떻게 서로 연계되어 있는지를 이야기하는 것이 바로 생태계에 대한 이야기이다. 또한 새만금 지역을 넘어 인근 육지 생태계, 서해 해역과 도서, 나아가 시베리아, 중국, 일본, 호주 일대 등 해외 지역의 생태계와 어떻게 연계되어 있는지를 이야기하는 것이기도 하다. 이러한 이야기들은 종합적인 조사와 주기적인 모니터링 등을 통해서만 가능하며 상당히 큰 연구 규모를 갖추어야만 하는 것이다. 그런데 새만금 지역은 간척을 앞두고 있다는 이유로 거의 무시된 상태로 방치되어왔다.

무엇보다도 변산반도의 복합적인 지형과 이에 따른 서식처의 다양성, 생태적 적소(ecological niche) 활동의 다양성을 고려한 생태계의 이야기가 결여되어 있다. 변산반도는 인근 김제평야 등지와는 대조적으로 현저하게 뚜렷한 산지와 구릉지들로 채워진 곳이다. 여기서부터 자세히 들여다보면 산지에서부터 평지와 해안까지, 해안에서 도서까지 매우 다양하고 변별적인 생태계들이 그 일대를 채우고 있으리라 예측할 수 있다. 평야지대가 산지에서부터 만경강·동진강의 수계로 이어지며, 그 수계들이 해수와 만나는 새만금 지역에 거대한 하구가 있다. 보기 드물게 강이 두 개씩이나 흐르면서 하구를 만든 것이다. 드넓은 갯벌과 그 너머의 바다에 크고 작은 섬들이 떠 있다.

하구는 육지 지형과 갯벌 등의 해양 지형이 복합상을 이루며, 갯벌 생물과 염생식물·육지 식물, 바다와 민물의 회유성 어종 등 풍요한 생물종 다양성 (biodiversity)을 이룬다. 하구에는 육지로부터 유입되는 유기물이 많고, 뚜렷한 환경 구배가 형성되는 곳이어서 다양한 서식 공간이 형성된다. 특히 해수와 담수 환경이 교차되는 기수 환경을 선호하여 하구에서만 서식하는 종들도 적지 않다. 이러한 생물들 중에 일부는 수산 가치가 높은 종들도 있다. 하구는 생물들에게 풍부한 먹이와 적절한 은신처를 제공하며, 연안에 서식하는 해양생물들의 산란장으로도 활용된다. 뿐만 아니라 하구는 퇴적물의 공급이 왕성하게 이루어지는 곳이어서 넓은 하구갯벌과 염습지가 발달한다. 이러한 하구 습지는 철새들을 비롯한 다양한 생물들의 이상적인 서식지가 된다. 따라서 새만금과 같은 지역은 다른 모든 방안들에 앞서 이 복합 생태계의 본질을 살리며, 그 안에서의 삶의 체계를 파악하고 바람직한 체계를 구성할 수 있는 기본적인 방안부터 살펴야 한다.

2. 문화는 자연을 보는 눈이다

1) 문화의 여러 가지 뜻

많은 사람들은 자연 이야기가 결국 삶의 이야기라고 말한다. 또한 오늘날 자연환경의 보전은 삶의 양식 전환을 통해 이루어질 수밖에 없다고 말한다. 그러나 지금까지 환경 이야기에 있어 인간 삶의 문제는 어떻게 다루어져왔는가? 너무나 많은 사람들이 환경을 대하는 인간과 그 삶의 총체성을 파악하기보다는 과학적 수치, 신체에 대한 영향, 기술에 대한 영향, 정치적·경제적 이해 관계 등 부분적 사항들에 집중해왔다. 조금 더 나아간다면 어떠한 사회가 생태적 합리성을 구현하는가 하는, 사회 체제의 문제를 취급했을 따름이다. 그러나 사람이 접하는 자연이란 사람의 직접적인 발길이 닿건, 닿지 않건 간에 한 시대, 한 사회가 갖고 있는 행위와 사고의 패턴에 의해 포착되는 것이고, 직접·간접적으로 영향을 받는다. 문화는 자연에 대한 적응의 산물이며, 역으로 사람들이 자연을 접할 때 어떻게 바라보고, 이에 대해 어떻게 행동할 것인가에 대한 지침을 제공하는 중간 필터와 같은 것이다.

그러나 우리나라에서 문화는 수난을 겪어왔다. 물화(物化)된 개념 때문이다. 전통문화를 예로 들어보자. 우리나라에서 전승시켜야 할, 혹은 되살려야 할 것으로 중시해온 것은 대부분이 '문화재'였다. 딱히 국가나 지방자치단체에서 지정한 문화재를 말하는 게 아니다. 전통예술, 그리고 전통문화 전체를 보는 시각이 곧 문화재를 보는 시각이었다는 것이다. 문화재 보호는 그 명맥이 끊길 뻔한 것들을 존속시켰다는 점에서 대단히 중요한 일이었다. 그러나 '재'(財)라는 표현이 이미 물화된 사고를 반영하는 데다가, 그 범주에 드는 것들이 외형적 사물, 행위 절차, 기예 정도에 머물다 보니 사고의 물화가 더욱 강화되었다. 비단 전통문화뿐만이 아니다. 현대 문화에서도 문화는 거의 어김없이 행위와 사고의 패턴이 아니라 물화된 '재'로서 부각되어왔다.

문화를 넓은 뜻에서 생각해보자. 인간에게 자연은 문화의 틀을 통해 접촉되는 대상이고, 그 문화가 어떤 방향인가에 따라 개발이 자연과 공존하거나 파탄을 초래하기도 한다. 그래서 문화가 중요하다. 경제 행위, 사회 조직, 정치적·종교적·예술적 행위의 시대적·지역적인 특수한 틀, 사람들이 의식하지 않아도 따르게 되는 행위와 인식의 틀이 바로 문화이다. 문화 연구도 이러한 개념의 문화를 다루는 것이 큰 줄기이다. 예를 들어 경제 재화의 가치 분석은 다른 분야에서 연구하지만, 왜 그것이 '경제적 재화'로 인식되기에 이르렀고, 어떤 생산·분배·소비 행위의 패턴들이 사람들의 행위 선택을 이끌어내는가는 문화 분야의 연구 대상이다. 새만금의 보전과 발전을 논할 때만이라도 주민이나 환경운동권, 학자들은 생태계와 지역을 겸허하게 생각하고, 어떠한 사고방식과 행동방식으로 이것들을 대할 것인가 하는 넓은 개념의 문화적 접근이 필요하다.

시대는 바뀌어간다. 문화유산 답사에 만족하던 사람들이 점차 존재와 관계에 대해 성찰하기 시작한다. 사람들의 문화 향유 패턴을 보면 처음에는 몰랐던 문화유산에 감동하고 그 지식이 채워짐에 만족해한다. 그러다가 점차 문화는 자기 정체성의 관념과 결부되어간다. 자기 존재를 설명하는 틀로 문화가 기능하는 것이다. 여기서 더 나아가 타자(他者)의 인식이 싹튼다. 자기 정체성과 자기 문화를 타자와의 커뮤니케이션에서 찾으며, 나와 너의 상호 주관적 교류 속에서 존재의 의미를 찾는 것이다. 자연과 문화의 관계에서도 이 경향은 뚜렷하다. 처음에 자연은 재(財)로 존재한다. 돈이 되건 그렇지 않건 간에 그것은 귀중품과 같다. 그러다가 사람들은 점차 자연 속에 존재하는 자신을 보게 된다. 자기 정체성을 자연에서 찾는 것이다. 이제는 우리 사회에서도 많은 사람들이 자연과의 타자적 관계를 인식하게 되었으며, 다시 그것이 타자적 관계인지, 너와 나의 구분이 없는 관계인지에 대해 논쟁하게 되었다. 인류학의 민족지(ethnography)들은 세계 여러 곳에서 이러한 인식들이 사변이 아니라 주민 생활의 실제임을 밝히고 있다.

2) 새만금 일대에서 주목해야 할 문화재

우선 넓은 의미에서의 문화에 앞서 과거의 문화재부터 생각해보자. 그런데 여기서도 문화재의 '재'로서의 가치보다 그 문화재들이 과거의 어떠한 '문화'를 이야기하는가에 주목해야 한다. 아직 이 방면에 대한 본격적 연구가 없고, 해석은 고사하고 현지 조사도 제대로 이루어지지 않은 마당이므로 체계적으로 설명할 수는 없다. 비록 소재주의(素材主義)에 불과한 발상이지만 몇 가지 자료들을 놓고 새만금을 생각해보자.

새만금 지역은 배후 촌락들과 연결되어 있다. 일제하에서 간척이 되기 이전에는 리아스식 해안의 일부였던 대벌리 일대는 온갖 배들이 모여들던 집결지였다. 대벌리 당제(堂祭)의 기록을 보면 멀리 경상도, 제주도의 선박들도 이곳 당제에 기금을 내고 무사와 풍어를 빌었다. 격포 수성당은 서해 해안에 있는 주요 해신당(海神堂)의 하나로서 많은 고대 유물들이 발굴된 곳이다. 대벌리 당제나 격포 수성당은 새만금 지역과 인근 지역이 해양문화의 문화적 정점(頂點)이고, 다른 곳들로 연결되는 바다의 길목이었음을 알게 해준다.

새만금 일대는 구릉성 산지에서 점차 강변으로 내려와 촌락을 만들고 농사를 지은 우리나라의 전형적인 농업 세계의 관점에서, 그리고 김제평야·만경평야 등 후대에 만들어진 간척지를 중심으로 한 농업 세계의 관점에서 바라볼 수 있다. 그러나 더 중요한 것은 당제, 수성당 등이 말해주듯이 새만금 일대는 해양문화의 처소이고, 바다에서부터 육지를 바라보는 관점이 더 크게 작용해 인간의 생활양식과 사고방식을 구성했으리라는 점이다. 국토를 바라볼 때 어떤 지점은 내륙의 관점에서, 어떤 지점은 해양의 관점에서 파악하는 탄력적이고 다양한 관점이 필요하다. 새만금 일대를 바라볼 때 해양의 관점을 저버리고 육지의 확대, 연장만을 추구하려 한다면 이 지역의 본래적 특성을 무너뜨리는 어리석은 일이 될 것이다.

지역을 좀더 확장시켜 바다에서부터 먼 내륙까지 들어가보자. 김제평야를 건너면 길은 익산 왕궁리 사적과 미륵사지로 이어진다. 현재로서는 그 형상을 알 길이 없으나 이 유적들을 통해 과거에 물가에 있었고 수운(水運)이 발달했을 가능성이 이야기되고 있다. 그 수로는 바다로 연결된다. 결국 고대 백제의 주요한 터전이었을 이곳의 중심적 기능이 바다와의 연결을 통해 이루어졌음을 알 수 있다.

해양문화를 밝힐 수 있는 자료들을 더 살펴보자. 서해는 수많은 강과 하구들이 바다로 향하고 있고, 광활한 간석지(갯벌)와 수많은 도서(섬)들이 발달해 있다. 서해안의 리아스식 해안 지형은 세계적으로 유례를 찾아보기 힘들 정도로 발달해 있다. 해저 지형과 수면 위의 지형, 해류의 이동, 풍랑, 간만의 물때, 조금과 사리, 강으로의 감조(感潮) 현상 등이 결합하여 사람들로 하여금 대단히 복합적인 해로를 형성하게 했다. 현대식 선박이 등장하기 전에 전통 선박으로 항해를 하던 사람들의 해로에 대한 토착 지식은 매우 섬세한 것이었다. 우리나라가 해전(海戰)이나 조선(漕船)에 능했던 것은 바로 이러한 토착 지식의 기반이 있었기 때문이다. 이제는 이 과거의 지식이 문화를 기반으로 한 콘텐츠 개발과 관광 발전의 큰 자원으로 등장하고 있다. 그렇기 때문에 계화도를 비롯한 새만금 일대와 채석강, 적벽강, 고군산군도, 위도 등을 끼고 있는 해로들과 토착 지식을 조사해야 하며, 이를 기반으로 문화 콘텐츠와 관광의 자원으로 발전시켜야 한다. 새만금 간척사업은 바로 이 문화를 기반으로 한 발전을 가로막고, 지형 등을 일반화시켜버리는 장애 요인이다.

위도, 고군산군도 등의 도서와 본토 연안 사이에 새만금 공사의 해역과 인근 해역이 분포해 있다. 이 일대는 조선 후기 공재(恭齋) 윤두서(尹斗緒)의 〈동국여지지도〉(東國輿地之圖)에 나타나듯 조운선(漕運船)이 지나는 해로였다. 정확한 측량 표기가 없이 개략적으로만 그려놓은 해로지만 만경강, 동진강 하구를 향해 둥글게 굽어 있는 해로가 현재의 새만금 방조제 구역을 상당 부분 통과했을 가능성이 높다.

서해의 조기잡이 어민들은 흑산도에서부터 황해도, 평안도 연안까지 광역적인 이동을 하였다. 연안 이업을 위주로 하는 조기잡이의 해로가 현재 규명되어 있지는 않지만 부분부분 정황적 자료는 찾을 수 있다. 전남의 어민들은 흑산도에서 시작해서 법성포, 위도, 군산, 인천, 연평도 등을 경유하여 황해도, 평안도까지 조기잡이를 다녔다. 정월 초에 출항한 배는 연안을 끼고 서해를 거슬러 올랐다가 음력 팔월 대보름 무렵에 고향으로 되돌아온다. 현재 전해지는 음악 자료에서도 광역 이동을 알려준다. 통상 이북과 호남의 음악적 구조는 판이하게 다른데, 어업요 〈배치기〉는 서로가 유사한 음악적 구조를 갖고 있다. 광역 이동에 따라 유사성을 띤 것이다.

2002년 4월 6일 새만금 방조제 구역에서 조금 떨어진 전북 군산시 옥도면 비안도 앞바다에서 소라를 채취하던 어민들이 해저 유물을 발견하였다. 4월 13일부터 국립해양유물전시관과 문화재청이 현장을 확인하여 면담과 긴급 해역 탐사를 실시하였고, 4월 25일에 일정 기간 사적 가지정을 하였으며, 5월 15일부터 '서해 비안도 해저 발굴조사단'이 결성되어 수중 발굴 조사를 하였다. 발견 초기에 어민들이 발견하여 신고한 유물은 243점이었고, 4차 조사가 진행되는 현재까지 발굴된 청자음각앵무문대접, 청자접시, 청자잔, 청자양각 연판문통형잔 등을 포함한 유물이 3,124점이었다. 특히 많은 유물들이 도자

사 연구에서 매우 중요한 시대 편년과 제작 기법의 단서들을 제공하고 있다. 그러나 지금까지의 조사 결과로는 유물의 본래 매장처와 선체(船體)의 잔존 여부가 확인되지 않고 있다. 수습된 청자들이 어떻게 해저에 가라앉았는지도 확실치 않다. 다만 오랜 세월이 흐르면서 갯벌 퇴적층에 묻혀 있던 유물들이 인근 새만금 방조제 공사로 인해 물살이 빨라지면서 해저 퇴적층이 깎여 노출된 것으로 추정되고 있다.

비안도의 해저 유물 발견과 발굴 사례는 무엇을 말해주는가? 대체로 도요지는 토양 조건과 운송 조건에 따라 발달한다. 부안군 보안면 줄포 유천리 도요지(陶窯址)가 그 예이다. 도자기는 그 문화재적 가치도 중요하지만 운송, 교통 등을 이야기해주기도 한다. 따라서 이 일대에서 다량의 도자기가 묻혀 있었다는 것은 배에 싣고 수운로를 따라 옮기는 것이 가장 좋은 방법이었던 당시에 유천 도요지의 산물이 바다로 흘러들었을 가능성과 함께, 이 일대가 수운의 주요 처소로서 침몰 선박이나 유물의 매장 가능성이 있음을 생각하게 한다. 대단히 중요한 것은 비안도 앞바다에서 유물이 발견되었듯이 이 일대 어디에서건 또다시 유물이 발견될 수 있다는 개연성이다. 과거의 해로를 보거나, 인근 비안도 유물을 보거나, 현재 발굴 지점에 국한된 '유물 찾기'에 매달리지 말고, 이 일대의 해양 역사와 문화를 밝히기 위해 새만금 지역을 포함한 이 일대 지역을 체계적으로 발굴하는 조사가 필요하다. 비안도 청자는 바로 그러한 조사가 필요함을 알리는 신호일 뿐이다.

그밖에도 살펴야 할 문화재가 많다. 내소사, 개암사 등의 사찰과 산지에 분포된 수많은 암자들은 사람들이 더욱 밀접하게 자연-종교적 관계를 가졌음을 말해준다. 김제 금산사의 미륵사상과 신종교의 맥이 부안·고창·영광 일대까지 이어지고 있고, 곳곳이 동학의 유적지들이다. 한편 부안군 보안면 우반동은 반계(磻溪) 유형원(柳馨遠)이 학문 연구와 저술에 전념하면서 실학을 완성한 곳이자 토지 사상을 펼쳤던 곳으로, 지식인과 지방의 관계가 나타나는 곳이다. 고군산군도는 동아시아의 대표적인 이중장제(二重葬制)를 남긴 곳이며, 위도는 풍어제 '띠뱃놀이'로 어민의 자연 인식을 남기고 있는 곳이다. 또한 서해안 일대에서 손에 꼽는 조기 파시(波市)의 자리였다. 이 모든 것들은 그저 열거되는 문화재에 그치는 것이 아니라, 자연과 역사와 생활 문화의 체계에 따라 서로 계열화될 수 있는 문화재들이다. 따라서 이 문화재들을 다룰 때는 새만금 지역은 물론 이 일대 전체를 계열화함으로써 전체의 가치를 강화할 필요가 있다.

3) 보이지 않는 문화

필자가 더 강조하고 싶은 문화는 '보이지 않는 문화', 손에 쥐어지지 않는 문화이다. 문규현 신부는 다음과 같이 말한다.

산, 숲, 농토, 하천, 강, 갯벌, 바다, 섬을 잇는 풍요한 생태계와 그 속에서 자라온 다양한 문화들 덕분에 일찍이 '생거부안'(生居扶安)이라 불린 곳이 이 땅입니다. 부안만이 아닙니다. 김제, 익산, 군산, 정읍, 고창 등등 전북의 온 지역이 모두 민중이 자연의 품에 적응해 살아온 곳들입니다. 그러나 자연과 문화는 평화롭게 살고자 하는 민중의 염원에만 부응하는 존재는 아니었습니다. 고난과 저항 속에 우리의 자연과 문화가 있었습니다. 우리에게는 만석보를 쌓고자 학정을 했던 고부 군수 조병갑에 저항하여 동학 농민들이 일어났던 시대가 있었습니다. 그 때문에 전북은 상생(相生)과 제폭(除暴)과 구민(救民)을 외친 깨달음과 역사적 소명의 고장이 되었습니다. 소작농을 울리던 간척지의 일인·한인 지주들에 저항하던 시대가 있었고, 최근까지도 농민들은 그 잔재와 싸워야 했습니다. 이제는 새만금 간척 때문에 국가가 위기에 몰리고 민생이 위기에 몰리게 될 위험에 처해 있습니다. 농토를 얻고자 하는 간절한 농민의 꿈 때문이 아니라 위정자의 정치적 계산과 지역 발전에 대한 낡은 생각, 그리고 바다와 갯벌 역시 또 다른 국토와 자원임을 깨닫지 못하는 '땅에 대한 맹신' 때문에 새만금 간척의 어리석음이 자행되고 있습니다. 그 틈바구니 속에서 어민이 울부짖고, 인간 중심주의의 몽매함 때문에 갯벌의

160

생명이 속절없이 사라져갑니다. 오늘 이 시대는 잘못된 것을 스스로 바로잡지 못하고 국민과 미래의 후손에게 돌이킬 수 없는 상처를 남길 정부에 저항하고, 그릇된 발전의 환상에 젖어 스스로의 문화를 혁신하지 못하는 우리 스스로를 참회해야 하는 때입니다. 비폭력(非暴力) 저항과 생명세상에 대한 염원으로 잘못을 척결하고 새로운 문화를 만들어가야 하는 때입니다.[1]

사실상 부안 일대는 근세, 근대의 질곡과 저항 외에도 1970년대 이래로 우리나라 농민운동, 문화운동, 환경운동의 산실 역할을 하였다. 지식인들이 농촌에 뛰어들었고 지역 농민들과 힘을 합쳐 농협 조합장 선거에서 이기는 등 농촌의 민주화에 기여했다. 많은 문화운동가들이 농민운동과 힘을 합쳤다. 한울공동체와 같은 유기농업 공동체운동이 진정한 생태공동체운동의 하나로 자리잡은 것도 부안이다. 새만금 간척 반대운동은 현재 부안 사회에서 주민과 지식인이 꿈꾸어왔던 세계의 연속선상에 있다.

일견 농업과 갯벌이 상반될 것 같지만 진정한 농민의 세계, 생태공동체의 세계를 꿈꾸어오던 사람들에게는 바로 그 세계 때문에 서로 만나게 되는 실체이다. 우리가 새만금 사업의 중단과 더불어 대안을 논할 때 심사숙고해야 하는 것은 이 일대에 깃든 현대사와 지식인의 참여와 주민운동이다. 또한 새만금 간척에 대한 저항 과정에서 발전한 생태학적 세계관, 생태계와 함께하는 문화의 세계관 때문이다. '생명'이라 표현되는 이 세계관의 역사적, 문화적 의미를 깊이 성찰해야만 올바른 대안이 나온다. 지역 역사와 자연과 문화를 이해하지 못하고, 단지 세련된 장밋빛 꿈일 뿐인 대안만 내세운다면 그간의 과정에 오욕을 남기는 것이다.

이제는 이 역사에서 한 걸음 더 나아가 자연과 인간의 교류를 논하는 데까지 진전해야 한다. 새만금 지역이 가치가 있는 것은 그 수많은 환경 분쟁을 통하여 사람들에게 자기 정체성이나, 자연-인간 관계에 대한 깊은 성찰의 계기를 주었기 때문이다. 새만금 개발에 저항해온 전국의 일반 시민·지식인·

종교인 등이 개별 이익의 차원을 뛰어넘어, 새로운 세계로 향할 중요한 발단으로 새만금을 보고 있다는 것은 그간의 과정에서 잘 나타난다. 여기에 더하여 놀랍게도 새만금 주민들에게서 보다 본질적인 세계관과 자아 구현의 의식이 싹트고 있다. 환경 분쟁이 격하게 일어났던 세계 여러 곳에서는 대안적 발전이 이와 같은 방식으로 진행되었다. 그것은 장기적으로 경제적 합리성과 생태적 합리성, 그리고 지역을 견지하는 인간 조직의 사회적 합리성, 나아가 이념과 신념까지 가동시켜 지속적이고 총체적인 발전을 낳게 한다. 좀더 살펴보자.

4) 새만금 운동을 통해 싹튼 문화

통상 환경 분쟁이 있던 곳은 사회문화적으로 한바탕 탈바꿈을 하게 마련이다. 보다 궁극적인 삶의 가치를 추구하는 경향이 생긴다는 것이다. 새만금의 경우에는 주민 경제에 대한 분명한 대책과, 주민이 '질리지 않고 희망을 갖는' 정책 및 행정 당국의 접근, 그리고 지속적인 지식인과 운동가들의 교류가 있다면 앞으로 상당히 진전될 탈바꿈의 양상들이 있다. 이는 인간의 생활에서 빼놓을 수 없는 사회적·문화적 요소인 '정체성', 자기 인정(認定)의 세계 때문이다.

한 어민은 말한다. 새만금 개발 이전부터 이미 나빠지기 시작했고, 개발 이후 더 가속화된 어장의 열악한 조건 때문에 처음에는 어민들이 치열하게 상호 경쟁을 했다. 어종을 달리하여 획득하던 종전의 관습에서는 어류가 적절히 지속되었지만 누구나 급박한 마음에 이것저것 잡아들이면서 언제, 어디서나 어류가 고갈되어갔다. 그러다가 새만금 개발에 대한 저항운동 경험을 쌓게 되면서 그 궁극적 목적에 대한 인식이 생겨났다. 조금씩 어민들이 협동적 사고를 갖게 되었고, 자원 획득에서나 오염 방지에서나 전과 다른 적극적인 태도들이 형성되었다. 이들은 여기서 더 나아가 자아와 새만금의 관계도 다시 생각하게 되었다. 한 어민의 사례를 들어보자.

K씨 부모는 1970년대에 섬진강 유역에 댐이 생기면서 수몰 지구에서 계화도로 이주했다. 당시 계화도 간척지에 이주한 사람들 대다수와 같은 경로였다. 이주민들은 간척지를 농토로 바꾸면서 자리를 잡았다. 원주민은 대부분 어로에 종사했다. K씨의 말에 따르면 예전에는 바다에 나가 목돈을 벌어오는 원주민의 가계는 현금 회전이 빨랐고, 씀씀이도 컸다. 이에 비해 산골에서 이사를 온 이주민은 어렵사리 농사를 지으며 정착해야 했기에 빠듯하게 살았다. 게다가 어디나 그러하듯이 고향을 떠난 이주민들은 원주민의 텃세에 시달렸다. 그러던 것이 차츰 세월이 흐르다 보니, 차별 감정도 없어졌다. "아이 낳고, 터 잡고 하다 보니 가릴 것 없이 얽혀지더라"는 것이다.

그런데 새만금 방조제가 만들어지면서 사정이 많이 달라졌다. 초기에 보상을 받았던 어민들은 차츰 그 보상이 너무나 덧없는 것이라는 것을 느끼게 되었고, 하루가 다르게 만들어지는 방조제를 보면 "무서움증이 든다"는 말이 여러 사람들 입에서 터져 나왔다. K씨의 말에 따르면 무서움증은 인생에 대한 공포감과 같은 것이다. 사람의 운명이라는 것은 돈 몇 푼으로 가릴 수 없는 것인데 사람들은 보상을 받고 자기 운명을 기약이 없게 만들었다.

예를 들어 부녀자들에게 갯일이라면 '자다가도 벌떡 일어나' 해낼 만큼 생계상 집착이 큰 일일 뿐 아니라, 일을 한다는 사실 자체가 자기 삶을 구현해나가는 데서나, 가족 내에서 구실을 해내는 데서나 큰 몫을 하는 것이었다. 갯일이 중단되면 부녀자들이 어디에 가서 일을 해 가계를 꾸릴 것인가도 문제가 되지만, 사람 사는 것처럼 살지 못하게 되는 것도 큰 문제다. 그래서 방조제 공사가 거의 되어가는 것을 보면 인생의 추락에 대한 공포감이 든다. 반면 이주민들은 사정이 좀 다르다. 어업 중단이라는 문제도 없고, 새만금을 막는다고 했을 때 그 땅에 대한 기대도 있었다. 그러다가 2000년대에 들어 전국적으로 쌀이 남아돌게 되고, 수입 개방의 앞날도 멀지 않다고 느끼게 되니, 당장 자기가 짓는 농사가 문제되기에 이르렀다. '쌀 팔아서 밥 못 먹는' 날들을 맞게 된 것이다.

그런 이주민들은 그간 간척지 농사를 짓느라 눈을 돌리지 않았던 갯벌에 관심을 갖기에 이른다. 한 집, 두 집 갯일을 나왔다가 뻘흙을 하루 뒤지면 웬만한 도시 사람 하루 임금 못지않게 수입을 올리는 것도 체험하게 되었고, 차츰 그 일에 더 관심을 기울이게 되었다. 이제는 계화도 사람이라면 농민들도 상당수가 새만금 간척에 대해 회의적이고 저항적인 시각을 갖게 되었다.

바다에서는 또 다른 변화가 생겼다. K씨는 이주민이지만 어렸을 때부터 배에서 놀았고, 어른들을 따라다녔다. 어른이 되어서는 어로를 주업으로 삼았다. 식구들도 틈틈이 갯일을 해왔다. K씨의 말에 의하면 예전에는 갯벌에 한 번 나가면 한 사람이 20kg짜리 비료포대로 두세 포대씩 백합을 잡았다고 한다. 그러나 방조제가 생기면서 사정이 나빠졌다. 어민들은 그 때문에 점점 초조해졌다. 지금 주민들이 위험한 것을 알면서도 자꾸만 멀리 나가는 것은 그곳까지 가야 조개를 넉넉히 잡을 수 있다는 기대감 때문이다.

그러나 그것만은 아니다. 정신적 초조감이 있다. 본래 주민들은 갯일을 하는 철에는 몸이 아파 누워도 오랫동안 누워 있지 못한다. 뻘에 나가야 한다는 생각 때문이다. 그러한 심리를 가진 사람들이 인근에 조개가 없다고 해서 그대로 물러서지는 않는다. K씨 말에 따르면 '죽을 고비'를 각오하고서라도 자꾸만 자원을 찾아 멀리 가게 된다는 것이다. 그래야 초조감이 사라진다. 갯벌에서 잡는 어패류의 종류도 축소되었다. 어족 종류의 축소에도 탓이 있겠으나 그보다도 소비자 기호와 상품 가치가 만만치 않게 영향을 주었다. 백합이 고급 어패류로 대접을 받고, 백합구이 음식점들이 번성하면서 너도나도 백합에 치중했다. 그밖에 바지락 정도가 인기 품목이다.

한편 고기잡이를 보면, 방조제 공사 이전부터도 어족 자원이 줄어든 것이 사실이다. 우리나라 연근해 어족이 고갈되어가는 것과 같은 증상이다. 그러나 주민들은 방조제의 영향도 매우 크다고 믿는다. 방조제로 인해 물고기의 회유 경로가 막히니 자연히 줄어들게 되었다는 것이다. 그러면서 주민들은 점점 경쟁 체제로 접어들었다. 전에는 여러 가지 어족들이 풍부했고, 어민들은 숭어·새우·도다리 등 각 어종에 맞추어 전문화된 어로 작업을 했다. 배 한 척이 이것저것 다 잡아들이는 것이 아니라 특화시킨 어종이 있었던 것이다. 결과적으로 마을 어민들의 어로에 의해 전체적으로 골고루 어종들이 잡히고 남는 물고기의 다양성도 유지되는, 즉 지속 가능한 수산업의 핵심인 선별 어로(selective fishing)가 자연 발생적으로 이루어졌던 것이다. 그러다가 어족 자원이 줄어들면서, 특히 방조제가 막히면서 이 일대에 회유하는 어종의 종류가 많지 않게 되자 사람들은 이것저것 가리지 않고 다 잡게 되었고, 모두가 남아 있는 어종에 집중하게 되었다. 그 어종이 끊기면 또 다른 것을 찾았고, 이 과정이 반복되다 보니 이제는 숭어를 비롯한 극소수의 어종만 남게 되었다.

선박이 최신형으로 바뀌는 것도 예사스럽지 않다. 바다는 본래 공유의 공간이다. 이 공유 공간이 주민들에게는 누구나 접근할 수 있는, 그래서 모두에게 '내 것'이 된다. 과거에는 주민들 마음에 언제 나가든 그것이 내 것으로 인식되었으므로 느릿느릿한 선박이 크게 문제되지 않았다. 그러다가 빠른 속력의 배를 지을 수 있는 선박 건조 기술이 발전하고 그러한 선박을 수용하게 된 탓에 성미가 급해진 것인지, 역으로 성미가 급해서 빠른 것을 원하게 된 것인지 모르겠으나 사람들은 급해졌다. 자원이 고갈되다 보니 어디 가도 내 것을 누릴 수 있다는 생각이 없어졌다. 남보다 빨리 가서 어장을 찾고 빨리 잡아야 한다. 소형 선박의 경우 사람들이 몰고 다녔던 초기의 배는 44마력이었다. 그러다가 60마력으로 바뀌었고 다시 80마력으로 바뀌었다. 이 힘 좋은 배를 부려서 남보다 빨리 어장에 도착해서 잡을 수 있는 고기는 숭어를 비롯한 몇 종류에 지나지 않는다. 모두가 이들에 집중한다.

K씨가 이러한 관행에서 벗어나 새롭게 눈을 뜨게 된 것은 새만금 간척 반대운동을 한 이후이다. 처음에는 간척이 되면 갯벌을 잃고 방조제로 인해 어족 자원이 더 줄어들 것이라 생각하여 반대했다. 이러한 생각으로 반대운동을 할 때에는 경제적 관점에서 갯벌과 바다의 가치를 내세우는 데 바빴다. 생존과 결부된 문제이니 절실한 행동이었다. 그런데 웬일인지 전망이 서지 않았고, 심리적으로도 힘들었다. 새만금 문제가 쉽게 해결되지 않고 점점 더 많은 자기 투여를 하게 됨에 따라 자기 행동에 대해 스스로가 좀더 궁극적 또는 전반적인 이유가 있어야 버틸 것 같

았다. 경제적 이유를 대는 것은 마치 자신의 이익만을 위하여 그리하는 것처럼 느껴졌다. 점차 그는 '자신을 버리는' 생각을 자꾸 하게 되었고, 결국 다 털어버리고 운동에 임하기로 했다. 그러자 마음이 편해지고 무엇을 추구할 것인지, 그 전망도 밝아지는 것 같았다. 마음이 편해지는 것 같았다. 바다와 갯벌이 자신을 '껴안고 있는 것'처럼 느껴졌다. 그러한 심기(心氣)가 자리를 잡으면서 그간의 어로 작업도 다시 바라보게 되었다. 우선 그는 자신만이라도 목적하는 어종 외에는 잡아들이지 않는, 선별 어로를 하기에 이른다.

2003년 봄 성직자들이 삼보일배(三步一拜)를 할 때 그도 자기 지역에서 식구들과 함께 삼보일배를 했다. 그가 삼보일배에서 추구하는 것은 아마도 늘 이야기하는 바와 같이 '나를 버리는 것'이고 자연의 품 속에 드는 것이었을 것이다.

물론 이와 같은 사례는 소수에 불과하다. 그러나 전세계 환경 분쟁 지역의 사례를 생각해볼 때, 그리고 시민사회의 사회문화적 흐름 속에서 그 양적 팽창이 쉽게 이루어지는 문화 과정의 생리를 생각해볼 때 이는 널리 정착될 가능성이 큰 주민문화이다.

생태학적이라는 말은 생태계의 구성원들 간의 탈중심적인 연망과 호혜성, 자체 조절 능력과 균형적 발전, 각 요인들의 생명 유지 체제(life support system), 활성화된 생명 순환 등을 아우르는 말이다. 친환경적이라는 말은 인간이 생태계의 속성에 부응하는 인간 활동과 생활양식(문화)을 만든다는 것을 뜻이다. 단순한 오염 방지나 갯벌의 물리적·생물학적 요인의 존속 등으로 끝나는 것이 아니다. 새만금 갯벌이 파괴된다는 말은 이 모든 체제가 무너진다는 뜻이며, 사람들은 그것을 생명의 파괴이며 생활양식의 파괴라 불러왔다. K씨의 사례는 점차 이 총체적 세계의 파괴에 대한 저항이 되었고, 생태학적 연망이 구현된 전체 세계를 논하고 대안적인 세계를 꿈꾸게 된 사례이다.

3. 자연과 문화를 위한 세계 곳곳의 투쟁—경제주의를 뛰어넘는 주민들

1) 변화하는 세계 곳곳의 주민들

우리보다 훨씬 더 기나긴 환경 갈등과 투쟁의 역사를 가진 사례를 살펴보자. 인도 나르마다(Narmada) 강 유역에서는 수많은 댐 건설로 인한 난민들이 수십 년간 투쟁과 행진을 계속해왔다. 병들어 죽고, 맞아 죽어가면서 지금도 이 투쟁은 계속되고 있다. 인도 정부는 여전히 강압적이다. 남미·중미의 원주민을 말살시켜버리는 삼림 벌채는 너무나 심각한 자연 파괴와 인간 파괴의 사례로 정착되어버렸다. 처절한 저항과 죽음이 계속되었다.

미국과 캐나다, 유럽에서도 오랜 투쟁이 있었다. 한 예로 캐나다 브리티시컬럼비아 주 밴쿠버 섬의 클라요쿠오트(Clayoquot) 지역에서는 1950년대 주정부와 대기업과의 삼림 벌채 계약 때문에 지금까지 온대수림이 엄청나게 파괴되어왔고, 숱한 논박과 저항, 1,000명 가까운 사람들의 체포, 해법을 찾기 위한 주정부와 시민단체의 협상과 연구 등이 있었다.[2]

클라요쿠오트는 캐나다 서부 브리티시컬럼비아 주의 서쪽 끝에 있는 밴쿠버 섬 중서부 해안의 한 지명이다. 이 지역은 오래 전부터 삼림 벌채 때문에 캐나다 전역은 물론이고 나아가 세계 곳곳의 주목을 받아왔고 수많은 저항운동을 야기시켰다. 주정부, 지방정부 등은 해당 지역 일대를 모조리 베어내는 삼림 벌채에 의해 초래되는 자원 문제와, 악화되는 여론 등을 해결하기 위하여 여러 가지 조치를 취해왔고, 역으로 삼림 벌채권을 가진 맥밀런 블레델(MacMillan Bloedel Ltd.) 등의 임업 기업들과 맺은 계약과 세금 수입 때문에 난감한 입장에 처해온 것도 사실이다.

1993년에는 맥밀런 블레델의 요청에 의해 삼림 벌채에 저항하는 주민과 운동가들 900명을 연행함으로써 세계 역사상 가장 많은 사람들이 환경운동 때문에 체포당하는 역사적 사건도 남겼다.[3] 이 지역의 자연보호가 결코 있는 그대로의 상태를 지속해온 것이 아님을 알 수 있다. 주정부는 기업과의 계약으로 발이 묶여 있고, 저항운동에 직면해 있다. 계약 이행을 위해 저항운동을 탄압하는 한편 보호와 지속적인 발전을 위한 조치도 모색한다. 하지만 이러한 조치들은 기업과의 계약이나 기타 목재 판매와 수출 등 경제적인 현안에 묶여 한계를 드러냈고 환경운동가들과의 협력이 깨지곤 했다.

여기서 짚고가야 할 사항이 있다. 기업에서 행하는 삼림 벌채는 해당 지역의 숲을 모조리 베어버리는 벌채라는 점이다. 이는 철저하게 최소의 투여로 최대의 수입을 얻고자 하는 자본주의 경제 합리성에 따른 것이다. 나무와 나뭇가지를 솎아서 베는 '선별 벌채'가 많은 독림가(篤林家)들에 의해 개발되고 권장되었으나 기업의 입장에서는 광대한 벌채 지역에서 선별 벌채 방식을 취한다는 것은 노동력의 최소 투여와 수입의 최대 획득 원리에 전혀 맞지 않는다. 대신 기업들은 벌채 후에 후속 식재나 자연스럽게 자라는 제2차 생장물이 삼림을 회복시킬 수 있을 것이라 주장한다.

그러나 삼림 전문가들은 일단 숲이 사라지면 숲에서 서식하는 모든 생물, 미생물들의 생태학적 연계가 끊어지고 생명체들이 과소화되기 때문에 회복이 쉽지 않으며, 기존의 숲이 조성되는 데 필요했던 장구한 세월을 보상할 수 있는 새로운 숲을 기약하기란 어렵다고 말한다. 더구나 기업들이 취하는 숲이란 상품 가치가 있는 굵은 나무들이 자라는 곳들이고, 그 때문에 원시림이 희생되게 마련이다. 지켜내야 할 중요한 곳들이 오히려 벌채의 대상이 되는 것이다.

클라요쿠오트 주민들에게서 주목되는 것은 자기 생애와 연결되는 담론이다. 1970대의 베티 크라브지크 등 이곳 출신의 노인들에게는 고정된 언술이 있다. "인류와 자연 역사의 가장 엄청난 폭거가 내 평생의 40년 동안에 일어나고 있다"는 말이다. 도시 사람들이 백화점 등 도시의 상품문화에 길들여져 그에 대한 인지력이 높아져왔다면, 자신들은 숲에 길들여져 이에 대한 인지력이 높아져왔다고 말하는 이 노인들은 숲을 생활뿐 아니라 정신적 친화력의 근원으로 취급한다. 이들은 바로 그 숲이 무참하게 잘려지는 것을 목격하는 것을 고통스러워했다. 자연의 상처도 상처이겠지만 자신의 생애에 이런 일이 일어난다는 것이 억울하고, 자신이 무언가 잘못된 세상을 만드는 것 같았다고 한다.

필자가 이들을 만났을 때 우선 꺼내는 이야기가 "내 평생의 40년 동안에"라는, 이곳에서 거의 고정되어버린 몇 마디였음을 볼 때, 이와 같은 인식이 상당히 뿌리 깊게 이곳 노인들에게 자리잡고 있음을 알 수 있었다. 베티 크라브지크를 비롯한 노인들은 1993년 연좌시위 때에 그대로 자리를 지키다가 경찰에 연행되어 구류를 살았다. "내가 지금 감옥에 가는 것이냐?", "그렇다", "좋다 한번 가보자", "늙은 할머니들까지……." 이렇게 이어지는 당시 경찰, 할머니들, 옆에서 응원하던 사람들이 주고받던 말들은 지금까지 그대로 전해진다. 이 할머니들 몇몇은 지금도 곳곳의 벌채 현장에 가서 연좌시위를 하고 연행당하는 일을 자원해서 하고 있다.

1993년에는 8, 9세의 어린이에서부터 지역 주민들까지 삼림 벌채 저항운동에 참여했고 연행되었다. 한 집에서 어머니와 딸이 모두 연행되었던 경우도 있다. 당시 특히 여성의 저항이 컸는데, 이를 두고 여성과 자연 사이에 더 긴밀한 정신적 관계가 있다는 담론이 생기기도 했다. 이곳 주민들은 이에 대해 여성과 자연의 친밀성이 원인이라는 대답을 한다. 음식물의 마련에서부터 아이들 양육과 거주 공간 관리, 그리고 항상 자연과 가까이하는 여성의 일상생활이 여성으로 하여금 친밀하고 밀접하며 구체적인 자연 인식을 조성하였으며, 자동적으로 생애의 동반자처럼 자연이 존재하였기 때문에 자기 생애가 침범당하는 듯한 느낌을 갖게 되었다는 것이다.

온대우림 지역인 이곳에서는 삼림 벌채를 막는 데 일반 주민들뿐 아니라 원주민 사회(First Nation)들도 쉽게 연합을 이루었다. 캐나다에서는 환경운동가들이 곧잘 원주민들과 연합한다. 이때 다양한 지역, 다양한 인종들이 모여 영성적 치료(靈性的 治療, spiritual healing), 원주민과 자연 간의 밀착적 관계에 대한 관념, 자연물에 대한 영적인 교류, 환경 사상에 대한 담론 등을 발전시켰다.

원주민들에게 숲은 일반 환경운동가들이나 주민들과 또 다른 의미를 갖는다. 그들에게 숲은 서식지일 뿐 아니라 성소(聖所)들이 자리하고 있는 종교적 처소이다. 숲은 냇물과 강을 통해 바다와 이어지며 그 경로에 연어가 있다. 연어는 생계 수단일 뿐 아니라 이 다양한 생태계를 잇는 존재이고, 사회적·종교적 존재이다. 원주민 사회 어디서나 들을 수 있는 언술이 "숲이 살고 연어가 살면 자신들의 사회가 되살아나고 문화가 되살아난다"는 것이다. 당시 클라요쿠오트 원주민에게서도 이 점은 마찬가지였고, 이들은 그렇게 살아남아 훼절되지 않도록 하기 위하여 싸웠다.

이러한 숲과 연어의 생태학적·문화적 특징들에 더하여 정치적·영토적 사항이 결부된다. 클라요쿠오트의 경우 큰 정치 단위 누차눌스(Nuu-cha-Nulth First Nation)에 속하는 원주민 사회들이 상당 부분의 숲을 자기 구역4으로 갖고 있으며, 2001년에는 주정부와 영토권, 연어나 나무 등의 자원 이용권에 관한 협약이 원칙상의 합의 단계에까지 이르렀다. 이들에게 숲은 자신들의 생태학적·종교적 처소이고, 정치적·경제적 영토이다. 따라서 이 숲이 베어진다는 것에 대해 원주민들은 민감하게 반응할 수밖에 없다. 1993년의 대규모 저항 때 원주민들이 대거 참여했던 것은 생태학적·종교적 반응이고 또한 정치적 반응이었다.

클라요쿠오트의 사례는 환경을 지키기 위한 사람들의 저항과 노력이 자연 자원이라는 재화를 지키기 위함이고, 생계 경제를 유지하려는 인식뿐 아니라 생태계에 대한 총체적 인식, 인간 존재의 의미에 대한 인식에 뿌리를 둔 것임을 말해준다. 이 일대에서 환경을 지키기 위한 저항운동을 하거나 환경 프로그램을 운영하는 사람들을 보면 이러한 점이 역력하다. 그 한 예이다.

발레리 랭거는 토론토 출신이다. 토론토 대학에서 언어학을 전공한 그녀는 약 20년 전에 이곳을 여행하다가 정착하기로 결심했다. 토피노 앞쪽의 섬들에 깔린 안개와 1,000년이 넘은 원시림들, 그리고 평화롭고 안온한 토피노의 매력에 끌렸기 때문이다. 그러나 그녀는 곧 대규모로 벌어지는 삼림 벌채를 목격하게 된다. 그후 곧바로 '클라요쿠오트의 친구들'(FOC, Friends of Clayoquot Sound)라는 지역 환경단체에 들어가서 저항운동을 하게 된다. 1993년의 대규모 저항 때에는 절벽 위의 나무에 앉아 버티기, 연좌시위, 저항 이슈 만들기, 홍보 등을 주도했다. 주민들은 그녀를 '환경 보전'이라는 한쪽 극의 표상으로, 임업 회사 대표를 그 맞은편 극의 표상으로 간주한다.

매우 강하고 거세다고 인식되고 있는 그녀가 필자에게 자신의 이주와 활동 동기에 대해 말할 때는 전혀 다른 느낌을 주었다. 막연히 이곳이 끌려서 살게 되었고 자연을 호흡하다 보니, 그것이 침해받는 것이 마치 자신이 침해받는 것 같아서 저항하게 되었고, 그러다가 세월이 흐르면서 그야말로 '자연스럽게' 지금까지 왔다는 것이다. 그녀는 자신이 지키고 구현하고자 하는 세계를 숲의 생태계라 말하며, 그 생태계를 자신의 심리적 상태와 병치시키고자 한다. 그녀가 설명하는 숲은 계곡의 냇물과 강과 바다로 이어지는 해양, 육수 생태계와 맞닿아 있다. 연어는 숲 가까운 산란지에서 알을 낳고 그 새끼가 부화하여 대양으로 나갔다가 4년 후에 산란지로 되돌아오는 습성을 갖고 있다. 산란지로 되돌아오는 과정에서 숲과 계곡을 만나며 숲의 이끼를 먹는다. 그 연어를 곰이 먹고, 곰의 배설물이 계곡의 이끼가 자라는 양분이 된다.

그녀는 무자비한 삼림 벌채를 막기 위해 사람들을 설득할 때면 선별 벌채를 통해 얻게 되는 나무의 지속적인 경제 가치에 대해 말한다. 캐나다의 벌채 노동자들을 설득할 때 그들의 값싼 노동의 결과로 얻게 된 나무들이 미국으로 건너가서 가공될 때는 미국 노동자들이 비싼 노임을 받게 된다고 말한다. 따라서 이곳에서 섬세한 목재 가공, 가구 제작 등의 지방 산업으로 발전시켜 경제 효율성을 높여야 한다고 주장한다. 그런데 한편으로 그녀는 왜 많은 사람들이 경제 이야기를 해야만 수긍을 하고, 벌채 때문에 잃게 되는 나무와 이끼와 연어와 곰과 그밖의 수많은 생명체들의 연망은 뒷전의 이야기가 되는가

하는 문제의식을 갖고 있었다.

현대 사회의 주민들은 자기 목소리를 내고 자기 삶의 희구를 구현하고자 한다. 자기가 사는 세상이, 그리고 자기 아이들이 살아갈 세상이 사람답게 살 수 있는 곳이 되기를 희구하며, 그런 세상을 직접 만들고자 목소리를 낸다. 사람들이 목소리를 내고 세상을 바꾸기 위해 직접 나설 만큼 그간의 사회정치적 여건이 바뀌어온 것도 사실이다. 그러나 무엇보다 주목되는 것은 사람들이 생각하고 행동하는 방식, 즉 문화가 바뀌어왔다는 점이다.

앞서 클라요쿠오트 주민들을 보면, 밴쿠버 섬의 한 귀퉁이에 사는 평범한 주민들이 "내 평생의 40년 동안"에 심각한 환경 파괴가 일어나는 것을 참지 못하고 일어났다. 자원 고갈에 대한 의식을 넘어 자기 일생의 가치에 문제가 생기고 있다는, 자기 존재를 성찰하는 의식이 작동한 것이다. 원주민들의 저항을 보면, 상징과 의례에서부터 정치·경제·생태에 이르기까지 그들 삶의 전체를 놓고 벌이는 저항이었다. 발레리 랭거의 저항운동 역시 당장의 효용론적 반응에 그치지 않는다. 자기가 살고자 하는 세계의 파괴에 대항하는 것이고, 지키고자 하는 것이 어떤 자원 하나가 아니라 삶의 터전인 생태학적 연망 전체이다.

우리나라도 크게 다르지 않다. 최근 들어 많은 사람들이 개인의 개별 이익에서 환경운동을 출발하였다가도 곧 그 차원을 넘어선다. 어떤 때는 아예 비용-편익 분석이 적용될 수 있을지 사회과학자들이 의구를 갖게 될 만큼 계량적 차원을 넘어 환경운동을 전개한다. 예를 들어 삼보일배에 참여하는 사람들의 의식은 계량될 수 없는 것이며, 그들이 희구하는 세계는 비용-편익 분석을 넘는다. 자아가 구현되고 인간 존재의 가치가 구현되는 세계를 희구하는 것이다.

사람들은 이제는 바로 이러한 의식과 의미의 세계가 보장되는 삶터를 만들어야 한다고 생각한다. 삼보일배는 새만금 환경의 자연과학적 차원, 경제학적 차원을 훨씬 뛰어넘었고, 정치적 효과를 낳는 도구적 행위로 활용하려는 사람들을 뛰어넘었다. 사실상 네 분 성직자의 삼보일배는 종교적인 동시에 정치적인 행위이다. 그러나 그 정치적 행위는 종교적인 것과 통합되어 있는 것이고, 좁은 의미의 정치가 아니라 인간의 권리 표현이며, 다른 사람들의 몸과 마음을 움직이고자 하는 넓은 의미의 '인류학적' 정치 행위이다. 성직자 중 어느 누구도 삼보일배를 통념적인 정치적 시위나 영향력 행사로만 보는 이는 없다. '기도 수행'임을 끊임없이 강조했다. 외부에 의해 도구적 정치성의 일변도로 흘러갈 위험이 있을 때 이들은 그것이 기도 수행임을 확인시켰다. 이따금 행하는 묵언(默言)은 스스로에게, 그리고 주변의 다른 이들과 전체 사회에 대해 '언술'이라는 행위조차 메시지의 과잉임을 확인하고, 단지 몸으로 기도 수행을 이끌어감을 확인하는 것이었다.

바로 이 기도 수행과 같은 삼보일배, 그 과정 속의 묵언 등이 보다 궁극적이고 본질적인 차원에서 사람들을 움직이는 강력한 정치적 효과를 낳은 것이다. 많은 평범한 시민들이 삼보일배에 동참했다. 아마도 그 시민들이 시위 효과를 위해서 동참했다고 평가한다면 이들은 곧 화를 낼 것이다. 구체적으로 밝혀내기 어렵지만 이들에게 자연과 인간 가치에 대한 궁극적인 희구가 있거나, 그 가치를 확인하고자 하는 의식이 있었을 것으로 판단된다. 그 가치는 새만금 지역이 환경 오염 위험을 벗어나는 것, 경제적 폐해를 막는 것 이상의 차원이다.

어느 누구도 환경 오염을 벗어나고자 하는 목적으로 세 걸음 걷고 한 번 절하는 의례적 행위를 하지 않는다. 삶 전체의 가치, 세계관, 자기 행위를 이끄는 강력하고 궁극적인 에토스(ethos) 같은 것들이 매개작용을 한 것이다. 삶터와 자연이 "내 평생의 40년 동안에 훼절되는 것"을 막기 위해서 남녀노소가 저항했던 클라요쿠오트 사례가 단순히 자원 고갈에 대한 즉물적 저항이 아니었듯이, 삼보일배에 동참한 사람들 역시 무언가 자기 삶과 자신이 살아가는 세계에 대한 의미를 지키기 위해 움직였다.

2) 북미 원주민이 새만금 주민과 만나기까지

치혜일리스(Chehalis Band)는 캐나다 서쪽 밴쿠버에서 내륙으로 120km 가량 들어온 곳에 있는 원주민 사회를 말한다.[5] 치혜일리스는 백인의 침탈이 있기 전 이 일대에서 가장 강하고 풍요했던 '스톨로 원주민 사회'(Sto:lo First Nation)에 속해 있었으며, 20여 개의 밴드(원주민 사회 최소의 지역 단위) 중에서 문화의 보수성이 가장 강한 사회였다. 치혜일리스는 에메랄드 빛 강물과 온대우림의 원시림과 높은 산들, 그리고 거대한 호수로 둘러싸인 곳이다. 철 따라 갖은 종류의 연어들이 태평양에서 강을 따라 헤엄쳐 올라오며, 산지로 부터 흘러드는 계곡들, 개천들, 이끼, 동물들까지 연어와 함께 풍요한 생태계를 이룬다. 몇몇 연어 어종들은 치혜일리스 구역의 강과 계곡에서 산란을 하는데, 그 때문에 이곳은 어머니 구실을 하는 생태계이기도 하다. 강변의 암석에는 물고기 모양, 사람 얼굴 모양 등등 다양한 바위그림들이 있어 사람들이 일찍부터 이곳의 풍요한 생태계에 의존해왔음을 말해준다. 이곳의 문화도 마치 연어 산란지와 같은 구실을 한다. 겨울에는 시다나무(cedar)로 만든 거대한 집에서 '스미-라'(smila)라고 불리는 '영혼의 춤'이 열리고, 태어난 아기들에게 이름을 붙여주는 의식, 혼례 의식, 조상을 기리고 기억하는 의식이 열린다. 치혜일리스의 '스미-라'는 그 규모가 여느 원주민 사회의 것보다 커서 수백km 떨어져 사는 치혜일리스 출신들은 물론 여타 원주민들까지 끌어 모은다. 연어잡이가 끝난 겨울철, 곳곳에서 모인 사람들은 '스미-라'에서 노래와 춤을 즐기고 영성을 일깨우고 다시 돌아간다.

이곳은 슬픈 역사를 갖고 있다. 오래 전부터 백인들은 치혜일리스의 사회와 문화를 결정적으로 파괴해왔다. 백인 접촉 이전에는 치혜일리스에 5,000명에서 1만 명으로 추정되는 사람들이 살았다. 그런데 백인들의 진출과 정착으로 천연두·인플루엔자·홍역·매독 등의 전염병과 질병이 원주민에게 전파되어 1917년 무렵에는 100명 가량으로 인구가 줄어들었다. 인구가 늘어나기 시작한 것은 최근의 일이다. 아직 한계와 문제점들이 많지만 원주민이 어느 정도 인간으로 대접받게 되었고, 의료 복지가 실행되었으며, '원주민 권리'(aboriginal right)에 의거하여 곳곳의 원주민 정부들이 보건·의료·교육 등을 실시하면서 인구가 늘기 시작했다. 그 결과 현재는 147가구에 약 900명이 살기에 이르렀다.

문화적 측면에서 원주민 문화에 치명적이었던 것은 각종 관습을 금지시키고, 서구 문화를 이식하려 했던 정책들이다. 이 일대에서는 '포틀라치'(Potlach)라 불리는 전통의례가 금지되었다가 허용된 지 불과 20년 안팎이고, 대략 그 무렵까지 원주민 어린아이들은 기숙학교(Residential School)라 불리는 곳에 강제로 수용되어 원주민 문화를 잃고 서구 문화의 동화를 강요받았다. 기숙학교에서는 그밖에도 성폭행, 구타, 감금 등 갖가지 잔혹 행위가 자행되었다.

지금까지 기숙학교는 원주민들에게 엄청난 신체적 모멸과 고통, 자아 상실, 정신 질환, 문화적 침체의 원인으로 남아 있다. 수많은 '통곡의 노래'들이 기숙학교의 경험에서 비롯되었다. 알코올 중독과 마약도 백인과의 접촉 이후에 생긴 사회적 질병이다. 자기 땅에서 자기 생업과 문화를 지키지 못하고, 어쩔 수 없는 무능력자로 전락한 원주민들에게 알코올과 마약은 일시적인 자기 탈출구였을 것이다.

치혜일리스는 지금 또 다른 아픔을 겪고 있다. 기업에 의한 삼림 파괴와 자원 착취가 그것이다. 이들에게는 캐나다 정부에 의해 규정된 보호 지역을 포함한 사방 70km에 달하는 넓은 영토가 있다. 그러나 치혜일리스에는 현재 기업의 이윤 추구와 백인 우월주의, 나아가 다른 인종들까지도 원주민을 미물로 취급해버리는 차별 의식 때문에 '원주민 권리'가 무시되고 곳곳의 숲이 벌거숭이로 변하고 있다. 이 때문에 지금 치혜일리스는 분노와 상실감에 휩싸여 있다. 듬성듬성 뚫린 거대한 벌채 현장을 바라보며 사람들은 쓰라린 정신적 고통을 겪고 있다.

2002년 9월 치혜일리스 사람들이 한국에 왔다. 그들은 관광보다 한국이라는 아시아의 한 나라에 있는 영적(靈的)인 사람들과 만나고 성소를 찾기를 원했다. 그들에게는 선물 교환이 곧 경제 행위이자 사회 관계를 맺는 전통문화인지라 시다나무, 전통 문양이 그려진 돌, 깃털, 메시지를 적어놓은 종이 조각, 카누를 젓는 노, 전통 기술로 짠 털실 목도리, 가죽 조끼 등 각종 선물을 한아름 갖고 왔다. 여성문화예술기획의 '여성과 평화' 콘서트, 인왕산 국사당 방문, 김제 금산사에서의 하룻밤, 해남 미황사에서 열린 세미나와 의례, 목포대학교 세미나 등등 그들은 가는 곳마다 선물을 주었다. 사람들을 새로 만날 때마다 그의 영과 함께하게 됨을 기리는 노래를 불렀고, 헤어질 때 다시 노래를 불렀다. 노래 역시 선물로서 사회적 증여와 호혜성의 표식이었다.

그들이 새만금을 방문했다. 그러나 도착할 때까지 그들은 여러 가지를 납득해야 했다. 다른 곳에서 보았던 것들은 이들이 쉽게 상상할 수 있었던 문화 행사, 연희, 세미나 등이었으나 새만금은 오래 전부터 설명했음에도 불구하고 도착할 때까지 쉽게 이해되지 못했다. 강변에 사는 원주민이어서 숲과 강은 쉽게 이해하였지만 새만금과 같은 갯벌은 이해가 쉽지 않았다. 사실 그들은 섬과 해안에 사는 원주민들과 자주 교류했기 때문에 그래도 섬과 바다는 친숙한 편이었다. 그렇지만 원주민들은 연어 등 몇 가지 물고기만을 잡기 때문에 갯벌이 있어도 특별하게 인식하지 않았다. 이런 문화적 차이 때문에 그들은 한편으로 환경을 지키려는 새만금 운동의 의의를 높이 평가하면서도 구체적으로 자신들에게 와 닿는 것이 없었다. 필자는 이 인식의 어려움을 깨뜨리기 위해 비교의 방법을 썼다.

치혜일리스의 연어와 새만금의 조개가 같다. 연어가 생계 자원일 뿐 아니라 사회적 교류와 문화적 정체성의 자원이라면, 새만금의 조개 역시 단순한 상품이 아니라 이곳 사람들이 살아가야 하는 이유, 자기 삶을 구현하는 통로이다. 이것이 무너지면 주민 존재가 무너진다. 치혜일리스의 문화가 살기 위해서는 숲이 살고, 그 숲의 덕에 강과 연어가 살아가듯이, 새만금의 문화가 살기 위해서는 갯벌이 살아야 하고 생물들이 살아야 한다. 치혜일리스 사람들이 영토에 대한 '원주민 권리'를 주장하듯이 새만금에서는 자기들 세계를 어떻게 꾸릴 것인지를 스스로 결정할 수 있는 권리를 주장한다. 치혜일리스 사람들이 영성으로 '어머니 대지'를 대하듯이, 새만금에서는 여러 종단들에서 성소를 차리고 생명의 세계를 기원한다. 우리가 지금 새만금에서 할 일은 공연이 아니다. 같이 영성을 나누는 것이다.

놀라운 것은 이 말을 들은 종교 지도자이자, 모권 사회 치혜일리스의 정신적 어머니인 셀얄(Sel-yaal)과 다른 노인들이 그 자리에서 그날 행사의 방향을 결정하고, 즉각 필요한 도구와 절차들을 챙겼다는 점이다. 그 전까지는 막연히 노래 공연을 하면 되는가 하고 예측하다가 이 일은 본격적인 의례이어야 한다고 판단한 것이다. 많은 의례와 연희들을 보아온 필자로서도 보지 못했던 의례 절차와 소도구들이 차 속에서 준비되었다. 갖고 오지 못한 소도구들은 다른 물건들로 대체시켜 준비했다. 이렇게 하여 새만금 해창 갯벌에서 의례가 시작되었다. 문자가 아니라 구술로 문화를 전승하는 것이 발달한 원주민 사회에서는 말이 중요한 의례적 기능을 한다. 연설은 단순히 내용 전달을 하는 것이 아니라 의례적 기능을 하는 종교적 표현 수단이다. 성장(盛裝)을 한 추장 알렉스 폴(A. Paul)의 연설, 셀얄의 연설, 치혜일리스의 의례 담당자이며 문화 기획자 차퀴웨트(Cha qua wet)와 틱스웰텔(Tixweltel)의 의례 노래들이 이어졌다.

이후 모든 이들이 새만금 공간을 정화시키고 그 영성의 힘을 강화시키기 위한 의례를 행했다. 필자가 본 '포틀라치'는 영혼의 춤 등의 통상적 행사와 의례에서 보지 못했던, 방위(方位)에 대한 특별한 의미를 가진 의례였다. 의례의 이름을 물었으나 대답이 없는 것으로 보아 마치 우리 세시풍속 중 별다른 이름을 갖지 않은 채 때가 되면 자연스럽게 행해지는 의례와 비슷한 맥락의 것이라 생각된다. 원주민 사회의 전통답게 연기(smoke)를 피워 주변을 정화시키고 모인 사람들을 감싸 안는 상징적 표식을 했다. 동서남북 네 방향으로 새만금 주민 세 사람과 전북대학교에서 온 한 사람이 섰다. 주민과 대학이 힘을 합쳐 지역을 지키라는 뜻이었다. 셸알이 의례를 설명했다.

서로 다른 색으로 우리를 만들었다. 동쪽의 붉은 사람들에게는 어머니 대지를, 서쪽의 검은 사람들에게는 물을, 남쪽의 황색 사람들에게는 불을, 북쪽의 흰색 사람들에게는 공기를 지키도록 임무를 부여했으니, 우리는 모두 친구이다.

이어서 담요 의식이 있었다. 원주민의 전통 담요는 침구류, 의류를 넘어서 상징적으로 쓰이는 중요한 물품이다. 그 문양들에는 각 부족의 세계관과 자연관이 표현되어 있다. 의례 때에는 담요를 두르고 나온다. 새만금 의례에서는 치혜일리스의 문장(紋章)을 장식한 망토 모양의 작은 담요가 쓰여졌다. 그 담요 의식을 받은 자는 곧 치혜일리스의 힘이 전해진 자로 간주된다. 새만금 운동을 해온 지역 주민 등에게 담요가 씌워지고 그들을 기리는 노래와 춤이 이어졌다. 행사 틈틈이 가져온 훈제 연어 조각들이 모든 이들에게 선물로 주어졌다. 이렇게 하여 치혜일리스에서 새만금으로 영성이 전달되었다.

치혜일리스 사람들은 한국 방문 중에 있었던 일로 새만금에서의 의례를 가장 뿌듯해했다. 그들이 단순히 공연이나 발표, 친선 도모에 그친 것이 아니라 우리 자연과 문화에 깊숙이 들어와 서로의 영성을 나누고 상처를 어루만졌으며, 우리의 공간에 자신들의 의미를 심었다고 생각하기 때문이다. 무엇보다도 그들은 새만금을 자기들 방식으로 이해하고 동병상련의 감정을 가졌다. 자신들 영토가 침탈당했듯이 새만금도 침탈당하고 있다고 생각한 것이다. 치혜일리스 숲의 삼림 벌채로 인해 희끗해진 산자락들을 보고 깊은 정신적 상처를 받아온 사람들이다. 그들이 새만금에 와서 잘 알지는 못하지만 자연의 침탈에 대해 공감하고, 동병상련의 감정을 가진 것이다.

우리는 정의를 위해 일하는 사람들에게 치혜일리스의 신성한 힘을 주기 위해 이

아름다운 땅 새만금에 왔습니다. 절대 굴복하지 말고 싸워 지키길 바랍니다.[6]

오래된 상징인류학 이론에 따르면 인간은 한편으로 효용론적 세계에, 다른 한편으로는 삶의 궁극적 의미·탄생의 의미·죽음의 의미 등 실존적 의미의 세계에 뿌리를 내리고 살고 있다. 전자를 기반으로 하여 후자가 가능하고, 전자는 후자의 상징적 힘을 입어서 그 효용성을 강화한다. 경제 개발에서나 환경운동에서, 심지어는 문화 분야에서도 요즈음은 인간이 동시에 뿌리를 내리고 살고, 함께 엮어가면서 사는 세계인 효용론적 세계와 의미론적 세계를 대립적인 것으로 본다. 그리하여 의미론적 세계는 효용론적 세계의 부수적인 것, 또는 그것이 충족된 후 비로소 추구하는 것 정도로 취급한다. 불가피하게 묵살할 수 있다고 생각하는 사람들도 많다. 그러나 인간의 삶은 그러한 것이 아니다. 바로 그 효용론적 세계가 의미의 힘을 입어야 비로소 현실화되며, 역으로 생활·생존에 뿌리를 박은 사람들이 바로 그 삶의 경험으로부터 의미를 생산한다. 이것이 실질적이고 현실적인 삶이다.

새만금을 이야기하면서 클라요쿠오트 환경운동가들과 주민들이 왜 전체적 삶에 대한 의식으로부터 행동을 취했는지, 왜 세세한 자원이나 오염 문제를 넘어 생태계 체계 전체를 이야기하고, 희구하는 세계의 모습으로 그려내려 했는지를 서술한 이유가 여기에 있다. 그 의미의 세계가 바로 자원·경제 등등과 결코 대립되거나 별개의 것이 아니고, 함께 굴러가는 실체이기 때문이다. 새만금의 환경운동은 여기에서부터 출발해야 했다.

치혜일리스 원주민의 사례는, 접하는 자연환경은 다르지만 침탈과 파괴라는 비슷한 현실에 처한 사람들의 이야기이다. 그들은 영성으로 자연을 대하는 자신들의 전통의례를 통해 새만금을 대했다. 그 접점은 인간 삶의 총체성이고, 자연에 대한 종교적·정신적 믿음과 이념이다. 그들의 방문은, 환경 오염과 자원 파괴에 대해 한참 목소리를 높이다가도 문화적으로 일을 처리하자고 하면, 곧 그림 그리고 콘서트와 연희를 벌여놓는 것으로 문화적 행동을 다

한 것처럼 아는 파편화된 사고에 길들여진 우리들에게 총체적 인식을 회복할 계기가 되었다.

그들은 강과 숲에서 사람으로, 사회 조직으로, 그리고 궁극적으로 '어머니 대지'라는 자연의 종교적 표상으로 이어지는 총체적 인식을 의례를 통해 이야기했다. 그 안에 효용론적 세계를 받아먹고 사는 인간 존재의 이야기와 '어머니 대지'를 접하는 의미론적 세계의 이야기가 한데 엉켜 있다. 이들의 표현으로 "모든 것은 하나"(Hishuk ish ts'awalk)이다.

4. 바뀌어야 할 '개발 문화'

인류학 연구자들은 세계 곳곳에서 개발 현장을 목격했다. 그리고 항상 문제를 제기해왔다. "누구를 위한 개발인가?" 언제나 야만과 문명이라는 이분법의 잣대가 잘못되었음을 지적했고, 무엇이 발전인가를 비교문화적으로 검증해왔다. 사회마다 사회 구조가 다르고 문화 전통이 달라도, 거의 대부분 개발을 둘러싸고 지배 권력과 중간 계층의 정치경제적 이해 관계가 깔려 있었고, 그것이 '전체의 발전을 위하여' 또는 '전체의 생존상 불가피하게'라는 보편성·일반성의 너울을 쓰고 진행되었다. 한쪽은 발전 또는 생존 때문에 들여와야 하는 문명의 이기와 자연에 대한 통제력으로 정당화되었고, 다른 한쪽은 무지·빈곤·정복 대상의 야만으로 취급되었다.

그렇다면 요즈음은 조금 나아졌는가 아니면 더 교묘하게 이데올로기로 무장했는가? '주민'을 존중한다고 하면서 이미 지배 권력의 잣대로 규정한 주민의 경제적 빈곤을 개선하고자 한다고 말한다. 그 잣대는 너무나 구석구석 스며들어가는 문화적 헤게모니 현상을 타고, 주민이 스스로에 대해 사용하는 것이 되었다. 딱히 개념이 잘 맞는 것은 아니지만 이제 전북 주민들은 하물숭배(荷物崇拜, Cargo Cult)와 비슷한 문화 반응을 나타내고 있다.

하물숭배란 멜라네시아 등 태평양 도서 지역에서 주민들이 식민지 경험을 하면서 생긴 관습이다. 이들은 그 전의 사회 구조가 무너지고 자원을 침탈당하게 되면서 심각한 사회문화적 박탈감에 사로잡혔다. 외부 세력과 견주어 볼 때 자신들은 열악한 경제로 운명지어져 있다고 생각하게 되었고, 그 외부 세력이 갖고 있는 자원을 동경하기에 이르렀다. 이러한 경제적·문화적 질곡을 타개하기 위해 나타난 반응이 하물숭배이다. 사람들은 자원과 재화가 본래 조상신들이 자신들에게 내려준 것인데 중간에 백인들이 찬탈하였다고 믿었다. 그래서 춤과 의례를 통해 그것들이 다시 자신들에게 내려지기를 바랐고, 운송할 비행기 모형과 물건을 쌓아놓을 창고도 지어놓았다. 이렇게 새로 생겨난 관습을 하물숭배라 하며, 이는 본래 토착적인 권력층이 상실한 권력과 위세를 강화하기 위한 것이라는 분석도 있다. 과거의 정권이 새만금 개발이라는 항목 하나를 전라북도에 준 것은 박탈감에 시달리는 전북 주민들에게 하물을 한 가지 준 것이다. 주민들이 그 정권을 조상처럼 생각한 것은 아니지만, 반드시 새만금 개발이 아니어도 무언가 지방에 '내려주는' 것이 있어야만 했다. 그래야 화폐도 돌고, 노동력도 순환하며 민심도 나아진다. 하물숭배는 주민들이 박탈감을 상쇄할 심리적 수단은 되었으나 그 때문에 명백한 현실 인식을 하지 못하고, '자신들로부터가 아니라 자신들에게 주어지는' 재화를 지향하는 경향을 낳기도 했다. 새만금 개발에 대한 지역 사람들의 기대도 이와 비슷한 것 아닐까?

지방은 본질적으로, 특히 현대 사회에서는 더욱더 지역 생태계와 주민, 그리고 지역 문화에 기반하여 발전을 도모할 수밖에 없음에도 불구하고 사람들은 '하물'을 기대한다. 자신으로부터 출발하지 않을 때 외부에서 주어진 것은 그야말로 하물숭배의 그 '하물'에 불과할 뿐이다. 특히 새만금처럼 하구·섬·바다·내륙 변산반도 산지의 문화 요소들과 농업 등이 함께 어우러진 복합적 생태계와 문화 체계 속의 습지는 습지 자체의 생물종 다양성과 인근 생태계의 다양성, 그리고 이에 기반을 둔 문화적 다양성 때문에 현대 사회에 걸

맞은 내생적 발전 가능성이 큰 자원이다. 나아가 오늘날 시민사회가 점점 진입하고 있는 자아 구현과 본질적 자연-인간 관계를 충분히 포괄할 수 있는 지역이다. 이것을 근간으로 해서 외부를 주체적으로 끌어들일 것인가, 아니면 박탈감에 대한 단순한 심리 보상 격의 '하물'을 기다릴 것인가?

땅, 바다 등 사람들의 삶터가 갖는 가치는 이것들과 사람들 간의 구체적이면서도 생생한 관계에서 나온다. "물고기가 물을 만나듯 한다"는 말이 있다. 가치는 바로 이 물고기와 물의 만남에서 나온다. 지금 갯벌이냐, 바다도시냐, 농토냐, 아니면 복합 산업단지냐 하고 운운하는 것은 대단히 중요한 경제학적 논의를 하는 것 같지만 지극히 정태적이고 '천박한' 경험론일 수밖에 없다. 근대화라는 이름 아래 이 정태적이고 천박한 경험론이 당장의 경제 합리성이라는 너울을 쓰고 제기되어온 것이다.

사람과 자연이 만나서 재화가 전유되고, 생태계가 재생산되며, 인간의 사회적 관계가 형성되고, 자연에 대한 사고와 정서가 형성되어 구체적이면서 생생한 관계가 만들어질 때 그 전체가 가치를 창출한다. 시장경제의 세계화가 판을 치는 오늘날, 오히려 지방화와 생활 전체를 아우르는 총체적 경제(whole economy)의 특수성이 부각되고 있다. 복합적인 자연의 성상(性狀)과 이에 대한 세세한 적응, 단면적이고 획일적인 것이 아니라 다양하고 복합적인 것이 더 중요한 생활 가치가 되어가는 세상이다. 부단한 획일주의적 세계화 과정에도 불구하고 그 특수한 것들의 공생과 상호 공명(共鳴)이 이루어내는 세계적 네트워크가 퍼져가는 세상이다. 새만금 간척은 변산반도의 산지·하천·하구·강·갯벌·바다·섬, 그리고 곳곳의 사람들이 형성해온 총체적이고 특수하며 복합적인 내생적 발전의 근거를 낡고 평면적이고 획일적인 사고로 잘라버리려는 것이다. 그것은 시장경제의 잣대로 살펴보아도 근거가 없는 경제성을 갖고 있으며, 오늘 이 시대에서 미래로 향하는 살아 숨쉬는 가치들을 소멸시키는 폭거이다.

간척을 중단하고 다른 방향으로 지역 발전을 모색하고자 하는 대안들도 곳곳에서 제시된 바 있다. 그러나 지금까지는 이것들 모두가 물리적 공간의 구획일 뿐 생태계와 인간의 삶, 생태계와 문화라는 점들을 간과하고 있다. 물리적 공간 조건만 보고 낡고 박제화된 개발 관념에 근거하여 금을 그어댄다. 그래서 현지 주민들이 "이제는 그대로 두어라"고 제기하는 볼멘 반박의 대상에서 예외일 수 없다.

대안을 논하는 많은 사람들이 간척론자와 같은 경제 합리성의 사고에서, 생태 관광을 논한다. 무엇보다도 새만금 지역에 대해 잘 모르는 가운데 이리저리 금을 긋고 구획짓는 구시대의 작태가 여전하다. 생태계와 문화를 모르고 이것들이 생생하게 결합되어 발생시키는 세세한 발전의 콘텐츠를 간과하고 있다. 막연하게 생태 관광을 논하고, 한때 써버리고 폐허화될 운명의 국제 관광지를 논하고 있다. 전반적인 지형 조건과 지리적 조건, 방조제 모양새 정도나 염두에 둔 채 이것저것을 '심는다'. 오염 수치나 소요될 건설 자재의 수치는 알아도 자기 땅의 의미를 모르고 자기 바다의 의미를 모르며, 거의 한번도 그 지역이 내포하고 있는 자연과 문화 구석구석의 콘텐츠를 조사해본 적이 없다.

이제는 조그마한 군(郡) 하나가 개발 계획을 세울 때조차 장기간에 걸쳐 생태계를 조사하고, 문화를 조사하며, 주민과 외지인의 욕구 등을 조사하는 것이 우선되는 시대이다. 방대한 지역지(地域誌)와 원자료들이 쏟아져나오는 시대이다. 새만금 지역은 그동안 그렇게 많은 관심이 쏟아졌음에도 불구하고 생태계 '체계'에 관한 데이터가 없고, 지역 곳곳의 경제 실상에 관한 자료, 인적 자원과 사회 구조와 문화에 관한 자료가 없다. 이 마당에 이리저리 금을 그어가면서 계획을 세운다. 지역의 특성상 얼마든지 생생하게 살아 숨쉬는 발전을 이룰 수 있음에도 고착된 계획 사고(思考)에 의해 질식될 것 같다.

분명한 것은 새만금은 결코 장밋빛 환상을 들씌울 곳이 아니라는 점이다. 평범한 자연 지역답게 생태계의 본질부터 잘 살려서 차근차근 지역 삶을 도모하고 지역 경제를 도모해야 한다. 몇몇 계획가들이 통념적인 안목으로 예단하기 전에, 생태계와 문화에 대한 다양한 관점들부터 모으고, 그 희구의 핵심을 찾고, 여기에 새만금 지역이 결절 지점으로서 갖는 여러 기능들을 살려 개방 체계를 만들면 된다. 한마디로 말해 새만금은 환경 분쟁을 겪은 지역에서 바로 그 환경을 바탕으로 발전을 추구하는 모델·견본 지역이자, 많은 사람들의 소망과 식견을 다시 비추어 보고 거기서 이 시대 사람들이 희구하는 삶의 핵심을 찾아내는 모델·견본 지역이다. 그뿐이다. 그 이상도, 그 이하도 아니다.

새만금에서 관광을 발전시키면 대단히 성공할 것처럼 예단하지 말아야 한다. 사실 관광 유형의 변화 과정과 컨셉의 변화, 새만금 지역의 자연적·문화적 특징과 현대 사회의 적합성, 이 지역은 물론 한국 전체에 대한 관광 접근성과 관광객의 유형 등 따져야 할 것이 너무나 많다. 또한 새만금에 구속되어 거기서 전북 문제의 궁극적 해법을 찾으려 하지 않아야 한다. 사고를 자유롭게 놓고 이제야말로 전북의 여건, 지방화의 추세, 국내외를 통틀어 본 특성화와 연망을 생각해야 한다. 그런 다음 어디에 무엇을 해야 할 것인지를 생각해야 한다. 우리나라 어느 지방에서나 들고 나오는 산업 항목들 말고 진정으로 전북의 입지 여건과 특성화를 고려한 항목들을 생각해야 할 것이다.

주

1) 문규현, '부안 앞바다 생명살림 천지굿'의 서문, 2003. 8. 11.
2) 조경만·이필렬, 『생명과 환경』, 한국방송통신대학교 출판부, 2003.
3) 클라요쿠오트 사례는 세계 환경운동사에 주요한 사건으로 남았다. 이에 관한 사건 기록과 인물 등에 관해서는 Breen, H. et als (eds) 1994, *Witness to Wilderness; The Clayoquot Sound Anthology*, Arsenal Pulp Press; MacIsaac, R. et als (eds.) 1994, *Clayoquot Mass Trials; Defending the Rainforest*, NSP 참조.
4) 여기서 원주민 구역이라는 말은 이들에게 할당된 보호 지역(reservation)을 뜻한다. 이 토지는 연방 소유이고 관리도 연방에서 하지만 토지에 대한 사용권이 원주민 사회들에 있다. 그러나 그 토지는 예전에 비하면 비길 데 없이 작다. 원주민의 역사는 거대한 영토에서 협소한 보호 지역으로 물러난 역사이고, 그 안에서나마 경제적 생존의 권리를 지키려 해온 역사이다. 보호 지역의 토지가 법적으로 보장되어 있다고 해도 자주 기업들에 의해 침탈당하는데, 주정부는 그때그때 경우에 따라 그 침탈을 묵인하기도 한다. 현대 원주민 사회의 역사는 각종 개발에 의해 침탈당해온 역사이고, 이에 대응하여 지역을 지키고 자신들이 자원 개발권을 행사하기 위해 싸워온 역사이다.
5) 고든 모스(G. Mohs)·조경만, 「치헤일리스 사람들」, 『Magazine 62』, 여성문화예술기획, 2002.
6) '추장 웨카(알렉스 폴)의 연설', 「한겨레」 2002. 10. 2.

조경만　새만금생명학회 회원이고 목포대에서 교수로 일한다. 생태인류학을 전공하면서, 한국 서남해 생활현장에서 생태계와 인간 삶의 양식(문화) 사이의 관계, 자연에 대한 주민의 인식, 정서, 상징적 표현 등을 공부하고 있다. 새만금 지역의 숲과 강과 갯벌과 섬에 이르는 생태계의 연속성과 다양성, 문화 다양성과 삶의 역사가 살아 숨쉬는 발전을 회구하고 있다.

새만금, 대안은 없다

새만금 사업 대안 논의의 몇 가지 흐름 / 최성일

성직자들의 삼보일배가 새만금 개발사업이 과연 타당한지에 대한 국민적 관심을 확산시킨 계기가 됐다면, 새만금 사업의 대안이 본격적으로 논의되기 시작한 것은 김석철(명지대 건축대학원장) 교수의 이른바 '바다도시 계획안'이 제출되면서부터다. 김석철 교수가 『창작과비평』 2002년 겨울호에 「새만금의 미래를 여는 새로운 시각」을 발표한 이후 새만금 대안론이 활발하게 개진되었다. 여기서는 2003년 6월 13일에 열린 새만금 대안 마련을 위한 토론회 '새만금 대안은 있다'에서 제시된 의견들과 김석철 교수의 '바다도시 계획안'을 둘러싼 논란을 중심으로 새만금 사업의 대안적 논의들을 살펴보기로 하겠다.

1. 새만금 대안 마련을 위한 토론회

'새만금 대안은 있다' 토론회는 2003년 6월 13일 서울 명동 은행연합회관에서 사단법인 시민환경연구소, 새만금생명학회, 국회환경경제연구회 공동 주최로 열렸다. 공동 주최자들은 '모시는 글'에서 성직자들의 고난에 찬 삼보일배가 우리들에게 새만금 간척사업을 다시 생각해볼 계기를 만들어주었으며, 이제는 국민 대부분도 방조제 공사를 중단하고 바람직한 대안이 마련되길 바라고 있으나 "정부는 공사를 중단하고 열린 자세로 문제에 접근할 의사는 없는 것으로 보"인다고 지적한다.

또 새만금 문제의 해법을 찾는 일이 쉽지 않은 까닭을 "새만금의 너른 갯벌에서 숨쉬고 있는 생명의 소중함에 대한 인식과 국토의 불균형적인 발전으로 인한 전라북도민들의 뿌리 깊은 소외감이 첨예하게 대립하고 있기 때문"으로 풀이하기도 한다. 이런 문제의식에 기반해 "새만금 갯벌도 살리고 전라북도의 경제도 회생시킬 수 있는 길은 어떤 것인지에 대해 함께 이야기를 나누는 자리를 가지"기 위해 토론회를 개최한다고 밝혔다. 토론회는 학자 세 분의 발표와 이에 대한 토론으로 진행되었는데 발표문의 내용을 살펴보기로 하겠다.

1) 장재연 교수의 '대안 마련을 위한 지침'[1]

장재연(아주대 예방의학과, 시민환경연구소장) 교수의 토론회 발표문 「새만금의 대안, 전북의 대안, 우리의 대안」은 대안 마련을 위한 지침에 해당하는데, 그는 새만금 대안 논의의 방향을 다음 여섯 가지로 정리한다.

① 승복 없는 결정은 무용지물이라는 사실에 대한 이해가 필요하며, 합의정신이 가장 중요함을 인정한다.
② 새만금 간척사업만으로 전북 발전의 근본적 해결 방안이 되지 않는다는 점을 인식하고, 사업의 중단이 아니라 수정·보완·변경을 논의한다.
③ 어떠한 경우에도 기존 계획에 따른 공사 완공에 소요될 것으로 추정된 액수에 대한 국가적 투자를 보장한다.
④ 전북 주민의 새만금 추진을 지역적 이기주의로 몰지 않고, 그동안 수도권 집중과 그로 인한 국토의 불균형 발전으로 인한 우리의 문제로 인식하고, 이를 해결할

근본적 방안을 범정부 차원에서 마련하도록 한다.

⑤ 이상과 같은 문제를 논의하고 정치권, 사회, 환경단체가 함께 보장하기 위한 기구를 마련한다.

⑥ 신구상기획단과 같은 논의기구는 전문적 사안에 대한 논쟁이 필요한 것이 아니라, 종합적 판단과 결단이 필요하다는 인식하에 구성하고 운영한다.

이어 장재연 교수는 새만금 사업의 대안을 고려할 때 반드시 짚어봐야 할 것들은 문답의 형태로 제시한다.

① 진짜 필요한 것은 땅인가?―땅이 진짜 필요하다면 어떤 용도로 쓰는 것이 가장 효과적인지 검토할 필요가 있을 것이다.

② 진짜 필요한 땅의 면적은 얼마인가?―우선적으로 개발해서 효과적인 활용이 가능한 정도의 땅 면적은 어느 정도인지 검토할 필요가 있을 것이다.

③ 담수호는 반드시 필요한가?―다른 방법으로 용수 확보 방안이 있으면 담수호를 만들 필요가 없고, 그렇다면 필요 이상의 오염 방지 규제를 할 필요가 없어 더욱 좋을 것이다.

④ 현재 갯벌은 돌이킬 수 없을 정도로 파괴되었는가?―이제라도 갯벌 파괴를 최소화할 방안을 강구하고, 혹시 파괴가 많이 되었다면 회복할 수 있는 가능성은 남겨놓는 것이 필요할 것이다.

⑤ 전북 발전의 동력 마련이 가능한가?―새만금 사업 예정지 개발을 보완할 다른 방안을 강구해야 하며, 그것은 전국의 균형 발전에도 도움이 되는 방안으로 강구하는 것이 효과적일 것이다.

장재연 교수는 새만금 대안을 모색할 때 새만금이 단지 전북의 문제만이 아니라, 우리 모두의 문제라는 인식이 필요하다는 개인적 견해를 피력하기도 한다. 곧 "수도권 집중과 지역 불균형 발전이란 문제의 근원을 해결하는 방안이 필요하다"는 것이다. 또한 "새만금 간척사업 중단이란 용어 대신 새만금 사업의 수정 또는 보완이란 용어"를 사용할 것을 제안한다.

2) 오창환 교수의 '부분 간척안'[2]

토론회의 두번째 발표문인 「새만금 신구상과 전라북도 발전」의 서두에서 오창환(전북대 지구환경과학과) 교수는 새만금 사업이 전북도민에게 장밋빛 미래를 가져다줄 사업으로 알려져 있지만 실제로는 그렇지 않다고 말한다. 세 가지 점에서 그러한데, 전북은 새만금 사업의 주체가 아니어서 아무런 결정권이 없는 처지이고, 현행 개발 방식은 환경 문제를 야기할 뿐이며, 새만금 사업에 발목이 잡혀 전북 지역의 균형적인 개발을 저해하고 있기 때문이다.

그럼에도 "전라북도는 재정 상태가 좋지 않아 정부의 적극적인 지원이 없이는 독자적으로 큰 사업을 할 수 없는 상태에서 현재 상태의 사업이 진행되는 것만으로 만족하는 분위기"라고 한다. 방조제를 완공한 다음 새만금 간척지에 농지를 만들고 이를 용도 변경하여 복합 산업단지를 조성하는 것이 전라북도 당국자들의 복안이라는 것이다. 그러나 이것은 1997년 전북산업연구원에서 제시한 복합 산업단지 개발 계획에서 크게 나아진 것이 없거니와 수질 오염에 따른 개간 지역의 황무지화 가능성이 높다는 점 말고도 재원 마련에 심각한 문제가 있다는 것이 오창환 교수의 지적이다.

"복합 단지를 조성하기 위하여 감사원 자료로는 28조 5,529억 원, 그리고 전북산업연구원 자료로는 5,070억 원의 막대한 자금이 필요하며 엄청난 토사가 필요하다." 또한 농지 조성 비용도 조사자에 따라 편차가 난다. 전북대 홍성훈 교수와 1997년 전북산업연구원의 조사 결과는 농지 매립비가 평당 3만 7,000원이고, 산업용지 조성비가 평당 9만 8,000원이지만, 농업기반공사가 산정한 농지 조성비는 평당 1만 500원에 불과하다. 이에 따라 농업기반공사가 제시한 전체 농지 조성 비용은 1조 7,412억 원이나 전북산업연구원의 계산 방식을 따르면 4조 1,336억 원에 이르게 된다. 물가상승률을 고려해 감사원이

2011년 고정가격으로 계산한 액수는 5조 9,530억 원이었다.

아무튼 매년 1,700억 원씩 정부 지원을 받아 농지를 조성할 경우, 전북산업연구원의 조사 결과를 따르면 24년이 걸리고, 감사원 자료를 적용하면 35년이 필요하다. 전라북도가 생각하는 복합 산업단지는 전북산업연구원 자료에 따른 18조 5,070억 원을 지원받으려면 110년이 지나야 하고, 감사원 자료에 따른 28조 5,529억 원을 지원받기 위해서는 167년이 경과해야 한다. 민간 자본이나 해외 자본이 유치되고 국가의 예산 지원이 크게 늘어나 공사 기간이 절반으로 줄어든다 해도 최소한 50년 이상의 개발 기간이 필요하다는 것이다. 그렇기 때문에 오창환 교수는 전북산업연구원이 제시한 방안은 "현실적으로 불가능한 계획"이라고 잘라 말한다. 게다가 그 방안은 불요불급한 것이기도 하다.

현재 군산과 장항에는 가까운 시일 내에 약 2,000만 평의 산업용지가 만들어질 것이며, 아직도 텅 빈 산업용지가 서해안 여러 곳에 존재하며 앞으로 수십 년간 이들 지역이 채워지지 못할 상황이다. 따라서 50~80년 후에 생겨날 새만금 지역 산업부지는 의미가 없다. 또한 퇴적물로 계속 채워지고 있는 군산항으로는 국제적 경쟁력을 가진 산업단지를 만들 수도 없다.

따라서 현재와 같은 방향성을 상실한 새만금 개발은 천혜의 갯벌과 하구언을 잃게 할 뿐만 아니라 전북 경제를 파탄시킬 가능성마저 있기에, 새만금 사업의 일대 수정이 필요하다는 것이 오창환 교수의 주장이다. 또한 오창환 교수는 투자의 순서와 방법을 바꾸면 같은 예산으로도 얼마든지 새만금 개발을 통한 전북의 발전을 일굴 수 있다고 강조한다. "매립 규모를 줄여 10년 이내에 매립을 완료하고 정부로부터의 지원을 빠른 시기에 매립 중심에서 신항만과 관광 인프라 투자로 전환시켜 서해안 시대의 산업 및 물류기지 혹은 국제 관광 및 정보기지의 중심지로서의 경쟁 가능성을 높여야 한다." 단 여기에는 방조제를 완공하지 않는다는 전제가 깔려 있다. "새만금 방조제가 막히게 되면 갯벌이 죽기 때문에 이러한 발전 전략을 만들어낼 수 있는 가능성이 모두 없어"지기 때문이다.

오창환 교수의 '새만금 지역 개발 신구상'은 크게 두 축으로 이뤄져 있다. "하나는 항만과 축소된 복합 산업단지를 중심으로 하는 산업 및 물류 전진기지 건설이며, 다른 하나는 방조제 내부의 갯벌 생태공원, 방조제에 의해 부안과 연결된 고군산군도의 해상공원을 중심으로 하는 해양–생태 관광 특구의 건설이다." 이를 위해 새만금 방조제 공사를 즉시 중단하고, 방조제 완성과 농지 조성에 쓰일 예산으로 산업체의 입주를 유도할 수 있는 축소된 복합 산업단지를 조성하며, 방조제 사이는 교량으로 연결해야 한다는 것이다. 오창환 교수는 농지 조성 비용이 4조 1,000억 원인 데 비해, 복합 산업단지 조성과 교량 건설에 들어가는 돈은 2조 5,000억 원 정도로 추산한다.

오창환 교수는 TV토론에 출연하는 등 틈나는 대로 자신의 신구상을 펼쳐왔는데, 『열린전북』 2003년 4월호에 실린 「전북 발전과 새만금 보존 공존가능성」에서도 신시도에 새로운 항만을 건설하는 것을 골자로 하는 '새만금 중재안'이 담겨 있다. 이 글에서 오창환 교수는 신시도에 신항을 개발하면 전북에 투입되는 국가 예산이 줄어들지 않으면서 만경강과 동진강을 막지 않고 갯벌의 90% 이상이 보전돼 환경 파괴를 최소화할 수 있다고 말한다. 또 "현재 만들어놓은 방조제를 이용하여 군산 남쪽을 복합 단지화하고, 그리고 현재 신시도와 군산 간의 방조제가 완성되지 않은 부분은 현수교로 연결하여 신시도 신항과 군산 남쪽 부분을 포함한 군장 산업 및 물류단지를 연결"해야 한다고 주장한다. 이와 함께 새만금 갯벌이 보전된 지역을 생태 관광 특구로 지정해 개발하고, 이를 전북 서해안 관광단지 사업과 연계하는 방안도 제시한다.

3) 이필렬 교수의 '풍력단지 조성안'

에너지대안센터 대표이기도 한 이필렬(한국방송통신대) 교수는 토론회의 세번째 발표문인 「새만금 지역 동북아 풍력단지 건설의 의미와 필요성」에서 당장 새만금 간척공사를 중단해도 전북에 이익이 돌아갈 수 있는 대안을 제시한다. 다름 아니라 지금까지 건설된 방조제 위에 풍력발전단지를 만들자는 것이다. 그러면 갯벌도 살리고 방조제도 쓸모를 찾을 수 있을 뿐 아니라, 전북의 발전을 환경친화적이며 미래지향적인 방향으로 이끌 수 있다는 것이 이필렬 교수의 주장이다. 그의 구체적인 풍력발전단지 조성 방안을 들어보자.

현재 들어선 방조제 양쪽에 육상에 세우는 풍력발전기로 가장 큰 것에 속하는 1,500kW(날개 지름 약 70m, 기둥 높이 약 100m)의 풍력발전기를 350m 간격으로 세우면 한쪽에 82개씩 모두 164개의 발전기를 세울 수 있다. 이 경우 전체 발전용량이 거의 250MW(25만kW)에 달하는 풍력발전소가 생겨난다. 해양 풍력발전용으로 개발된 풍력발전기를 세우면 풍력단지의 규모는 훨씬 더 커진다.

1,500kW의 풍력발전기로 250MW의 풍력단지를 만드는 데 들어가는 돈은 지금까지 새만금에 쏟아부은 돈의 5분의 1이 채 안 된다. 또한 새만금 풍력단지에서 생산되는 전기의 양으로 전북 전력 수요의 상당 부분을 커버할 수 있다고 한다. 250MW 풍력단지의 전체 발전량은 20만 가구가 쓸 수 있는 양이다. 게다가 적잖은 고용 효과도 창출된다고 하니, '풍력단지 조성안'을 새만금 사업의 대안으로 적극 검토해봄직하다.

2. '바다도시 계획안'을 둘러싼 논란

1) 김석철 교수의 '바다도시 계획안'
김석철 교수는 2002년 11월 '바다도시 안'의 밑그림을 공표한 이후 지난 1년간 '바다도시 안'의 살을 붙이는 작업을 꾸준히 해왔다. 그런데 『창작과비평』

에 처음 발표한 김석철 교수의 「새만금의 미래를 여는 새로운 시각」은 시작과 마무리의 의미가 동시에 담긴 글이다. 이 글은 한편으로 새만금 대안 논쟁의 단초를 제공한 발제문의 성격이 있지만, 다른 한편으로는 2002년 10월부터 '시민방송'(RTV)를 통해 방영된 10부작 다큐멘터리 프로그램 〈새만금 대안은 있다〉를 매듭짓는 성격도 갖고 있다. '시민방송'에서 내보낸 "이 대안이란 김석철 교수가 제안한 것이 주내용이었는데, 김 교수는 자신의 제안을 정리하여 『창작과비평』 겨울호에 실었다"[3]는 것이다.

김석철 교수는 머리말에서 새만금 사업의 개요를 간략하게 언급한 다음, "새만금에 대한 대한 논란은 원론적 단계를 이미 지났다"고 잘라 말한다. 이제 더 이상 사업 자체의 타당성 문제에 대해 왈가왈부할 게 아니라 "더 큰 가능성의 새로운 대안"이 없는지 찾아야 한다는 얘기다. "새만금의 가능성을 33.5km에 이르는 방조제 공사가 거의 마무리된 이 시점에서 논하는 것은 뒤늦은 감이 없지 않으나 아무도 상상할 수 없었던 새만금의 규모와 현재 진행 중인 공정, 그리고 방조제가 완공되었을 때 예상되는 환경 재앙과 경제적 손실 등으로 보아 불가피한 일이기도 하다"는 것이다.

이어 김석철 교수는 지난 3년간 새만금 논의를 지켜본 소감을 피력한다. "정작 새만금 문제에서 국토 계획과 도시 설계를 하는 전문가들은 방관하고 자연과 환경을 걱정하는 지식인들만 고군분투하고 있었다." 아울러 해외 학자들과의 토론, 베네치아의 라구나(Laguna: 안바다)와 새만금의 비교 검토, 동북아시아의 수상도시공동체에 관한 국제회의 참가 등을 통해 깨달은 바를 이렇게 전한다.

새만금을 안에서 보면 바다와 갯벌만 보인다. 아니면 내륙 쪽의 농토나 공업단지만 생각난다. 우선 거기서 벗어나야 한다. 너무 오랫동안 우리는 새만금 안에만 머물러 있었다. 새만금을 새만금만으로 보아서는 새만금의 미래를 알 수 없다. 새만금의 미래를 여는 키워드(keyword)는 새만금 바깥 더 큰 세계에 있다.

김석철 교수의 이러한 거시적 안목은 바로 황해도시공동체, 곧 서해안 '어번 클러스터'(urban cluster: 都市集積)[4] 구상을 낳는다. 김석철 교수가 제시한 새만금 사업 대안의 골자를 허정균('새만금사업을 반대하는 부안사람들' 회원) 씨는 다음과 같이 표현한다. "기존의 방조제를 그대로 살려 방조제 안을 이탈리아 베네치아의 라구나처럼 만들고, 그 주위에 해상도시를 이루어 결국은 황해도시공동체의 거점도시로 만들자는 것이다."[5] 김석철 교수의 표현을 따르면 "이미 쌓은 방조제를 활용하면서 바다를 완전히 막지 않고 새로운 도시 설계를 함으로써 농토와 담수호를 만드는 것보다 훨씬 큰 가능성의 세계를 새만금에서 이룰 수 있"다는 것이다.

이를 위해 김석철 교수는 다섯 가지 키워드를 제시한다. 새만금의 미래를 여는 다섯 가지 키워드는 '황해: 해안도시공동체', '서해안: 어번 클러스터', '새만금-호남평야: 도시연합', '새만금-안바다: 바다도시', '바다도시-내륙도시: 중간도시' 등이다. 김석철 교수는 다섯 키워드를 매개로 새만금에서 '해야 할 일'을 생각하고 '할 수 있는 일'을 찾고 있는데, 그 생각과 탐색의 갈피를 따라가보자.

'황해: 해안도시공동체'에 대한 설명에서 김석철 교수는 황해도시공동체의 역사적 궤적을 살짝 훑고 나서 황해안 도시 간의 국가를 넘어선 경제문화 공동체의 출현을 조심스레 전망한다. 그런데 바다를 끼고 있는 황해도시공동체는 국제 항만과 국제 공항이 없이는 성립이 불가능하다. 또한 "황해도시공동체의 거점도시가 되려면 중심도시를 축으로 국제 항만과 국제 공항, 세계적 수준의 산업단지와 시장 및 문화 인프라를 가진 '메가시티'(mega-city: 거대도시)이거나 여러 도시가 연합하여 메가시티 규모의 도시권을 이루는 '어번 클러스터'여야 한다".

이러한 상황에서 천혜의 입지 조건을 가진 1억 2,000만 평의 새만금은 황해도시공동체에서 큰 역할을 할 수 있다는 것이 김석철 교수의 생각이다. "유럽공동체를 압도하는 경제적·문화적 파워를 가진 세계도시연합"을 그리고 있는 김석철 교수는 다가올 황해도시공동체에서의 '새만금 역할론'을 제기한다. 새만금이 그 역할을 포기하는 것은 역사의 도전을 회피하는 것이라고 말하기까지 한다. "새만금을 농토와 담수호로 만드는 일은 미래의 재앙을 만드는 일이지만 새만금을 그냥 바다와 갯벌로만 남겨두는 일도 역사의 도전을 피해가는 일이다." 그러나 비교우위 같은 경제논리를 앞세우며 '역사의 도전'을 내세우는 것은 그다지 설득력이 없어 보인다.

다섯 가지 새만금 키워드에 대한 설명은 겹치는 측면이 없지 않은데 '서해안: 어번 클러스터'에서 "새만금-호남평야만한 규모가 되어야 서해안의 요충이 될 수 있는 것"이나 "새만금-호남평야 일대가 도시연합을 이루는 데 있어" 약점으로 적은 인구를 지적한 것은 '큰 것이 아름답다'는 시각을 드러내고 있다. '새만금-호남평야: 도시연합'을 거론하면서 러시아의 표트르 대제가 상트페테르부르크를 건설하기 전까지 "네바 강 델타 지역은 빈 바다와 갯벌에 지나지 않았다"는 표현에는 개발만능주의의 혐의마저 있다. 또한 이 대목은 개발을 하지 않은 바다와 갯벌을 보는 김석철 교수의 시각을 단적으로 말해주는 것도 같다.

'새만금-안바다: 바다도시'를 말하면서 김석철 교수는 "황해가 세계적 도시공동체로 웅비하는 비상한 시기에 새만금을 농토로 만들거나 바다와 갯벌로 그냥 두어서도 해야 할 큰일을 못하는 것"이라며 '새만금 활용론'을 거듭 강조한다. 하지만 바다도시를 만들기 위한 구체적인 복안은 마련돼 있지 않은 듯하다. 남아 있는 물막이 공사가 그저 "지혜롭게 조정되"길 바랄 따름이다. '바다도시-내륙도시: 중간도시'를 언급하면서 라스베이거스의 사례를 예로 든 것은 부적절하다.

맺음말을 통해 김석철 교수는 자신의 글이 새만금 사업의 백지화와 간척사업의 강행 사이에서 제3의 길을 찾고자 하는 선언적 제안이었음을 재확인한다. 그리고는 "연내로 더 진전된 구체적인 안을 발표하고자 하며 전문가 집단의 공동 연구와 국제 학술회의 등을 통해 더 많은 의견을 모아 실질적 제안을 하려 한다"는 말로 글을 맺는다.

「새만금 개발의 대안, 바다도시」[「창비웹매거진」(www.changbi.com/webzine) 제18호, 2002. 12]를 통해 김석철 교수는 연내에 더 진전되고 발전된 안을 내놓겠다던 『창작과비평』에 실린 '발제문'에서의 약속을 지킨다. 『창작과비평』에 발표한 글이 시론적 성격을 띠었다면, 「새만금 개발의 대안, 바다도시」는 "새만금-호남평야 도시연합을 기반으로 새만금에 세우고자 하는 바다도시에 대한 '개념적 단계의 도시 설계안'이다". 그런 만큼 내용이 구체적인데 방조제도시, 갯벌도시, 하구도시의 건설 방안을 밀도 있게 타진하고 있다. 그런데 필자의 눈길을 끄는 것은 김석철 교수의 '발제문'에서 한 걸음 나아간 구체적인 계획안이 아니라 '새만금 바다도시 구상'의 밑바탕에 깔려 있는 "정보산업사회, 생명공학의 시대를 맞아 과감한 도약을 시도해야 한다"는 식의 전형적인 개발논리다. 라스베이거스가 재차 언급되는 것도 유감스런 일이다. 김석철 교수는 "도시를 만들어놓고 사람을 오게 하는 것이 아니라 라스베이거스같이 끊임없는 투자가 도시를 만들어가게 하는 것이다"라고 말한다.

「새만금 바다도시: 반론에 대한 답변과 배경설명」(「창비웹매거진」 제22호, 2003. 4)은 김석철 교수가 새만금과 베네치아의 차이점, 바다도시의 경제적 타당성, 바다도시 건설의 공학적 실현 가능성, 그리고 바다도시 건설의 환경 훼손 우려 등 '새만금 바다도시 구상' 발표 후 제기된 네 가지의 큰 줄기 반론에 대해 답변한 글이다. 아울러 '바다도시 안'을 구상하게 된 배경과 그간의 경위를 덧붙였다.

김석철 교수가 『창작과비평』 2003년 가을호를 통해 발표한 「새만금, 호남평야, 황해도시공동체」는 '바다도시 안'에 대한 일반의 꺼져가는 관심을 되살리려는 눈물겨운 노력의 일환으로 보이기도 한다. 김석철 교수의 표현을 빌리면 "이번 글에서 그동안의 구상들을 총정리해 개념도(槪念圖)로서는 거의 완성된 안을 제시하려는 것이" 원래의 계획이었으나, "이번에도 '거의 완성된 그림'과는 거리가" 먼 까닭이다.

아울러 김석철 교수가 자신의 '바다도시 안'이 "대선 이후 '새만금 신구상' 논의에서도 공론에서 배제되기 일쑤였"다고 안타까움을 토로하고 있어서다. "대다수 환경운동가들은 바다도시 구상도 또 하나의 개발논리에 불과하다고 외면하였고, 전북 당국자나 농림부 및 농업기반공사 측은 그나마 확보해놓은 사업과 예산에 집착하여 간척사업 이외의 어떠한 대안도 받아들이려 하지 않았다."

새만금 사업의 중단을 요구하는 환경운동가들과 사업 강행을 고집하는 추진론자들 사이에서 어느 쪽의 지지도 얻지 못하고 있던 김석철 교수는 다시금 중용의 도를 추구하고자 한다. "개발을 주장하는 사람들이 개발을 통해서 이루고자 하는 것과 환경 보전을 주장하는 사람들이 지키고자 하는 것을 동시에 얻으면서 실제로 그보다 더 큰 것을 얻어내는 길을 찾아야 한다." 이러한 '중용의 길'이 실제로 가능할는지 심히 의문스럽지만 적어도 '바다도시안'은 그것과 거리가 있는 것 같다.

예컨대 김석철 교수는 "아무리 원대하고 훌륭한 계획이 있더라도 이러한 계획을 실현하려면 전북이 외국 자본을 유치하거나 세계와 경쟁할 수 있는 신기술을 만드는 길밖에 없는데 지금 전북의 인구와 경제 규모로는 꿈같은 이야기로 들리게 마련이"라고 말한다. 그런데 외자 유치를 언급한 점이 마음에 걸렸는지, 몇 페이지 뒤에 가서 이런 해명을 한다. "해외 자본에 관해서는 새만금에 외자를 들여온다는 발상 자체에 거부감을 갖는 이도 없지 않으나, 양질의 외자 유치는 한국뿐 아니라 사회주의 국가들에서도 일치된 국정목표로 되어 있다."

양질의 외자와 그렇지 않은 외자를 구분할 능력이 필자에게는 없으나, 양질의 외자 유치가 사회주의 국가들의 일치된 국정목표라는 주장은 수긍을 못하겠다. 그 나라들이 1989년을 즈음해 다 사라진 줄로만 알고 있는데 말이다. 김석철 교수가 말하는 현존 사회주의 국가들은 아마도 북한, 쿠바, 중국, 베트남 등의 네 나라를 지칭하는 것일 게다. 그러나 이들 중 온전한 사회주의 국가로 분류할 수 있는 나라는 한두 개에 지나지 않는다. 또한 이번 글에서 자주 등장하는 '경쟁', '경쟁력', '경쟁 우위' 등의 표현은 '바다도시 안'이 어떤 세계관에 바탕을 두고 있는지 어렴풋이 짐작하게 한다.

2) 김석철 교수의 제안에 대한 허정균 씨의 비판

『녹색평론』 2003년 3~4월호에 실린 「또 하나의 위험한 개발논리」에서 허정균 씨는 김석철 교수의 "제안이 생태계를 파괴하고 환경 재앙을 불러올 또 하나의 위험한 개발논리임을" 조목조목 밝히고 있다. 우선 김석철 교수가 새로 그려낸 새만금의 장밋빛 청사진은 새만금 간척사업이 시작할 때 동진강 휴게소 맞은편에 세워진 조감도를 떠올리게 한다는 것이다. 대형 입간판에는 공업단지와 농지가 반듯하게 그려지고 장밋빛 환상을 더욱 부추기는 〈새만금찬가〉까지 적혀 있었지만, 그럴싸한 약속은 끝내 공수표로 판명이 났다. "이 조감도는 절반은 복합 산업단지, 절반은 농지로 개발되어 전북도민이 다 잘 살게 된다고 선전하다가 90년대 중반 슬그머니 없어졌다."

허정균 씨는 김석철 교수가 베네치아를 모델로 삼은 것에 이의를 제기한다. 바깥 바다로 나아가는 데 수문이 필요치 않고, 연평균 강수량이 계절적으로 비교적 고르게 분포하며, 태풍이 부는 일도 없는 베네치아를 "세계적으로 조석간만의 차가 큰 하구역 갯벌인 새만금 갯벌과 같이 놓고 비교할 수는 없다"는 것이다. 베네치아처럼 안바다에 배가 다닐 수 있게 하려면 새만금의 인공호수에 물을 잔뜩 채워야 하는데, 그럴 경우 큰비가 내리면 홍수 피해를 면키 어렵다고 지적한다.

새만금 '바다도시 안'이 "방조제도 살리고 갯벌도 살린다"는 주장에 대해 허정균 씨는 "말도 안 되는 이야기"라며 일축한다. "김석철 교수는 방조제를 이용하여 안바다를 만들고 수문을 통하여 해수를 유통시켜 그동안 많은 돈이 들어간 방조제도 살리고 갯벌도 살려 두 마리의 토끼를 동시에 잡을 수 있는 듯이 말하고 있다. '시민방송'의 토론에 나온 한샘주거환경연구소의 유재현 소장도 이를 거들며 갯벌의 정화 기능도 그대로 살리면서 찬성 쪽과 반대 쪽 요구를 모두 충족시킬 수 있다는 듯이 말하였다."

하지만 이러한 주장은 사실과는 반대되는, 말이 안 되는 이야기라는 것이다. 갯벌과 방조제를 동시에 살린다는 논리가 어째서 어불성설인지 허정균 씨는 부안군 하서면 돈지마을을 예로 들어 설명한다. 간척사업이 시작되기 이전 이 마을은 385세대 1,621명이 거주하는 대처에 속하는 마을이었다.

이 많은 인구를 부지해주는 힘은 갯벌에서 나왔다. 방조제 공사 초기인 90년대 초만 해도 돈지 앞 갯벌은 뻘 반 조개 반이었다. 경운기가 동원되어 조개를 실어냈다. 부지런한 내외가 한나절 작업으로 300kg 이상의 백합·동죽·가무락조개 등을 건져올려 30만 원 이상의 수익을 올렸었다. 그러나 방조제가 뻗어나가면서 이제 돈지에서 조개 잡는 모습은 사라졌다.

돈지마을에는 빈집이 점점 늘어나더니만 2000년에는 초등학교마저 폐교되고 말았다. 번성했던 돈지포구가 유령 마을로 변한 것은 방조제가 뻗어가면서 새만금 갯벌이 '죽뻘'로 변하고 있기 때문이다. 죽뻘은 갯벌에 살고 있는 무수한 생명체들의 먹이 활동에 의해 이뤄지는 정화 기능을 상실한, 말 그대로 죽은 뻘이다. 허정균 씨는 이런 상황에서 해상도시 운운하는 것이 과연 가당키나 하느냐고 반문한다.

방조제가 완전히 막히지 않은 현재에도 인근 어촌이 폐허로 되고, 백합조차 멸종 위기에 처해 있으며, 생명체의 개체수는 날로 줄어들고 있다. 결국 김석철 교수가 주장하는 '안바다'는 시화호나 다름없는 거대한 시궁창이 되고 말 것이다. 그 시궁창 옆에다 '해상도시'를 지을 것인가.

허정균 씨는 동진강과 만경강 하구를 통째로 막아버리는 방조제 공사가 진행되면서 방조제 안쪽으로 쌓이는 토사는 어떻게 처리할 것인지 묻기도 한다. "세계에서 가장 넓은 새만금 갯벌에 쌓여가는 펄을 계속 준설해낼 것인가, 방조제를 더 높이 쌓을 것인가. 이러고도 방조제로 둘러싸인 '안바다'가 어쩌고 하며, 해양도시를 운운할 것인가." 허정균 씨가 지적하는 새만금 사업으로 인한 서해 황금어장의 황폐화 현상도 자못 심각하다. 바다 생물의 약 70%가 갯벌에다 알을 낳고 그곳에서 성장기를 보낸다고 하는데, 성장의 터전이 사라지고 있는 상황에서 조만간 서해의 물고기가 씨가 마르는 것은 불을 보듯 훤한 일이다. 서해 어족 자원 보호를 위해 허정균 씨가 내놓은 의견이다.

수산물도 우리의 귀중한 식량이다. 또한 갯벌은 많은 인구를 부양하고 있다. 갯벌이 그대로 논밭인 것이다. 논농사는 1년에 한 번 짓지만 갯벌은 매일 나가서 거두어오면 된다. 더구나 비료도 농약도 필요 없다. 이러한 천혜의 자원을 버리고 그 어떠한 것을 건설해도 그대로 살려두는 것보다 경제성이 없다.

결론적으로 허정균 씨는 "『창작과비평』에 발표된 김석철 교수가 내놓은 안은 세계에서 가장 넓은 갯벌과 생태계를 파괴하는 것으로서 91년도에 처음 시작할 때의 개발논리와 본질적으로 다를 바 없는 또 하나의 위험한 개발논리이며 엄청난 환경 재앙을 불러올 것이 확실하다"고 지적한다. 그러면서 "생명을 죽이는 새만금 사업에 대안은 따로 있는 것이 아니"라고 덧붙인다. 또한 "방조제를 터서 갯벌을 복원하여 생명을 살리고 하구역 갯벌로 그대로 두는 것이 유일한 대안"이라고 강조한다.

3) 『창작과비평』 백낙청 편집인의 '바다도시 안' 옹호론
『녹색평론』 2003년 5~6월호에 실린 백낙청 『창작과비평』 편집인의 「새만금 생태 보존과 바다도시 논의」는 새만금 문제를 보는 『녹색평론』의 시각과는

'다른 의견'이다. 이 글의 앞머리에서 백낙청 편집인은 지난호 『녹색평론』에 실린 새만금 사업 관련 글들에 대한 유감을 표명한다.[6]

다만 간척사업이 무슨 획기적인 발전을 가져다줄 것이라는 기존의 망상뿐 아니라, 간척사업을 중단시킬 대안 일체를 너무 쉽게 '망상'으로 치부하며 공격한다는 인상을 지울 수 없었다. 특히 (수록된 모든 글이 그런 건 아니지만) 김석철 교수가 제안했고 나 자신도 적지않은 관심을 갖고 있는 '새만금 바다도시' 구상이 집중 공격의 대상이 된 느낌이었다.

우선 이 글은 실험적인 글쓰기 방식이 눈에 띈다. 완전히 새로 쓴 글이 아니라서 불가피하게 실험적 형식을 취한 것으로 보인다. 이 글은 2003년 3월 14일 서울 서소문동 명지빌딩에서 열린 '새만금 바다도시 중간 세미나'에서 백낙청 편집인이 '중간평가보고' 형식으로 발표했던 것을 뼈대로 한다. 대화체로 된 원래의 발표문을 그대로 옮기면서 새로운 내용을 〔 〕안에 덧붙였다. 〔 〕안에 들어 있는 내용 가운데 두 가지만 짚어보기로 하겠다.

백낙청 편집인은 김석철 교수의 '새만금 바다도시' 구상에 대한 환경운동 진영의 반응을 세 가지로 요약한다. ① 조건부 환영론 ② 실현 가능성이 있을지라도 또 다른 환경 파괴를 초래하리라는 우려와 반대 ③ 발상 자체가 '개발논리'의 연장이라는 원칙적인 주장이 그것이다.

이 가운데서 『녹색평론』 편집진의 기본 입장은 ③으로 분류해서 무리가 없을 듯싶다. 물론 이것이 ②의 입장, 즉 바다도시로 인한 현실적 환경 파괴 가능성에 대한 비판과 양립할 수 없는 것은 아니나, 『녹색평론』의 경우 이 점은 부수적인 문제인 듯하다. '새만금사업을 반대하는 부안사람들'도 최소한 『녹색평론』에 등장한 두 분의 경우에는 ③의 원칙론에 크게 의존하고 있다. 동시에 부안의 현장에 관해서는 '환경관리주의' 차원의 논의도 많다. 이는 주민운동으로서 당연한 것이며,

생태주의니 환경관리주의니 하는 문자를 쓸 것 없이 현지 주민들의 절실한 발언
은 경청해 마땅하다. 그러나 방조제를 터버리는 것이 유일한 대안이라는 주장(『녹
색평론』 제69호, 102쪽)은 현지 어민의 절규일 수는 있을지언정 어민을 대변하여
생명의 논리를 펼치겠다는 지식인으로서는 책임성의 한도를 벗어난 것이며, 자신
의 특이한 자녀 교육법을 끌어댄 새만금 해법의 제시(같은 책, 81~82쪽) 또한 주
민운동의 대표성을 지닌 발언으로 받아들이기 힘들다.

"방조제를 터버리는 것이 유일한 대안이라는 주장"이 "어민을 대변하여
생명의 논리를 펼치겠다는 지식인으로서는 책임성의 한도를 벗어난 것"이라
는 백낙청 편집인의 진단은 무리가 있다. '원주 대화마당'에서 참가자들의 발
언을 직접 들은 필자가 보기에 적어도 『녹색평론』에 발언이 실린 분들 가운
데는 아무도 지식인의 티를 내지 않았다. 더구나 그들이 대변한 것이 있다면
그것은 "다음 세대나 새만금 내에 살고 있는 생명체들"(박병상)이었지 어민
들의 생존권이 아니었다. 새만금을 터전삼아 살고 있는 생명체에는 사람뿐만
아니라 짱뚱어를 비롯한 모든 생물이 포함된다. 백낙청 편집인이 적시한 허
정균 씨조차 "인간도 자연의 일부이고, 저 바다 생물이 죽어갈 때 인간의 삶
도 보장할 수 없다"는 생각을 할 때 대안이 보일 거라고 했지 새만금 어민만
을 대변하진 않았다.

그리고 신형록 씨의 발언 중에서 특이한 자녀 교육법을 들먹이며 난데없
이 그가 제시하는 새만금 문제의 해법에 결정적 하자가 있는 듯한 분위기를
풍기는 것은 우리 시대의 존경받는 지식인이 취할 태도는 아니라고 생각한
다. 필자의 눈에도 신형록 씨의 자녀 교육법이 요즘의 풍조와는 거리를 두고
있지만 나름대로 존중받아 마땅하다고 본다. 하물며 새만금 문제의 절박함에
서는 '원주 대화마당' 참가자 중에 신형록 씨를 따를 사람이 없으랴. 지엽
적인 문제를 거론하며 대표성을 문제삼는 것은 설득력이 없다. 설령 신형록
씨가 주민 대표성이 없으면 또 어떠랴. 대표자의 의견만을 존중한다는 법이

라도 있는가 말이다.

　새만금 간척사업 중단이라는 단기 과제에서나 생명 존중적 인류사회 건설이라는 장기 목표에서 『녹색평론』 편집진과 나 사이에 다를 바가 없다고 믿는다. 물론 '생명 존중 사회'의 구체적 모습에 대해 생각이 똑같은 건 아닐 테지만, 더 중요한 차이는 내가 강조하는 단기 또는 중기 과제의 달성을 위해 장기 목표가 잊혀질 가능성에 대한 『녹색평론』 측의 우려가 아닐까 한다. 내 쪽에서 볼 때 이는 우리가 오염된 현실 속에 오염된 존재로 사는 동안 언제나 경계해야 할 위험을 상기시켜주는 고마운 일깨움인 동시에, 대중에게 절실한 중·단기 과제들과 적절하게 연결됨이 없이 일방적으로 설정된 장기 목표를 매사에 관철하려는 무리한 시도가 될 수 있다.

　"『녹색평론』 편집진과 나 사이에 다를 바가 없다"는 식의 백낙청 편집인의 생각은 김석철 교수의 '발제문'에도 나타난다. "새만금 사업 추진자들과 비판자들이 함께 승리하는 결과가 될 것이다." 그러나 지금까지 살펴봤듯이 '새만금 바다도시 안'을 주장하고 지지하는 쪽과 이를 또 하나의 개발논리로 보는 쪽 사이의 간극은 아주 넓다.

3. 매체별로 살펴본 다른 대안들

1) 「창비웹매거진」

「창비웹매거진」에 실린 글들은 김석철 교수의 '새만금 바다도시 구상'을 부연 설명하거나 측면 지원하는 성격이 짙다. 한샘주거환경연구소 유재현 소장의 글이 특히 그렇다. 유재현 소장의 「새만금을 세계적 교역 중심지로 만들자」(「창비웹매거진」 제19호, 2003. 1)에서는 김석철 교수가 먼저 부른 라스베이거스 타령이 반복된다. 유재현 소장은 지금까지 우리나라의 동북아 중심도시 구상은 허상에 지나지 않았다고 전제한 뒤, 새만금에는 이를 실현할 잠재력이 충분하다고 말한다. 무엇보다 외국 자본의 투자를 끌어들일 수 있는 조건을 두루 갖췄다는 것이 유재현 소장의 주장이다. 특히 백지 상태에 있는 새만금은 외자 유치를 위한 최적의 조건을 갖췄다는 것이다. 그러면서 유 소장은 라스베이거스를 거명한다. "라스베이거스야말로 아무도 살지 않고 끝없이 모래만 펼쳐져 있는 사막이었기 때문에 가능해진 것이다."

유재현 소장이나 김석철 교수가 라스베이거스가 마치 바람직한 모델인 양 힘주어 말하는 것은 위험천만한 일로 보인다. 필자는 2003년 6월 초 친구와 함께 식구들을 이끌고 강원도로 가족 나들이를 다녀왔다. 설악산에서 하루를 묵고 돌아오는 길에 정선군 사북에 위치한 강원랜드에 들렀다. 폐광산 위에 '마법의 성'처럼 우뚝 서 있는 강원랜드는 그야말로 별천지였다. 주위 경관과는 도무지 어울리지 않는 호텔과 카지노를 세울 생각이 누구의 머리에서 나왔는지 의아하게 생각되었지만, 그 의문은 강원도 나들이에서 돌아온 그날 밤에 우연히 본 영화를 통해 풀 수 있었다. 미국 배우 워렌 비티가 열연한 〈벅시〉는 라스베이거스가 세계 최대의 도박·환락 도시가 된 사연을 담고 있었다. 강원랜드 건설 아이디어는 무자비하고 파렴치하면서 약간은 로맨틱한 구석도 있는 마피아 폭력배에게서 시사받은 것이 분명해 보였다.

커다란 실수가 축복으로 바뀌고 있다는 유재현 소장의 낙관론에도 선뜻 동의하기는 어렵다. 예컨대 우리는 2002년 대통령 선거에서 선거 하루 전날까지 빚어진 예측을 불허하는 상황 변화와 선거 결과의 극적인 반전을 목도하고 우리에게 '역사의 간지(奸智)'가 작용했다는 흥분을 맛보기도 했다. 하지만 그것은 단지 착각에 불과했을 뿐 역사에서 간사한 지혜 같은 것은 결코 존재하지 않는다는 명백한 사실을 뼈저리게 깨닫는 데에는 그리 많은 시간이 필요치 않았다.

전승수(전남대 지구환경과학부) 교수의 「진정 우리가 바라는 새만금의 미래는?」(「창비웹매거진」 제21호, 2003. 3)에서는 2002년 2월부터 2003년 2월까지 관찰, 조사한 새만금 하구갯벌의 상태가 주목된다. 전승수 교수는 새만금 갯벌에서 여전히 뚜렷한 퇴적·침식의 계절 변화가 관측되고 있으며, 넓은 지역이 뻘질 퇴적물로 영구히 변해버린 곳은 없는 것으로 보인다고 조사 결과를 전한다. 물론 방조제 건설로 조류가 완전히 차단되었거나 심각한 지형 변화를 겪은 곳 가운데 뻘질 퇴적물로 변한 데가 있다고 한다. 또 전승수 교수는 어민들과는 다른 시각으로 '죽뻘'에 접근한다. 급격하게 뻘이 쌓인 곳에는 어민들이 말하는 '죽뻘'이 존재하기는 하지만 '죽뻘'도 바닷물이 드나드는 한 결코 죽은 뻘일 수 없다는 얘기다. 죽뻘에서 백합과 바지락을 잡을 수는 없으나 자정 능력이 회복되면 얼마든지 생명체가 살 수 있다는 것이다. 물론 이것은 방조제가 완공되지 않아 바닷물이 충분하게 공급될 때라야 가능한 시나리오다. 전승수 교수는 "해수 공급량이 한계치에 미달되는 순간부터 새만금 하구갯벌은 급격히 죽어갈 것"이라고 예상한다. 이와 관련한 전승수 교수의 대안은 잠시 후 전북 인터넷 대안신문 「참소리」 기고문을 통해 살펴보기로 하겠다.

2) 『열린전북』

『열린전북』은 2003년 4월호에서, 시민행동21과 전북환경운동연합이 3월 14일 전주시의회 간담회실에서 주최한 정책토론회에서 제시된 내용을 중심으로 '새만금 신구상' 특집을 마련했다. 이 특집은 두 개의 발표문과 토론을 정리한 글로 이뤄져 있는데, 홍성훈(전북대 경제학부) 교수는 「새만금 신구상의 필요성과 대안」에서 정부가 확정한 '순차 개발안'과 이에 대응하는 두 개의 대안을 검토한다.

정부에서 확정한 순차 개발안은 2006년까지 방조제 공사를 완료하고, 방조제 완공 단계에서 동진수역의 내부 간척지 개발을 시작하며, 만경수역은 수질 기준이 확보될 때까지 개발을 유보하면서 신시배수갑문을 통해 해수를 유통시킨다는 것이다.

이에 대해 담수호 포기가 전제된 두 개의 대안 중 하나는 방조제 공사는 완료하되 해수는 갑문을 통해 유통시키며 갯벌의 활용 방안은 다음 세대의 결정에 맡기자는 내용이다. 또 하나의 대안은 제4호 방조제 구간에 배수갑문을 설치하지 않고 방조제 공사를 완료해 앞서의 대안보다 간척지를 확장하는 것을 골자로 한다.

홍성훈 교수의 대안 검토에서는 새로 제안된 새만금 대안론에 대한 경제적 타당성 평가를 올바르게 해야 한다는 지적이 눈길을 끈다. 현재 제시된 대안에 대한 평가는 새만금 사업이 처음 추진되던 시점의 평가와는 다르기에 방조제 공사로 이미 소요된 1조 원의 비용이 아깝다는 주장은 타당한 논리가 아니라고 지적한다. "만일 추가적으로 소요되는 비용이 편익보다 크다면 경제적 타당성이 없는 사업이 된다. 동시에 현시점에서 기존 계획의 지속 여부나 새로운 대안의 추진에 대한 경제적 타당성을 평가할 때는 기존에 투입된 방조제 공사 비용은 매몰 비용(Sunk Cost)으로 비용 항목에서 영으로 처리된다." 그러니까 방조제 공사에 투입된 예산이 아까워서라도 새만금 사업의 강행을 주장하는 이들의 심리는 본전을 찾으려다 쫄딱 망하고 마는 도박꾼의 심리와 비슷한 셈이다.

3) 전북 인터넷 대안신문 「참소리」

삼보일배가 마무리될 즈음 전북 인터넷 대안신문 「참소리」(www.cham-sori.net)가 마련한 '새만금, 대안은 있다'에서는 특징적인 세 가지 대안을 접할 수 있다. 오창환 교수의 대안은 '새만금 대안은 있다' 토론회 발표문과 『열린전북』에 실린 내용을 간추린 것이고, 전승수 교수의 대안은 「창비웹매거진」에 발표한 내용을 간추린 것이다. 오창환 교수의 대안은 앞에서 살펴봤으므로 여기서는 전승수 교수의 대안론을 살펴보기로 하겠다.

방조제 공사는 즉각 중단하고 갯벌을 살려 생태공원을 만들자는 것이 전승수 교수가 제시하는 대안의 핵심이다. 이러한 전승수 교수의 주장은 그가 소개한 캐나다 어느 시골마을의 사례에 힘입어 적잖은 설득력을 얻는다. 노인이 주민의 대부분을 차지하는 캐나다 어느 시골마을의 사람들은 다국적 화학회사인 듀퐁이 마을 근처에 공장을 짓겠다는 제안을 거절했는데, 듀퐁의 물량 공세에도 아랑곳없이 주민들이 다국적 화학회사의 제안을 받아들이지 않은 까닭은 우리에게도 시사하는 바가 크다. "우리는 가난하더라도 원래의 자연환경에서 이대로 살고 싶으니 내버려두라." 그런데 전승수 교수는 방조제의 완전 철거는 대안으로 적절치 않다고 본다. "일단 방조제의 연장공사를 중단하고 보강공사를 진행하면서 모두가 노력하여 서로 대안을 제시하고 수정하고 보완하여 합의점을 찾아가야 한다. 정말로 이제 남은 시간이 별로 많지 않은 것 같다."

「참소리」의 '새만금, 대안은 있다'의 세번째 의견의 주인공은 바로 '새만금사업을 반대하는 부안사람들'의 신형록 전 대표다. 「'낮은 삶'이 대안이다」라는 신형록 씨의 글 가운데 한 대목을 옮긴다.

새만금 사업의 진정한 대안은 사람 욕심을 줄이고 지금 사는 방식을 바꾸는 일입니다. 방조제 공사로 없어진 꽃게·왕새우·전어·농어·우럭 들이 저 바다와 갯벌에서 펄펄 뛰게 하는 것이 대안이어야 합니다. 없어진 물고기와 조개들이 다시 살려면 방조제를 어떻게 해야 하는지 생각하고, 그렇게 만들기 위해 사람들이 지혜를 모으는 것이 새만금 사업의 대안이라고 할 수 있습니다.

이외에도 「문화일보」와 「한겨레」, 그리고 인터넷신문 「오마이뉴스」(www.ohmynews.com)가 새만금 사업에 많은 관심을 보였다. 「문화일보」는 김용옥 기자가 여러 차례 새만금 문제를 언급했는데, 처음에는 '새만금, 이제라도 멈춰라'며 공사의 즉각 중단을 요구하는 듯하다가 시간이 지날수록 '또 하나의 개발논리'를 추수하는 경향을 보여주었다. 김용옥 기자가 새만금 문제에 천착하기 위해 여러 건축가와 토목 관계자를 만나던 중 그의 지기로부터 들었다는 얘기는 얼핏 새만금 대안론과는 별 다른 관련이 없어 보이지만, 이른바 '전문가'들의 일반적인 사고틀을 드러낸다는 점에서 문제가 있다. "미국에 대한 주체나 자주를 운운하는 것은 레토릭으로만 이루어질 수는 없는 것이야. 그것은 단지 구체적 협상 카드의 확대만을 의미할 뿐이지. 그런데 함부로 지껄이기만 해서 협상 카드만 잃어버린다면 그것은 참으로 딱한 노릇이 아니겠나?"(「문화일보」 2003. 2. 24)

「한겨레」는 논설과 칼럼, 그리고 독자칼럼인 '왜냐면'을 통해 새만금 문제의 바람직한 여론을 형성하고 대안을 모색하기 위해 노력했으나, 「한겨레」 지면에서 만난 여론과 대안은 가슴에 그리 와 닿지 않았다. 그것은 아마도 인터넷신문 「오마이뉴스」에서 접한 육두문자가 들어 있는 생생한 목소리가 귓전을 떠나지 않았기 때문일 것이다. 「오마이뉴스」는 본격적인 새만금 대안론을 펼치지는 않았지만 언론사 가운데 새만금 관련 소식을 가장 많이 보도한 매체다. 그런데 필자는 「오마이뉴스」의 새만금 관련 기사마다 빠짐없이 등장하는 동일한 내용의 독자의견을 접하고 아연실색하지 않을 수 없었다. 새만금의 해법조차 영·호남 대결 구도의 틀로 환원시키는 독자의견은 흔하디 흔하다.

4) 『환경과생명』

최미희의 「새만금 대안의 평가와 원칙」(『환경과생명』 제37호, 2003년 가을호)은 이 글과 비슷한 취지의 글이나 글의 내용과 성격은 많이 다르다. "최근에 제기된 새만금 대안 논의의 흐름을 검토하고, 그러한 대안들의 특징과 차이, 그리고 그 평가 기준을 점검함으로써 앞으로 대안 논의에서 지켜야 할 기본 원칙이 무엇인지를 살펴보고자" 하는 글의 기조도 그렇지만 참된 전문가적

식견이 돋보이는 글이다. "이 글은 그동안 대안 논의에서 실현 가능성에만 초점을 두는 한계를 벗어나서 지속 가능성(혹은 지속 가능한 발전)의 측면을 중요한 잣대로 삼는다."

끝으로 새만금 사업의 대안 논의와 그것을 둘러싼 논란을 일별하며 필자가 느낀 점들을 적어보고자 한다. 필자는 새만금 문제에 말을 보탤 자격을 갖춘 전공자가 아니다. 그렇지만 문외한의 눈에 비친 새만금을 둘러싼 '복마전'은 지식인의 사람됨을 다시금 생각하게 했다. 개발과 개발논리를 떠받치며 강변하는 기술 지식인에게는 일말의 연민의 감정이 들기도 했지만, 진보적 성향의 지식인조차 개발논리를 수용한다는 사실을 확인하고서는 당혹감을 느끼지 않을 수 없었다. 필자는 글에서 말이 되는 것과 안 되는 것을 구분하는 능력은 약간 갖추었다고 생각하는데, 개발논리를 애써 옹호하는 진보적 지식인의 글에는 말이 안 되는 대목이 많았다.

'새만금, 대안은 없다'는 이 글의 제목은 다분히 상징적인 표현이지만 필자는 실제로도 대안이 없다고 생각한다. 필자의 대안적 견해를 표명하라고 한다면 좀머 씨의 표현을 빌리고 싶다. '바다와 갯벌을 제발 좀 내버려둬!' 방조제 공사를 당장 중단하는 것은 물론이고 이미 만들어진 방조제도 허물어야 한다. 공사 중단 상태에서 방조제를 방치하거나 방조제를 해체하는 작업이 더 큰 환경 재앙을 불러올 수 있다는 아주 '환경친화적'인 주장을 종종 접하는데, 이 말을 새만금 공사 관계자나 방조제의 완공을 지지하는 학자의 입을 통해 듣는 것은 여간 민망하지 않다. 그러기에 앞서 그들은 무지막지한 자연 파괴의 하수인 역할을 한 것에 대한 뼈저린 반성부터 해야 할 것이다. 다시는 그런 파괴적 건설사업에 동참하지 않겠다는 다짐과 함께 말이다.

주

1) 최미희, 「새만금 대안의 평가와 원칙」, 『환경과생명』 제37호, 2003년 가을호.

2) 최미희 박사는 사석에서 비전공자인 필자에게 오창환 교수의 대안은 새만금 문제에 고민하는 전북 지역 학자들의 중지를 모은 합의안이라고 귀뜸해주었다. 그리고 계간 『환경과생명』에 실릴 원고를 보내주어 참고하고 인용할 수 있게 해주었다. 이 지면을 빌려 최미희 박사께 감사드린다.

3) 허정균, 「또 하나의 위험한 개발논리」, 『녹색평론』, 2003년 3~4월호, 91쪽.

4) "클러스터란 관련 기업(경쟁기업·중소기업·벤처 등)과 기관(대학·연구소 등), 지원서비스 기업(금융·법률·회계 등) 들이 모여 네트워크를 통한 상호작용으로 시너지를 발휘하는 일정 지역을 말한다."(복득규 외, 『한국 산업과 지역의 생존전략, 클러스터』, 삼성경제연구소, 2003)

5) 허정균, 「또 하나의 위험한 개발논리」, 『녹색평론』, 2003년 3~4월호, 91쪽.

6) 『녹색평론』 2003년 3~4월호에는 허정균 씨의 글과 함께 「새만금의 망상을 허물어뜨려야 한다」는 제목으로 2003년 2월 7일 강원도 원주 토지문학관에서 열린 '새만금 갯벌을 살리기 위한 원주 대화마당'의 토론 내용 가운데 일부가 실려 있다.

최성일 출판평론가. 단지 글의 논리적 맥락에 대해 문제점을 느껴 수돗물 불소화에 대한 반론을 쓴 것을 계기로 생태 문제에 각성하게 되었다. 이 글에서 새만금 대안론의 여러 흐름을 짚어보았지만, 새만금 현장에 가본 적이 없다. 엄청난 토목공사 현장을 직접 본다면, 몇몇 사람들처럼 생각이 바뀔 가능성이 전혀 없지는 않으나 숨이 막힐 정도의 답답함을 느낄 확률이 훨씬 더 높다.

우리는 왜 새만금을 살리기 위해 애쓰고 있는가

신형록 · 김경일 · 김제남 · 김곰치 · 주용기

나는 왜 걷는가 |신형록|

한 걸음 한 걸음 땅을 느끼고

선생님.

3일 동안 눈이 가득 내렸습니다. 유난히 눈이 많아 겨울 동안 눈과 친숙하게 놀던 부안도 언제부터인지 눈이 줄기 시작했습니다. 겨울이 따뜻해지면서 눈이 줄었습니다. 얼음도 잘 얼지 않아 썰매도 미끄럼도 타지 않습니다. 날 추우면 없는 사람들 살기 힘들다고 걱정하지만 겨울은 겨울답게 눈도 많이 내리고 춥기도 해야 합니다. 오랜만에 무릎까지 쌓인 눈을 놓칠 수 없는 새벽이와 푸른이는 손 시릴 걱정, 옷 젖을 걱정 없이 눈밭을 마구 뛰어다닙니다. 마당에 있는 눈만으론 부족해 집 앞 논에 죄다 발자국을 새겨놓습니다.

눈이 내리면 마음이 설렙니다. 마음 설레는 눈이 요즘엔 구박덩이가 되었습니다. 눈보다 차 미끄러지는 것이 더 중요합니다. 그래서 눈을 눈으로 두지 못하고 염화칼슘을 뿌려대고 치우기 바쁩니다. 눈세상을 즐길 여유도 마음도 없습니다. 시골은 도시와 다르게 눈세상 구경할 시간이 많습니다. 논밭에 있는 눈, 소나무에 있는 눈들을 일부러 치울 필요가 없기 때문입니다. 차 다니는 길에도 눈 치울 돈과 장비가 없어서 그런지 눈이 많습니다. 눈이 자기 힘으로 내렸듯이 자기 힘으로 땅에 들어갈 수 있어 천만다행입니다.

오늘은 안개가 가득 끼었습니다. 겨울안개는 또 다른 경치를 만들었습니다. 나무와 풀에 온통 눈꽃을 피웠습니다. 눈꽃을 가득 안고 우뚝 서 있는 갈대를 보면 지금 우리가 살 태도를 말해줍니다. 한겨울 추위를 넘겨야 하는 나무와 풀들은 자기 몸을 가장 가볍게 합니다. 몸에 달고 있던 잎과 열매들을 다 내어주고 빈 몸으로 한겨울 바람을 맞고 있습니다. 그런데 겨울이 따뜻해지면서 나무와 풀들도 다 내어주지 않습니다. 아직도 잎을 파릇하게 달고 있는 풀들이 있습니다.

선생님.

사람도 마찬가지인가 봅니다. 다 내어주지 않고 자기 안으로 더 쌓아두고 겨울을 지내고 있습니다. 함께 다 내어주고 한겨울을 지내면 눈보라를 맞아도 아프지 않을 텐데 말입니다. 내어줄래야 이제는 내어줄 것이 없는 사람들에게 삶의 터전까지 내어달라는 통에 새만금의 겨울은 암담합니다. 어느 해보다 겨울이 일찍 찾아왔습니다. 11월 생합이 모두 깊이 들어가 모습을 감추자 겨울이 왔습니다. 다른 해 한겨울 갯벌에서 나오던 맛과 모시조개가 없어지자 마을이 술렁입니다. 바다도 사정은 마찬가지입니다. 그 많던 물고기는 모습을 감추고 숭어만 겨우 나오던 바다에 김 양식도 올해로 끝이라는 절박함이 퍼지면서 젊은이들이 어찌할지를 모릅니다.

예상하면서도 설마 했던 삶의 터전이 새만금 간척공사로 무너져 내리고 있음을 모두가 느끼고 있습니다. 방조제 공사만 중단한다면 갯벌과 바다가 살 수 있음을 아는 주민들은 죽어가는 바다와 갯벌을 바라보면 마음이 함께 무너집니다. 수년 동안 갯벌을 살리자고 마음 쓰고 싸운 주민들은 우리 힘으로는 어쩔 수 없다는 절망에 더 마음이 아픈지 모릅니다. 당장 이 겨울을 살아야 할 주민들은 근처 식당에 나가거나 고향을 떠나서 먹고살 방편을 알아보느라 어려운 겨울을 보냅니다. 그래도 식당에 나가거나 나가서 살 궁리를 하는 사람은 나은 편입니다. 아무리 어려워도 나갈 수 없는 사람들이 있기 때문입니다.

선생님.

이번에 당선된 대통령에 많은 사람들이 기대를 합니다. 좋은 길을 탐내지 않고 어려운 길을 걸어온 그의 정치역사가 많은 국민들에게 감동을 주었나 봅니다. 이 감동이 대통령이 되어서도 이어지길 저는 진심으로 바라고 있습니다. 그러나 대통령 힘으로 이 사회를 바꿀 수 있다고 생각하지 않습니다. 우리 삶은 우리 스스로 바꾸지 않는 한 누가 대통령이든 바꿀 수 없습니다. 저는 노무현에 거는 기대를 노무현을 대통령으로 당선시킨 국민들의 열망과 바람에 걸고 삶을 꾸리는 것이 맞다는 생각입니다.

더구나 새만금 갯벌을 살리자는 일을 하는 사람들은 노무현 당선자에 걸 기대가 없습니다. 새만금 사업은 잘못된 사업이라 강행해서는 안 된다고 했다가 전북 표를 얻기 위해 적극 밀겠다고 말을 바꾼 사실이 있습니다. 잘못된 사업도 정부가 한 번 결정하면 밀고 가야 한다는 논리는 수단과 방법을 가리지 않고 결정만 시키면 된다는 위험한 사고방식이기 때문에 걸 기대가 없습니다.

새만금 공약으로 내세운 신구상기획단도 방조제 공사를 해서 농지로 쓰는 것은 아까우니 산업단지로 쓰겠다는 위험한 생각입니다.

선생님.

벌써부터 새만금 대안을 여기저기서 이야기하고 있습니다. 바다도시를 해야 한다, 산업단지로 해야 한다는 등 정권 교체기에 새만금을 놓고 많은 이야기들이 나옵니다. 대통령 당선자에게 걸 기대가 없음에 바닥까지 절망하지 않아도 되었습니다. 그러나 갯벌을 살리자고 다른 개발을 이야기하는 것에는 큰 절망을 했습니다. 절망이 깊어지면 희망이 보인다고 '우리 싸움이 바로 이것이구나!' 하는 깨달음을 얻습니다. 생명을 죽이고 파괴하는 사업에 대안이란 생명을 생명으로 보는 것, 자연을 자연으로 돌리는 것밖에 없습니다. 방조제를 더 이상 쌓지 않고 생명을 살리는 일이 대안이고, 방조제를 터 물길을 살리는 것이 대안입니다. 이 생각은 설득력이 없다고 합니다. 일단 방조제 공사를 중단하려면 환경친화적인 대안을 내야 한다고 합니다. 이런 생각들이 얼마나 많은 생명을 죽이고 삶을 파괴할지 마음 아팠습니다.

선생님.
한겨울 절망으로 몸부림치는 주민들 아픔을 마음에 담아 삶의 터전이 무너지는 부안 계화도에서 서울까지 걷기로 했습니다. 생명을 죽이고 삶을 파괴해 얻는 편안함에 맞서고 싶어 서울까지 걷고 싶었습니다. 새만금 갯벌과 바다가 정말로 사는 길은 대통령을 바꿔서도 아니고, 정책을 바꿔서도 아니라 우리 마음속에 바다와 갯벌이 살아 있어야 함을 이야기하고 싶어 서울까지 걷기로 했습니다.

선생님.
겨울은 기다리고 쉬는 철입니다. 기다리고 쉬는 철에 걷는 것이 철에 맞지 않음을 압니다. 그러나 절망이 마음에 가득 쌓이면 알면서도 일을 합니다. 갯벌에 나가야 생합 구경도 못하는 줄 알면서 주민들이 봄을 기다리지 못하고 눈보라를 맞으며 갯벌에 나가는 마음은 절망을 푸는 방법입니다.
한 걸음 한 걸음 땅을 느끼고 바람을 느끼고 나무를 느끼며 걷겠습니다.

'풀꽃세상' 홈페이지 게시판(2003. 1. 11)

짧은 걸음 긴 여운, 걷기를 끝내고

왜 서울까지였을까? 걸음은 우리 생각보다 훨씬 빨랐습니다. 서울까지 겨우 13일 걸렸습니다. 처음 생각으로는 20일에서 30일은 걸릴 것이라는 생각이었습니다. 아니 며칠일 거라는 생각도 없었습니다. 걸어간다는 생각만 있었습니다. 찬바람이 갯벌에 몰아치면서 갯벌과 바다를 터전으로 살아가는 사람들 마음에도 눈보라가 몰아쳤습니다. 마음에 몰아치는 눈보라는 갯벌에 몰아치는 눈보라보다 훨씬 아팠습니다. 계화도가 술렁이기 시작했습니다. 봄이 오면 생합이 나오리라는 막연한 희망만 붙들고 버티고 있습니다. 절망으로 몸부림하는 마음을 두고 볼 수 없었습니다. 깜깜한 밤에 호롱불 빛이라도 만들고 싶었습니다.

서울에서도 찬바람이 몰아쳤습니다. 역경을 이기고 대통령이 된 분에게 많은 기대를 하면서 새만금에 희망을 이야기했습니다. 그러나 안타깝게도 서울에서 희망은 갯벌과 바다를 터전으로 사는 사람들에겐 절망이었습니다. 새로운 당선자가 새만금 사업은 문제가 있다고 말한 적이 있고, 개혁을 이야기해 분명 새만금 사업이 중단될 가능성은 있습니다.

그러나 가능성을 믿고 두 손 놓고 있는 현실이 더 절망입니다. 바다와 갯벌이 사람들 마음에 살아 있지 않는 한 새만금 갯벌은 이미 죽었습니다. 또한 갯벌과 방조제를 둘 다 살린다는 '바다도시 안'은 갯벌이 무엇인지 모르는 환상이었습니다. 바다도시를 만들면 갯벌이 죽습니다. 도시를 만든다 해도 주민들은 삶의 터전을 다 잃습니다. 방조제 공사를 지금 중단하지 않으면 끝이라는 절박함에서 나온 안일지라도 갯벌을 살리지 못하면 생명을 몰살하기는 마찬가지입니다. 지금까지 만든 방조제가 아까워서, 방조제를 그대로 두거나 물길을 터주는 것이 당선자에게 설득력이 없다는 이유로 나온 안들은 다 거짓일 수밖에 없습니다.

절망과 거짓에 맞서는 방법으로 우리는 걷는 것밖에 방법을 찾지 못했습니다. 갯벌과 바다가 죽어가면서 외치는 소리를 걸으면서 마음으로 이야기하기로 했습니다. 우리가 하는 것이 아니라 바다와 갯벌이 하라는 대로 하기로 했습니다. 잘 곳을 미리 준비하지 않은 것도, 먼 걸음을 소홀하게 준비한 것도 문제일 수 없었습니다. 지금은 준비가 아니라 움직이라는 소리를 들었습니다. 다행히 서울대 환경동아리 '씨알' 학생들이 함께했습니다. 우리가 바다와 갯벌을 마음으로 느끼면서 걸으면 다른 사람들도 함께 느끼리라는 믿음이 있었습니다. 눈보라가 얼굴을 때리고 비를 맞고 바람을 맞았습니다. 그러나 마음을 모으고 걷다 보면 비바람과 눈을 맞는 것이 아니라 맞이하는 것임을 느끼게 됩니다.

이틀을 걸어서 전북을 벗어났습니다. 해마다 늘어나는 길이 잠시 마음을 흐려놓았습니다. 충남에서 여섯 밤을 자야 합니다. 홍성 외에는 한 군데도 준비한 곳이 없습니다. 당장 서천을 걸으면서도 누구 하나 잠자리 걱정을 하지 않습니다. 다행히 갯벌이 있는 바닷가 마을에 숙소가 정해졌습니다. 갯벌이 있어선지 친숙한 마을입니다. 갯벌 기운이 잘 곳을 마련해준 듯합니다. 서울까지 잠자리는 계속 이런 식으로 해결되었습니다.

아산 현대자동차 공장이 있는 곳을 걸을 때 큰 차들이 걷기를 무척이나 어렵게 했습니다. 길은 좁은데 피할 곳은 없고 큰 차가 지날 때마다 바람이 세게 일어 위협을 느꼈습니다. 걷기에 마음을 집중할 수가 없었습니다. 속도를 줄이지 않는 큰 차가 미웠습니다. 그러나 잠시 생각했습니다. 저 모습이 우리가 사는 모습이구나 하는 생각을 했습니다. 도시에 사는 사람에게 택배 보내야 하고, 차를 빨리 사고 싶어 독촉하면서 큰 차를 미워할 수 없구나 하는 생각을 했습니다. 내가 만들어놓은 세상을 내가 미워할 이유가 없었습니다.
이 마음으로 걷고 있는데 반가운 사람들이 찾아왔습니다. 생명의 존엄을 회복하자고 노력하는 '풀꽃세상을 위한 모임'에서 함께 걷겠다고 오셨습니다. 처음으로 생명 파괴의 대안은 생명을 살리는 일이라는 이야기를 나누었습니다. 참으로 반가운 시간이었습니다.

며칠 걸어서 시화호에 도착했습니다. 충남 어디를 걷고 있는데 이번 걸음에 시화호를 들르지 않으면 안 된다는 허정균 님의 제안이 있었습니다. 죽어간 시화호는 새만금 갯벌에게 어머니입니다. 먼저 죽임을 당한 시화호는 자식에게 끊임없이 생명의 기운을 보내고 있습니다. 그래서 '간척사업으로 죽어간 서해안 갯벌생명 위령제'를 시화호에서 하게 되었습니다. 수많은 생명을 몰살하고도 죄책감 없이 살고 있는 우리들이 부끄럽습니다. 죽어서도 생명의 기운을 보내고 있는 시화호의 외침을 마음의 문을 닫고 있어 듣지 못하는 우리가 부끄럽습니다.

겨울비를 맞으며 지내는 위령제였지만 부끄러움에 추운 줄도 몰랐습니다. 우리 걸음을 시화호로 이끌어준 허정균 님께 진심으로 고마움 전합니다. 사람들의 탐욕과 오만으로 삶의 터전을 잃고 몸부림하는 우음도 주민들, 새만금에서 왔다고 성심성의껏 맞아준 정성 정말 고맙습니다.

어느새 우리 걸음이 수도권에 들어섰습니다. 정답게 보이던 논밭은 사라지고 공장과 아파트만 보입니다. 논밭이 있고 산이 있는 길은 희망을 느끼게 했습니다. 지금이라도 속도를 멈춘다면 희망이 있다는 생각입니다. 수도권은 가끔씩 보이는 나무들이 반갑습니다. 심어진 나무라 제자리가 아닐지라도 반가웠습니다. 군포에서 안양을 들어서다 걸음이 바뀌었습니다. 새만금 간척사업을 하는 농업기반공사 본사가 안양에 있기 때문에 농업기반공사에 들러 고사를 지내기로 했습니다.

이날은 하루종일 눈이 내렸습니다. 먼 길 추위와 함께 달려온 탓인지 직원들이 마당에 들어가는 것을 막지 않았습니다. 사람 마음으로는 삶의 터전을 빼앗는 이 사람들에게 저항과 분노를 느끼겠지요. 그러나 새만금에서 이곳까지 온 짱뚱어 마음을 생각했습니다. 저 짱뚱어가 무어라 말할까 들어보았습니다. 짱뚱어는 "내가 살아야 사람도 산다. 내가 죽으면 사람도 죽는다. 함께 살아야 한다"고 말했습니다. 그래서 고사를 짱뚱어 외침으로 지냈습니다. 생명을 파괴해 얻은 여러분들 이익이 실은 여러분 삶을 파괴하는 독임을 짱뚱어는 절규했습니다.

항상 싸우고 대립하는 사람들이라 미움과 분노가 마음에 있는데 미움과 분노가 짱뚱어 외침으로 사라져 마음이 편했습니다. 서울까지의 걸음에서 마음의 목표가 이루어지는 순간이었습니다. 걸음을 지금 멈추어도 되었습니다.

사당에서 광화문 가는 길에 용산을 들렀습니다. 용산은 미군기지가 있습니다. 용산에서 고사를 지내지 않을 수 없었습니다. 허리가 부러지고 목이 비틀어진 땅신을 만나야 했습니다. 그런데 땅신은 나그네 마음으로 절대 고사에 모실 수 없습니다. 내 몸이 그리 고통을 당하고 있다면 나그네에게 마음을 열 수 없습니다. 내 몸이 잘려나간 고통으로 땅신을 모시자고 했습니다.

이렇게 가는 곳마다 마음 닿으면 지내던 고사와 위령제는 마무리되었습니다. 걷기에서 만들어낸 문화가 고사였습니다. 참회와 부끄러운 마음을 고사로 풀었습니다. 어떤 요구와 주장보다도 강한 힘이었습니다.

함께 13일 걸으면서 나눈 정이 깊었나 봅니다. 마지막 날 은별이가 한 시간 넘게 울었습니다. 대학생 오빠들과 헤어지기 싫어 주체하지 못하는 눈물을 쏟았습니다. 아버지인 은식 형도 눈물을 흘렸습니다. 자식이 왜 눈물을 흘리는지 아버지는 알고 있습니다. 갯벌과 바다가 죽어가면서 계화도엔 절망이 있을 뿐입니다. 은별이에게 애정을 쏟을 대학생 오빠들이 없습니다. 아낌없이 주는 애정이 계화도엔 없습니다. 걷는 동안 부안에서 간 사람들은 행복한 시간이었습니다. 이 행복한 시간이 꿈만 같았습니다. 이 꿈을 이제 깨야 한다는 사실이 싫어서 울었습니다. 절망하는 계화도가 우리 땅이라는 사실을 싫어도 인정해야 합니다. 은별이와 부안 사람들 눈물은 아픔입니다. 김 일을 못 가는 동안 김발이 뒤집혀져 일손을 기다리고 있고, 겨우내 한숨으로 지내던 선구 어머니와 순덕 이모님은 설 끝나고 갯벌에 나가자고 하십니다.

짧은 걸음을 빨리 끝내야 하는데 마음은 자꾸 긴 여운을 남깁니다.
아픔의 눈물로 긴 여운을 지워야 합니다. 13일 동안 우리를 걷게 해준 많은 분들께 진심으로 고마움 전합니다. 이분들이 우리를 13일 동안 자유롭게 했습니다. 이 자유를 평생 간직하겠습니다.

'풀꽃세상' 홈페이지 게시판(2003. 2. 3)

신형록　새만금사업을 반대하는 부안사람들 전 대표. 새만금 사업과 동시에 맨 처음 떠오르는 새만금 지킴이로서, 새만금을 살리기 위한 다양한 운동의 한복판에 서 있다. 이 운동이 결국은 생명의 운동이고, 미래세대를 위한 우리의 책임이라는 자각에서 어린 자식들과 갯벌을 걷는 일을 지속하였다. 결국 그는 새만금을 통해 '더 낮은 삶을 선택하지 않으면 안 된다' 는 자기 발견에 이른다.

222

새로운 문명사회는 가능할까 삼보일배 뒷이야기 |김경일|

난 솔직히 고백하면 평범한 원불교 교역자다. 사람들이 교무라고 부른다. 문규현 신부님이나 수경 스님처럼 높은 덕을 쌓고 명망 있는 처지가 아니다. 이희운 목사님도 전북 지역에서 오랫동안 민중교회를 섬기고, 없는 자들을 위해 헌신해온 분이다. 이런 분들과 함께 두 달여 동안 침식을 같이하며 세상을 위해 기도하는 시간을 가질 수 있었던 것은 나로서는 행운이었다. 난 운동이 무엇인지, 환경이 무엇인지 잘 모른다. 기껏해야 5공 시절 광주항쟁이나 호헌조치 때 최루탄 세례를 당하면서 남이 알아주지 않는 우국충정에 눈물 흘려본 경험이 고작이다. 새만금에 대한 고민조차 세 분의 그것과는 감히 비교할 수 없다.

원불교의 동참을 공개적으로 권유받으면서, 처음에는 나 말고 내 후배 중에 누군가가 참여해주기를 바랐다. 하지만 우리 교단 내에서 새만금에 대한 인식이 서로 다른 가운데 어느 누구도 따가운 시선을 견뎌내기가 쉽지 않았을 것이다. 결국 참여를 권장했던 내가 나서기로 했다. 말이 스스로 선택이지 실은 덤터기를 쓴 것이다. 그것도 해창에서 군산까지만 삼보일배를 하고 이 목사님과 나는 전북 지역을 중심으로 각 지역을 순례하면서 새만금 사업의 부당성을 홍보할 계획이었다.

예비 모임도 없이 마침내 3월 28일 해창 갯벌에서 우리는 처음 만났다. 수경 스님은 두어 차례 가까이서 뵌 적이 있지만 문 신부님은 사실상 처음이고 이 목사님은 생면부지 초면이었다. 나와 이 목사님은 우리 수행팀조차도 누구 하나 알지 못했다. 어색한 만남인 채로 우리는 해창 갯벌을 출발했다. 마침 틱낫한 스님이 함께 해주었다. 그분은 우리나라 조계종의 간화선(看話禪) 종지(宗旨)와는 흐름을 달리하는 위파사나 선(禪)을 통한 불교 평화운동가다. 색다름 때문인지 그의 가르침을 향한 일반 대중들의 목마름은 깊어 보였다. 귀를 쫑긋 세우고 소리 죽여 경청하는 모습이 그걸 말해준다. 내 선후배 동지들과 교도님들도 생각했던 것보다는 많은 분들이 함께해서 나의 출발을 지켜보았다.

시작부터 나와 이 목사님은 무릎 보호대로 고생을 했다. 경험이 일천한 관계로 기껏 운동선수용 보호대를 무릎에 부착하는 것이 고작이었다. 마음도 몸도 모두 준비가 부족한 채로, 하여튼 새만금 갯벌의 생명과 평화를 위한 삼보일배는 그렇게 시작되었다. 다만 온 세상과 새만금의 생명과 평화를 기도하면서 마치 황소처럼 뚜벅뚜벅 세 걸음 걷고 한 번 절하며 그렇듯 어설프게 여정은 시작되었다.

첫날 천주교 자그마한 공소에서 첫 밤을 묵었다. 지역 주민들은 머지않아 삼보일배가 이 지역에 어떤 파장을 가져올지에 대해서는 안중에 없는 듯 보였다. 다만 그 어렵다는 행진이 안쓰럽게만 생각되는 듯 위안의 말은 따뜻하기만 했다. 아마도 존경하는 신부님이 하시는 일이라서 그저 좋은 일이라고 믿었던 걸까. 일찌감치 마당에 텐트를 치고 잠을 청했지만 잘 수가 없었다. 문제는 추위였다. 준비해온 침낭만으로는 영하로 떨어지는 추위를 막기엔 역부족이었다. 밤조차 길어 날 새기만 기다리다 아침해가 난 뒤에야 겨우 웅크렸던 몸이 자유로웠다. 유난히 추위를 타는 나만의 문제려니 생각했는데, 역시 준비가 허술한 목사님도 밤새 고생한 모양이다. 이렇듯 매사에 부족한 채로 함께한 목사님과 나는 행진이 계속되는 중에 부족한 준비를 채워갔다.

복된 땅, 전북

내 고향은 전라도 고부(古阜)다. 사람들은 얼른 동학농민혁명을 머리에 떠올릴 것이다. 우리 고향집은 눈만 들면 멀리 까마득한 들판이다. 왼편 너머로 증산(甑山) 선생이 도학(道學)을 비전받았다는 두승산이 솟아 있고, 오른편 멀리는 변산이 병풍처럼 둘러쳐 있다. 변산은 원불교 개조(開祖)이신 소태산 대종사가 불교 혁신과 후천개벽을 꿈꾸며 수년 동안 은거하여 준비한 곳이기도 하다. 그래서 원불교에서는 이곳을 제법(制法) 성지라 일컫는다.

전북 지역은 백제 때부터 미륵불(彌勒佛)과 용화회상(龍華會上)을 고대하며 신앙하던 이 나라 최대의 미륵 사찰이 있었고, 금산사를 비롯하여 미륵을 섬기는 믿음이 유독 특별한 곳이다. 미륵이 누구이며 용화회상이 어떤 세상이던가. 석가불 이후 오신다는 대망의 새 부처님이시며 크게 밝은 대명천지(大明天地) 아니던가. 또한 이 땅에는 일찍이 이 나라 천주교 최초의 김대건 신부 자취가 어려 있는 나바위 성지를 비롯해서 천호산, 치명자산, 숲정이 등 깊은 신앙심이 배인 성지가 즐비하다. 석가모니불의 후신이라 칭송받는 진묵 스님의 탄생과 수행 자취가 곳곳에 전설과 함께 널려 있고, 개신교 중에도 새로운 세상을 꿈꾸는 진보적 교회, 기독교장로회의 활동이 특별히 왕성한 곳이기도 하다.

소태산은 이곳 호남을 천하에 제일가는 곳이라며, 무산자(無産者)들의 왕래가 편한 익산을 전법(傳法)의 근거지로 삼았다. 이런 기연으로 익산 땅에 오늘날 원불교 중앙총부가 있게 되었다. 증산의 개벽세상을 위한 대순(大巡)의 흔적과 상놈 세상을 꿈꾸던 동학 농민들의 함성과 혁명의 자취가 지금도 그대로 살아 있는 땅이 전라북도다.

이처럼 이 지역은 고금성현과 선지자들의 자취가 생생한 땅이다. 계룡산과 모악산을 사이에 두고 새로운 세상을 꿈꾸던 이들의 염원이 가득 담긴 땅이다. 나는 이를 후천개벽을 기다리는 성지라고 부른다. 진실로 그렇다.

전북 지역은 또 생태적으로도 전국 어느 곳보다 조화롭고 온전하게 보전된 곳이다. 내륙 깊숙이 자리잡은 남원에는 이 나라 최대의 명산 지리산의 호연지기가 민족의 정기를 머금고 있고, 그 옆으로 무주 구천동에는 비로자나불 현신의 청정함이 그대로 함양되어 있다. 그 앞자락으로 나아가 김제 땅에는 지평선 들녘 호남평야의 툭 트인 풍요가 끝도 가도 없이 펼쳐져 있어 넉넉한 인심을 뒷받침하고 있고, 그 끝자락에는 이 나라 최대의 새만금 갯벌이 있다. 동진강과 만경강 하구에 잘 발달된 새만금 갯벌은 바다 새 생명들을 잉태하는 자궁이며, 육지의 오염을 다 씻어주고 용서하여 새로운 생명으로 거듭나게 하는 자연 정화장이다.

특히 새만금을 안고 있는 부안 땅은 산과 강과 평야와 갯벌과 바다와 섬까지 어우러진 천혜의 자연 조건을 가진 곳이다. 나는 운 좋게도 이와 같은 인문학적 가치와 생태적 자연환경을 아우른 복된 땅에서 어린 시절을 보냈다. 이것이 내가 철든 후로도 누구보다 고향 땅을 사랑하고 고향 땅을 자랑하는 배경이다. 오늘날 내가 성직을 가는 사람으로서 조금이라도 진리를 향한 거룩함과 광명천지 개벽의 꿈을 지닐 수 있었다면, 그리고 생태적 삶에 대한 이해를 가질 수 있었다면, 이는 다 이런 고향 덕분이다.

문명의 이름으로 제 무덤을 파는 어리석음

그런 나에게 새만금 방조제는 정말 가슴 미어터지는 일이다. 갯벌을 죽이고 강을 썩히며 수십 수백 개의 산을 헐어야 하는 새만금 사업의 무모함은 분통을 터지게 하는 폭거다. 우리 정신의 조상인 뭇 성현들의 거룩한 자취를 헐어내는 몰상식의 극치며 모독이다. 그들의 안중에는 이익 계산밖에 없다. 알고 보니 이 지역 기층 민중의 이익과는 거리가 더더욱 멀다.

기실 나에게도 처음부터 이런 생각이 있었던 것은 아니다. 수십 년 전만 해도 이 고장은 먹고살기가 여타 지역보다 나은 살기 좋은 고장이었다. 하지만 잇따른 정권의 계속적인 지역 차별로 뒷전으로 밀려나면서 이 나라에서 가장 살기 어려운 지역으로 전락하였다. 250만 인구가 지금은 200만도 안 된다. 서울권은 차치하고서라도 산업시설을 가진 여타 지역과 비교해도 대조적이다. 그래서 나도 한때 지역 차별에 대한 서러움과 분노로 저항심 가득한 때가 있었다. 지금도 이곳 사람들의 개발 소외에 대한 응어리를 보면 가슴이 미어진다.

새만금 사업은 정치적 모리배들이 그런 지역의 소외감을 비집고 표심을 사는 대가로 시작되었다. 나도 처음엔 새만금 사업이 소외에 분노하는 지역 민심을 다소나마 달랠 수 있을 것이란 어리석은 환상을 가진 때가 있었다. 호남 소외, 호남 중에서도 전북의 소외는 그렇게 깊은 한을 지니고 있다. 그래서 전북 민심이 이 문제를 스스로 풀기가 쉽지 않다. 새만금 문제를 대하는 정부나 힘센 사람들, 그리고 환경운동가들은 이곳 사람들의 갯벌에 대한 몰이해에 앞서, 이런 마음 아픈 현실을 헤아릴 수 있어야 한다.

하지만 이제는 아니다. 막가파 식의 개발과 성장이 우리에게 한때 주림을 채워주었다는 점은 인정할 수 있지만, 이런 방식이 지속 가능한 풍요를 우리에게 가져다줄 수 없을뿐더러 삶의 행복은 더더욱 아니다. 이미 이 나라 곳곳에 난개발의 허상이 눈앞의 현실로 증명된 이상 더는 이 땅을 참혹하게 죽여서라도 배부르게 살겠다는 맹목적인 성장에로의 질주는 안 된다고 생각한다. 조금만 돌이켜 생각해보면 우리가 그토록 어렵사리 이룩했다는 경제 발전이 얼마나 허구적인가를 알 것이다. 정말 우리가 꿈꾸었던 세상은 이것이 아니라고 소리 높여 외치고 싶다.

세상의 공기는 다 오염시켜 맘 편하게 숨쉴 수 없는 세상을 만들어놓고, 우리가 마련한 문명의 대안이란 것은 집안에 공기청정기를 사다놓는 일이 고작이다. 세상의 땅은 다 더럽혀놓고 무공해 농산물을 고르느라 눈을 번뜩이며 값비싼 대가를 치르는 우리 자화상을 보면 인간은 지지리도 못난 짐승 같기도 하다. 강은 물론 지하수까지 다 더럽혀놓고 고작 꾀를 낸다는 것이 정수기를 사다가 집안에 비치하는 일이다. 바람이 불면 황사 걱정해야 하고, 비가 오면 산성비 걱정해야 한다. 요즘은 햇볕마저 마음놓고 즐길 수가 없다고 한다. 공해로 인해 오존층이 절단 나서 과다한 자외선에 노출되면 피부암에 걸린다는 것이다. 이게 지금 우리가 이룩했다는 문명사회다. 다들 심각한 걱정은 하면서도 한심한 행진은 그칠 줄 모른다. 그런 걱정마저도 새로운 과학이 출현하여 우리를 행복한 나라로 인도해줄 것이라는 상상으로 덮어버리려는 것일까?

생각해보자. 비록 지금보다 가난했던 옛 시절에는 이 나라 강산 어디에서든지 가슴을 활짝 열어젖히며 통쾌하게 숨쉴 수 있었다. 어디든지 맘 편히 마실 물이 지천에 있었다. 맨손으로 맨발로 뺨에 맘껏 비벼도 좋은 땅, 날 더우면 풍덩 들어가 미역을 감을 수 있는 강물이 있었다. 그런데 우리가 그토록 허리가 휘고 잠을 설치면서 이룩한 문명이란 것이 겨우 이런 것인가. 이제 자연은 우리를 반기지 않는다. 이제 자연은 우리 편이 아니다. 공기도 물도 땅도 바람도 이제 우리와 친하지 않다. 공기와 물조차 돈 없으면 차별과 소외를 받아야 하는 것이 우리가 자랑하는 문명사회다. 우리 삶의 터전은 이렇게 여지없이 유린되고 산하와 대지는 멍들고 있다. 깊은 병으로 자연이 신음하면서 세상은 괴질과 환경 재앙으로 불안해하고 있다.

어떤 사람들은 오늘날 현대인들이 향락으로 발길을 돌리는 것을 탓하지만, 나는 정해진 길이며 순서라고 본다. 술과 마약, 섹스와 도박은 그나마 그들에게 알 수 없는 소외와 무력감을 잠시라도 잊게 해준다는 점에서 오히려 더없는 매력이다. 더 큰 이(利), 더 돈 되는 새로운 것을 찾아 이 사회는 끊임없이 경쟁하고 채찍질한다. 과학이란 신기루에 효율성이란 이름으로 끝없이 전진에 전진을 거듭하며 끝없이 쥐어짜는 세상. 그 요지경 속에서 서로 더 많이 차지하겠다고 치열하게 몸짓하며 폭력과 쟁탈이 난무하고 인류는 무너져 가고 있다.

난 요즘에 시를 읽는 것이 두렵다. 결코 시인의 탓이 아니다. 내 배움이 천하기도 하지만 요즘 시는 옛 선현들의 그것과는 달리 대할수록 마음 편하지 못하여 부담스럽다. 요즘은 시인들조차 자연과는 거리가 멀어진 것이 아닐까? 아니지, 그게 아닐 것이다. 송풍나월(松風羅月)의 낭만과 자연의 덕을 노래하기에는 세상이 처한 위기가 너무 심각한 게지. 순박한 시인들마저 이 절박함에 맘 졸이고 투사가 될 수밖에 없는 상황일 것이다. 죽어가는 세상을 절규하는 것일 게다. 방죽의 물이 점점 썩고 점점 말라 목숨이 멀지 않았음을 알지 못하고, 힘차게 꼬리치며 즐기는 송사리떼를 보면서 그 무지함을 탓할 줄 아는 영리한 사람들이, 어찌 문명이란 이름으로 자기 묘혈을 파는 것은 알지 못하는지, 도대체가 알다가도 모를 일이다. 새만금 방조제가 꼭 그렇다.

사은(四恩)님 앞에 참회하고 용서를 구하며

오늘은 해창 떠난 지 나흘째다. 부안 읍내를 막 벗어나 드넓은 지평선 들판길이다. 쉬 내색은 못 하지만 온몸이 쑤셔 솔직히 죽을 맛이다. 쉬는 시간에 누군가가 호의로 마사지를 한다며 손길이 살갗에 이르면 순간 진저리가 쳐진다. 정말 머리끝에서 발끝까지 아프지 않은 구석이 없다. 스님께 어떠시냐고 살짝 물으니 괜찮으시단다. 죽겠다는 시늉에, 일주일만 지나면 근육 아픈 것은 다 풀릴 것이라며 표정이 대수롭지 않다.

선병자의(先病者醫)라 했던가. 도무지 나와는 다르게 넉넉한 모습이다. 난 내 스스로가 미덥지 못하다. 백 리도 못 가서 발병이라도 나, 못 간다고 주저앉는다면 또 이게 무슨 창피랴. 괜스레 걱정이 앞선다. 20년 넘게 내 발목을 잡았던 간질환도 내 머리를 어지럽힌다. 교단 어른들과도 충분히 협의하지 못하고, 무엇보다 교당 교도님들의 이해를 구하지 못하고 온 것이 내내 마음 한구석에 자리하고 있다.

벌써 군산이 멀지 않다. 전군도로는 벚꽃이 필 때가 됐다. 오늘도 마치 배추자벌레처럼 우리의 굴신(屈伸)은 계속되고 있다. 전전긍긍(戰戰兢兢) 여리

박빙(如履薄氷) 하면서 사은(四恩)님 앞에 참회하고 용서를 구하는 오체투지의 절은 계속되고 있다.

"천지신명과 삼세일체 조상제위와 제불제성(諸佛諸聖)의 성령과 인류동포를 비롯한 삼라만상 앞에 온몸을 낮추고 그동안 알고도 짓고 모르고도 지은 삼세일체의 묵은 죄업을 진실로 참회하옵나니, 저희들의 미성에 감응하시와 사랑으로 용서하시옵소서."

잠시 쉬는 시간. 길가에 털퍼덕 주저앉아 잠시 숨을 고른다. 조석과는 다르게 한낮은 온몸이 땀으로 젖는다. 들녘에서 불어오는 가벼운 바람에도 내 지친 몸은 작은 환희를 느낀다. 그렇다. 한줌 작은 바람도 이렇게 고맙구나. 어릴 적 어머님의 채근에 억지 콩밭을 매다가 늘어져 느꼈던 그런 바람의 시원함이다. 언제부턴가 내 삶에서 멀어지고 잊어버렸던 바람에 대한 소중함과 고마움에 가슴이 뿌듯하다. 옆을 돌아보니 개불알꽃이 논둑길을 따라 깨알처럼 피어 있다. 그 소박함과 청순함이 내 근심을 일시에 거두어간 듯 마음속까지 환해진다. 여느 때 같았으면 눈길조차 주지 않았을 작은 들꽃인데 오늘은 이렇게 고맙구나. 새삼 내 걸어온 삶이 얼마나 부족하고 무딘 것인가 하는 회한이 끓어올랐다. 무엇인가에 홀린 듯 정신 없이 분주하게 달려온 길이 모두가 허망하게만 느껴졌다.

철들자 고향을 떠난 후 명색이 도(道)를 공부하겠다며 정신 없이 지나온 세월들이 지금 내게 무슨 의미가 있을까. 바람도 꽃도 느끼지 못하는 반쪽 인생! 자연과 대지의 품에서 멀어져버린 인생에서 온전한 삶이란 애당초 기대할 수 없는 것임을 나는 오늘에야 절감한다. 성리대전(性理大全)이라, 성리는 크게 온전한 것이라 했는데, 성리가 도(道)요, 도가 자연(自然)인 것을……. 온전함이란 생명 그 자체요, 평화 그 자체다. 오늘은 마치 큰 도나 얻은 듯 마음이 너그럽다. 바람과 개불알꽃 덕분이다.

군산 금강 방조제를 지나고 있다. 이곳도 방조제가 생기면서 이곳만의 독특한 물고기, 황복과 우어가 사라지고 있다. 금강을 거슬러 다니던 뱃길도 막

했다. 방조제가 가로막아 민물과 바닷물을 갈라놓았기 때문이다. 서천 환경연합 배려로 사무실 바닥이긴 하지만 노숙은 면한 셈이 됐다. 전날 저녁 비바람에 텐트가 부서지고 고생한 덕분이다.

날이 새면 우리는 서로 잠시 헤어져야 한다. 신부님과 스님은 서천을 지나 서울로 향하고 나와 목사님은 군산에서 익산을 거쳐 전주, 전북도청으로 향하게 된다. 나는 함께 서울로 계속 가고 싶었지만 목사님의 집요한 권유를 받아들여 전북 지역을 순례하기로 했다. 서울도 중요하지만 전북 인심이 더 중요하다는 것이다. 맞는 말이다. 이미 던져진 주사위인데 따가운 시선을 이겨내야 한다. 어차피 정면 돌파가 필요한 상황이다. 용기백배 해야겠다.

전북 구간의 삼보일배는 참으로 다행스러운 것이었다. 우리는 가는 곳마다 뜻밖의 환대를 받았다. 종교단체 말고도 민주노총, 전교조 등 시민단체의 합력이 잇따랐다. 간간이 걱정하는 시민들이 없지 않았지만 의외로 우리를 보는 도민들의 시선은 그렇게 차갑지만은 않았다. 어떤 신혼부부는 신혼여행을 우리 숙소로 와서 축하파티가 열리기도 했고, 어떤 임산부는 태교에 좋을 듯하다며 우리를 찾아주었다. 보름간의 삼보일배는 비록 조촐했지만 이 지역 시민단체 활동가와 종교단체들의 뒷받침에 힘입어 올곧은 기도를 이루어냈다. 내 기억으로는 이때의 기도가 가장 온전했던 게 아닌가 싶다.

환경단체 '풀꽃세상을 위한 모임'의 예쁜 친구들과 대구, 마산 등지에서 찾아와 격려해준 젊은 친구들도 기억에 새롭다. 마지막 날 우리는 도청을 한 바퀴 돌아 시민단체들이 마련한 문화행사로 전북 지역 순례를 마감하고, 이튿날 신부님과 스님의 행진 대열에 합류했다. 충청남도 홍성에서였다. '새만금사업을 반대하는 전북사람들'의 주용기 위원장, 활동가 오두희 같은 이들의 몸을 아끼지 않는 헌신성과 신형록 등 '새만금사업을 반대하는 부안사람들'의 맑은 생각 등은 두고두고 기억에 남을 것 같다.

백척간두 진일보

오늘도 세 번 걷고 엎드리는 오체투지는 계속된다. 천안을 지나 어디쯤이었을까.

어떤 모자(母子)가 수경 스님을 찾았다. 먼저 어머니의 삼배가 극진하다. 그런데 아들은 보아하니 중풍으로 사지가 자유롭지 못하다. 불편한 몸으로 삼배를 마치자마자 설움이 복받쳤을까. 흐느낌이 깊고 깊어 옆자리의 나를 난처하게 만든다. 근엄하던 스님 눈도 이미 젖었고 나도 옆에 앉아 주책없이 흐르는 눈물을 감추느라 어색하기만 하다. 곡절은 알 수 없지만 청춘에 육신이 자유롭지 못한 처지가 되어 상처가 깊었을 것이다. 꿈도 꺾이고 장밋빛 인생이 온통 엉클어졌을지도 모른다. 순간 나는 "부처님, 이 마음 아픈 사연을 받아주십시오. 이 중생을 꼭 껴안아주십시오" 하고 기도했다. 그러나 그 이상 내가 할 수 있는 것이라고는 아무것도 없었다. 저 상처받은 젊은 영혼의 앞날을 위하여 고작 두 손을 모아 기도하는 것 말고 그를 어루만지며 절망을 이겨내며 해탈을 끌어낼 수행의 힘이 없는 것을 비로소 확연히 알게 되었다.

어느 날은 어떤 수도자 한 분과 깊고 짧은 대화를 가졌다. 청운의 꿈을 안고 수행해왔지만 껍질뿐이란다. 내내 진실하고 순박했던 그는 믿었던 사람의 배신으로 인해 때때로 옛 인연에 대한 분노를 삭이지 못하는 고통을 호소해왔다. 또 어떤 수행자가 세월이 흐를수록 본원(本願)과 멀어지는 자신이 밉지만 어찌할 수 없다며 허한 웃음을 지었을 때도 나는 아무 할 말이 없었다. 그래, 바른 수행길을 밟는다는 것이 얼마나 어려운 일인가. 두 발로 칼날을 밟는 것보다 어렵다는 『중용』(中庸)의 구절이 문득 생각났다. 그러나 나는 아무 말도 못했다. 아니 감당할 수가 없었다. 난 그날 후로 다만 이렇게 기도하는 것이 고작이었다.

"진리이신 부처님(하나님), 이 일을 어찌해야 하겠습니까. 저희들을 이 파란고해(波瀾苦海)에서 건져주시되, 당신의 뜻대로 하옵소서."

사람은 누구나 묵은 업을 가지고 사는 듯싶다. 가진 자의 고통만큼이나 못 가진 자의 그것도 깊구나 싶고, 못 배운 자의 무지만큼이나 배운 자의 한계도 뚜렷해 보였다. 선악의 차이가 백지 한 장이다. 선이 좋다고 하지만 교만하면 악의 싹이 움트고, 악이 나쁘다고 하지만 회개하면 선의 종자가 자라는 것이다. 선악을 초월해서 지선(至善)에 머무르고자 하되, 이를 감당할 만한 자가 과연 몇이나 될까. 착잡한 생각이 든다. 수십 년 선지식(善知識)을 흉내내면서 아직도 안주처(安住處)에 이르지 못하고 지금도 순간 방황하는 마음을 들여다보면 걱정도 된다.

물질문명의 개벽을 따라 어느덧 우리 사회는 물신(物神)을 섬기며 사는 세상이 되었다. 난 솔직히 아니라고 부정하지 못한다. 자본주의는 두말할 것도 없고 사회주의의 민중운동조차도 실은 부(富)의 공평한 분배 외에 다름이 아니다. 결국 돈을 향한 헤게모니 싸움일 뿐이다. 더 많은 물질의 풍요로 표심이 몰려가고 정치는 표심을 얻기 위해 더 큰 개발 공약을 끊임없이 만들어낸다. 하지만 우리들 안방은 더 윤택해졌을지 몰라도 세상은 훨씬 더러워졌다.

생태계 파괴와 교란은 사스나 에이즈 같은 괴질을 만들어내, 암(癌)을 평정하면 걱정 없을 것만 같던 우리의 기대를 여지없이 짓밟고 있다. 어리석은 이들은 이런 시련에서도 자연의 참뜻을 알지 못한다. 그래서 더 많은 돈을 과학에 투자하면 마침내 우리 인간은 자연을 정복한 승리자가 될 거라며 인심을 충동질하고 있다. 인간이 제 위(位)를 지키지 못하고 권모술수만 일삼고 있다. 그래서 일찍이 소태산 대종사는 "물질이 개벽되니 정신을 개벽하자" 며 제자들에게 이렇게 기도를 촉구하였다.

지금 물질문명은 그 세력이 날로 융성하고 물질을 사용하는 사람의 정신은 날로 쇠약하여 개인·가정·사회·국가가 모두 안정을 얻지 못하고 창생(蒼生)의 도탄(塗炭)이 장차 한이 없게 될지라…… 그대들의 마음은 곧 하늘마음이라 마음이 한 번 전일하여 조금도 사(私)가 없게 되면 곧 천지로 더불어 그 덕을 합하게 될 것이니, 그대들은 각자의 마음에 능히 천의(天意)를 감동시킬 요소가 있음을 알아야 할 것이며, 각자의 몸에 또한 창생을 제도할 책임이 있음을 항상 명심하라.

—원불교 『대종경』 서품 13장

나의 삼보일배 기도는 이런 진정을 세상에 전하고 싶었다. 어쩌면 새만금은 머지않아 죽을지도 모른다. 죽더라도 그 희생을 통해 더 큰 세상을 살리는 교훈을 전할 수 있다면 다행이겠다. 물론 죽지 말고 살아서 이런 교훈을 생생히 전할 수만 있다면 더욱 다행이겠다. 힘있는 자들의 현명한 판단을 빈다.

오늘은 남태령을 넘었다. 스님도 휠체어에 의지한 채 결연히 함께하고 계신다. 카메라도 많고 질문도 많다. 어떤 이들은 호기심 어린 눈빛으로, 어떤 이들은 우리를 마치 개선장군 대하듯 영웅처럼 본다. 아마 생각하면 그럴 것이다. 절 수를 헤아리면 15만 배쯤은 될 거고, 거리는 자그마치 8백 리라 하니 상상이 잘 안 될 것이다. 나도 처음엔 그래서 두렵고 미덥지 못한 때가 있었다. 그러나 지금 생각해보면 '생각'이 두려운 것은 아닐까? 과거에도 머물지 않고 미래의 근심도 당겨놓지 말고 그냥 당하는 이때 이 자리에 마음을 다하면 걸음걸음이 새롭고 나날이 새롭다. 사람들은 제 아니 오르고 뫼만 높다 했던가.

세상의 병 중에 하나가 '생각'만 있고 '실행'이 없는 것이다. 특히 고비를 당해서 한 걸음 더 치고 나가기가 쉽지 않은 거다. 백척간두 진일보라, 천 길 낭떠러지에서 불쑥 한 걸음 내딛기가 생각만큼 쉽지가 않다. 막상 내디디면 오히려 살 길이 열리는 것을, 사람들은 생각으로만 헤아리고 두려워하여 이를 행하기가 쉽지 않다. 죽으면 사는 것을……. 스승님께서 '아사법생 법생아생'(我死法生 法生我生)이라, 내가 죽으면 법이 살고 법이 살면 큰 내가 산다고 부촉하시지 않았던가.

방조제 공사를 중단하고 갯벌을 살려야 한다

새만금 이야기만 하면 마음이 아프지만 또 한번 해야겠다.

세계 최대의 방조제와 세계 최대의 생태계 교란사업, 이것이 새만금의 두 얼굴이다. 알 만한 사람은 다 아는 것처럼 새만금 사업은 지역 차별의 응어리를 정치적으로 이용한 대표적인 개발독재의 산물이다. 그래서 애초부터 경제적인 관점에서 정부조차 스스로 그 타당성을 부정했던 사업이었다. 지금도 한 번만 생각하면 농지 조성을 통해 전북 발전을 도모하겠다는 이 계획은 터무니없는 것이다. 대통령도 일관되게 새만금 사업을 중단하지는 않겠지만 농지 목적의 사업으로서는 타당성이 없다며 내부 개발 용도에 대한 대안의 필요를 언급하고 있다. 속으로는 전북 지역이 바라는 바다.

우선 떠오르는 것이 복합 산업단지다. 전 유종근 전라북도지사 때부터 이 문제로 농림부와 전라북도가 오랫동안 실랑이를 했다. 그런데 유감스럽게도 여의도 140배나 되는 1억 2,000만 평을 복합 산업단지로 개발하기 위해서는 28조 원의 예산이 소요된다는 게 감사원 자료다. 지금과 같이 매년 공사비가 1,700억 원씩 투입된다고 해도 110년이 넘게 걸린다고 한다. 설사 이게 가능하다고 해도 들어올 공장은 있는 것일까? 지금 250만 평의 군산공단도 빈자리가 수두룩하다. 최첨단 공장이 아니고는 인건비가 싼 중국으로 다 이전하고 있는 판에. 무엇보다 전북을 곤혹스럽게 하는 것은 물 문제다. 지금 흐르는 물조차 4급수 유지가 벅찬 처지에 공업용수로 쓰기 위해서는 마땅한 대책이 없다. 아무리 유입되는 하수를 정화한다고 해도 담수호를 만들었을 때는 첨단 공장에서 쓸 만한 수질 보전의 묘책을 찾을 길이 없다. 맑은 물조차도 고이면 썩는 것이 고금의 이치 아닌가.

새만금은 이미 공사가 12년이나 진행돼온 국책사업이다. 그래서 동강 보전운동 때와는 전후 사정이 다르다. 지역 차별의 문제가 꼬여 더더욱 쉽지가 않다. 그렇지만 다행히 지금 새만금 공사는 총공정 대비 30%도 채 안 되는 초기 단계다. 무엇보다 지금 관건이 되는 갯벌이 현재 살아 있고, 지금 공정을 전후해서 대안을 찾으면 환경 보전과 전북의 이익을 아우를 수 있는 가능성이 충분하다는 것이 전문가들 이야기다. 흔히 찬성 쪽 사람들은 대안론자들을 전북 발전의 발목을 잡는 반대자로 몰아붙이지만 그것은 전혀 아니다. 농지는 이 고장에 결코 이익을 담보하지 못하며 복합 산업단지는 실현 불가능한 신기루일 뿐이다.

대안론자들의 입장은 서로 조금씩 다르긴 하지만 공통된 점들이 있다. 방조제 연결 공사를 하되 해수를 유통시키는 방안을 찾고 갯벌을 살리면서 전북 경제에 실질적으로 도움이 되는 방안을 찾자는 데는 모두가 일치한다. 이 지역에서 필요한 만큼의 매립을 통해 땅을 확보하거나 신시도에 항구를 만들면, 향후 중국 경제의 성장과 행정수도의 대전권 이전을 생각할 때 최상의 물류기지이자 관문이 될 수도 있다. 또 갯벌이 살 수만 있다면 새만금은 안바다는 갯벌 생태관광지로, 바깥바다는 해양관광지로 최적의 조건을 가지고 있다. 변산과 새만금 갯벌과 세계 최장의 방조제와 서해안의 아름다운 섬 선유도 등 해양 조건을 이용하면 관광지로서 이만한 지역이 서해안에는 없다. 게다가 도요새 등 세계적인 철새 도래지며, 풍력과 조력 등 대안 에너지 단지의 유력한 후보지고, 이 나라 제일의 농산물이 있어, 가족 단위 휴양을 위한 생태관광지로서의 가능성이 이 나라 어느 곳보다 우월한 천혜의 고장이다.

그런데 방조제로 바닷물 흐름을 막아버리는 순간, 전북도민이 선택할 수많은 가능성은 모두가 사라진다. 변산과 갯벌과 바다와 섬과 먹거리가 어우러진, 묵었다 가고 싶은 고장이 되기 위해서는 살아 있는 갯벌이 필수적이다. 그런데 지금 전북은 지자체가 나서서 부안 위도에 핵폐기장도 설치하자며 도민들을 유혹하고 있다. 이 세상 어느 누가, 갯벌은 죽었고 담수호는 시화호처럼 썩었으며 핵폐기장이 들어서 있는 이곳에 와서, 가족과 함께 며칠씩 쉬었다고 싶겠는가. 삼보일배가 끝난 후 전북 지역 텔레비전 토론에 어떤 분이 나와, 방조제에 나무 심고 잔디를 깔아 지금까지 우리나라 대형공사 가운데 가장 완벽한 친환경적인 간척공사를 해야 한다고 주장하더니, 지금 새만금 현장에서는 실제로 '친환경 개발'을 한다며 느닷없이 방조제에 나무를 심고 조경을 하고 있다. 이런 판에 할 말이 없다. 미어지는 가슴이 상상이나 되는가.

지구 어머니를 죽이는 인간의 무지와 교활함

인간은 과연 유능할까? 얼마나 유능할까? 인간은 만물의 영장이라고 한다. 인간은 위대하다고 한다. 인간이 이룩한 문명을 생각하면 대단한 존재다. 정말 그렇다. 하지만 인간이 만물의 영장이란 것은 특별한 힘과 지혜를 이용해 만물을 지배하라는 것이 아니다. 만물을 분별 있게 살피라는 것이다. 그러면서 이를 이용해 후손 만대로 살아갈 줄 아는 현명한 존재라야 영장이라 할 만하다. 사자가 동물의 왕이라고 해서 동물 세계의 생태를 교란시키지는 않는다. 먹을 만큼 먹으면 결코 욕심내지 않는다. 그래야 영원히 먹이를 보전하며 살아갈 수 있다는 지혜를 가진 까닭이다.

인간의 지혜는 때때로 넘쳐서 스스로 죽음의 묘혈을 판다. 지금 세상의 물질을 향한 탐욕의 질주가 그렇다. 인간은 위대할 수 있지만 바벨탑의 붕괴가 말하듯 위대함 뒤에 숨어 있는 교만함은 진정한 위대함으로 가는 발목을 잡는 함정이다. 인간 세상이 신의 무한 사랑으로부터 소외되는 가장 큰 원인은 교만이다. 우리가 진정 진리로부터 멀어져 아름다운 세상으로 나아갈 수 없는 가장 큰 원인은 겸손하지 못한 지혜다. 겸손하지 못한 지혜는 무지(無知)고 교활함이다. 이 교활함이 또 한 번 세상의 환란을 예고하고 있다.

우리 삶을 주시고 지탱해주시는 지구 어머니를 이 잡듯이 분석하고 계산해서 돈이 된다고 판단만 되면 무슨 이유를 붙여서라도 마침내 훼손하고 만다. 개발과 성장이라는 이름으로 포장한 부(富) 이데올로기 뒤에는 과학이란 또 다른 이름의 위대한 머슴들이 있다. 개중에는 분별 있는 과학(학문)도 없지 않지만, 대개가 우월감이나 남다른 대우에 현혹되어 양심을 접고 맹목적으로 종사하는 사람들이 자리를 차지하고 있다. 점점 기세등등해진 이들은 오늘날, 마침내 필요하다면 생명도 창조할 수 있다며 숨겼던 괴물의 정체를 드러내고 있다. 좌충우돌하는 현대 문명에 대하여 과연 인간은 스스로 올바른 방향을 찾아내고 제어할 능력이 있는 것일까? 제 분수도 모른 채 세상을 향하여 갑갑한 가슴을 토로만 한다.

내 본래 면목으로

문규현 신부님은 우리 가운데 장형이시다. 일찍이 판문점을 넘어 남북 분단의 철조망을 온몸으로 걷어낸 큰어른이다. 58세의 적지 않은 나이에도 늘 건장한 모습으로 우리들의 버팀목이 되어주셨다. 스님이 탈진해서 병원에 실려가던 날, 통곡 속에서도 의연한 결단으로 순례단을 이끌어주신 대범하신 분이다. 그는 힘있는 자들의 불의에는 강건하지만 일상에서 만나는 모든 분들에게는 참으로 자애로운 분이다. 그래서 세상에 힘있는 이들은 그분 앞에 오면 늘 절절맨다.

그러나 어린이나 학생들을 대하는 것을 보면 꼭 부모 같고, 할아버지 할머니들을 대하는 모습은 꼭 자식 같다. 그래서 그런지 부안성당 신자들은 신부님을 극진히 섬긴다. 밥을 먹다가 반찬 부족한 것이 있으면 우리 중 누구보다 먼저 빈 그릇을 들고 나가시는 겸손이 몸에 밴 신부님이시다. 이미 변산 돈지의 한 폐교를 마련하여 생태학교 개교 준비에 마음이 바쁘시다.

학생 때 공으로 하는 운동은 다 해봤다는 신부님. 농구·축구·탁구 모두 자세부터 다르다. 어느 날인가 비가 와서 쉬던 날, 성당에서 나하고 탁구 시합을 했는데 내가 지고 말았다. 언젠가 찾아가 꼭 이겨보겠다고 벼르고 있다. 학생 때 유도로 다져진 다부짐 덕에 늘 건강하셨지만, 때때로 잠을 못 주무시면서 맥주 한 캔으로 잠을 청하시던 모습을 생각하면 마음이 아프다. 이제 성당에 돌아와서도 새만금 기세 싸움은 계속되고 있다. 그 현장에는 늘 신부님이 계신다. 그래서 더 걱정이다. 나이는 못 속인다는데…….

큰신부님인 문정현 신부님은 고생으로 따지면 우리보다 더하셨다. 종일 따라 걷고 촬영하고 대변하고 밤 늦게까지 동영상 편집해서 세상에다 알리고……. 유난히 눈물이 많아 스님에게 늘 놀림감이 되었다. 눈물이 없으면 사랑도 없다. 어쩌다 못 오시는 날이면 맘이 허전하다. 결국 우린 큰신부님의 품에 알게 모르게 크게 의지한 셈이다.

수경 스님은 오랫동안 선방을 지켜오신 선승이시다. 실상사 도법 스님과 도반으로 불교 개혁을 꿈꾸는 혁신주의자다. 불교 사찰 환경을 돌보시다가 환경운동에 나서게 되었다고 한다. 선승답게 한 번 결심하면 불굴의 결단을 지닌 분이시다. 어려운 일이 생길 때마다 정면 돌파하는 힘은 신부님과 같다. 탈진해 쓰러져 병원에 실려간 후 이틀 만에 휠체어를 타고 다시 오신 스님을 보면서 역경에 굴하지 않는, 새만금을 향한 큰 원력을 보았다. 삼보일배 중에 처음 묵언을 제안했을 때 난 가능할까 싶었지만 스님의 결연한 의지에 나도 모르게 동참했다. 지금 생각하면 말 없음으로 전한 말의 위력이 얼마나 큰 것인가를 새삼 느낀다. 모두 스님의 출중한 지혜 덕이다.

스님은 우리 일행 중 웃음을 만들어내는 유일한 장난꾸러기다. 한 번도 싫은 기색 없이 받아주시는 신부님이 계셔서 때때로 웃음판이 재밌다. 좌정하면 무뚝뚝한 선승이지만 방선하면 제일 재미난 어른이다. 묵언 중에 메모를 해가며 좌중을 웃기는 스님은 그래서 늘 주변에 사람이 많은지 모른다. 생명운동에는 불법(佛法)이 제일이라며 생태환경운동에 큰 꿈을 가지고 계신다. 실상사는 사부대중이 꾸려가는 생태운동의 모범 도량이다.

원불교도 같은 불자라고 특별히 나는 스님의 깊은 사랑을 받았다. 팔이 안으로 굽은 것일까? 얼마전 실상사에 오셨다는 이야기를 듣고 스님을 가 뵈었을 때 난 속으로 불안했다. 안색에 비친 스님의 건강 상태는 장기간 요양을 필요로 하는 환자였다. 요즘 휴대 전화조차 안 받는 것을 보면 스님도 별 수 없이 인적이 묘연한 암자 속으로 숨은 모양이다. 숨은 김에 한 일 년 아무도 찾을 수 없는 무주처(無住處)에 주하셨다가 더 큰 원력과 자비의 모습으로 뵙기를 기다린다.

이희운 목사님은 나보다 여덟 살이나 아래다. 그런데도 그의 수염 덕에, 내가 한동안 막내를 벗어나지 못했다. 목사님은 민중교회를 섬기면서 살아서 고난의 삶이 몸에 배었다. 교회와 민중운동 말고는 관심조차 없다. 성경의 말씀과 계율만으로 사는 분이다. 오죽하면 내가 별명을 '율사'(律師)라고 했을까. 삼보일배를 '삼보일도'라 우기며 부안에서 서울까지 가는 와중에도 안식

일을 지켜낸 강단형이다. 오직 예수 아래서, 이 땅의 설움받는 민중을 위해 사시는 분이다. 나와 목사님이 군산에서 전주 도청까지 삼보일배를 하던 중에 비를 만나 피한 곳이 목사님네 나실교회였다. 노숙자 쉼터 한 켠에 있는 예배당을 보니 이런 교회도 있는가 싶었다.

목사님은 노동자 상담소도 운영하고 계신다. 그리고 유기농업에도 일찍부터 관심을 가지고 참여하고 계신다. 목사님은 몸무게가 47kg밖에 안 되는 경량급이다. 마사지를 하려고 하면 뼈마디만 남은 것이 부서져 내릴까봐 조심스럽다. 소화 기능 장애로 제대로 먹지도 못하면서 그 가운데 새벽기도와 안식일을 흐트러짐 없이 지켜가는 그를 보면서, 때로 고지식을 탓하면서도 속으로는 존경심이 인다. 너무 힘들었던 탓일까? 건강 검진 중에 졸도하여 수일을 중환자실에서 고생하다가 지금은 퇴원하여 요양 중이다. 요양 중에도 예배만큼은 꼭 교회에 나와 주관한다는 소식을 듣고 있다. 하루속히 회복되기를 빌 뿐이다.

"이제 일정이 끝났습니다. 향후 계획을 소개해주시죠."

삼보일배를 마치고 기자들의 판에 박은 듯한 질문이다. 우리는 당분간 기자분들에게만큼은 묵언을 계속하기로 했다. 자칫 구설수에 오르는 것도 싫고, 또 하고 싶었던 말은 이미 세상이 다 아는 것이니 할 말이 없기도 했다. 난 속으로만 이렇게 중얼거렸다.

'여러분이 아무리 찾아도 찾을 수 없는 내 본래 면목으로 돌아갈 것입니다.'

저들 가운데 이 말의 참뜻을 눈치챌 사람이 몇이나 될까.

『녹색평론』 제71호(2003년 7~8월호)

김경일　원불교 문화교당 주임교무. 일찍이 원불교 사회개벽교무단의 창립 일원으로 참여하였으며 지금은 공동대표를 맡아 종교간 대화와 혁신에 깊은 관심을 갖고 있다. 새만금 생명살리는 원불교사람들 대표, 익산환경운동연합 대표 등을 맡고 있으며, 2003년 봄에 몇몇 성직자들과 함께 '부안에서 서울까지' 삼보일배 기도를 올렸다.

새만금 갯벌과의 만남 |김제남|

배가 남산만했을 때 어머니의 넉넉한 생명의 품안에서 자라 이제 곧 태어날 아기에게 약속을 했다. 생명의 모태인 새만금 갯벌을 보전해서 우리 아이들에게 되돌려주겠다고 말이다. 지금 뱃속의 아이는 여덟 살이 되었다. 우리 딸은 자라면서 자주 새만금 갯벌에서 갯벌 친구들과 함께 하나가 되어 뒹굴었고, 다섯 살이던 2000년에는 언니 오빠 친구 동생 200명과 함께 새만금 갯벌 간척사업 중단을 요구하는 새만금 갯벌 지킴이 '미래세대 환경소송'을 냈다. 어눌한 표현이지만 온 영혼을 담아 "새만금 갯벌을 사랑합니다"라고 한 딸아이는 지금도 텔레비전에 대통령이 나오면 "대통령 아저씨 새만금 갯벌을 살려주세요" 한다.

꿈지락거리고 뒤뚱거리는 게를 좋아하고, 고둥이 그려내는 기다란 곡선을 쫓아 너른 갯벌에 자신의 발자국 그림 그리기를 즐기고, 매끌매끌 안기는 뻘의 촉감을 좋아하는 아이는 이제 어눌함을 벗고 갯벌을 살려달라는 주장을 더욱 또렷하게 하고 있건만 새만금 갯벌의 생명은 점점 위태롭기만 하다.

새만금 갯벌과의 만남은 내게 남다른 각별함이 있다. 마치 나의 생명의 여신을 만난 듯 나는 그녀와 생명의 대화를 나누곤 하였다. 1990년 내가 환경운동을 처음 시작하던 때의 신명과 창조를 새만금 간척사업 반대운동에 쏟아냈다. 80년대 내 인생의 전부이기도 했던 학생운동을 비롯한 운동권 시절을 지내면서 나는 환경과 평화, 그리고 생명이라는 화두를 붙잡고 1990년 새로운 환경단체를 만들기 시작했다. 생명에의 눈뜸과 생명체들의 상생질서를 온전하게 지키기 위한 나의 신념과 열정은 충만해 있었다. 배고픔도 잊고 춤판 위에서 한 판 신들린 양 춤을 추듯, 자유로운 영혼은 역량이 허락하는 한 모든 것을 창조하였다.

바로 그 신명나는 창조를, 새만금 간척사업을 중단하라고 외치는 나의 운동에서 다시금 만난 것이다. 새만금 갯벌 현장을 찾았을 때 나의 눈과 마음을 사로잡았던 영상은 지금도 잊을 수가 없다. 그 너른 갯벌에 펼쳐지는 생명의 유희는 인간의 오감을 모두 동원한다고 해도 다 알아낼 수 없을 듯 무한해 보였다. 그 너른 갯벌 위에 한 어머니는 부지런히 손을 놀려 가무락을 찾고, 한 무리의 갈매기들은 어머니에게 먹이를 구하듯 곁을 떠나지 않고 노닐고 있었다. 어머니의 호미가 닿은 갯벌은 검은 윤기의 잘생긴 가무락을 수도 없이 드러내주었다.

나는 그 아름답고 평화로운 새만금 갯벌을 생명과 조화의 땅이요, 생명과 조화의 바다라고 불렀다. 사람과 생명이 함께 공생하는 곳, 사람과 모든 생명이 풍요로운 곳, 끊임없이 생명을 낳고 기르는 그곳은 나의 영혼을 사로잡기에 충분했다. 모든 생명의 현재이며 미래, 그리고 우리 아이들의 미래를 앗아가고 있는 새만금 간척사업을 중단시키는 것은 환경운동가의 당연한 책임이므로, 엄청난 범죄를 저지르고 있는 정부 관료들에 정면으로 도전하지 않으면 안 되었다.

1998년 나는 농림부 장관에게 영산강 4단계 간척사업을 백지화하는 마당에 왜 새만금 간척사업은 재검토를 하지 않느냐고 도전하였다. 전북도민의 미래와 희망을 저당 잡아 자신의 정치생명을 유지하고 있는 전북도지사에게도 정면으로 도전하였다. 그리고 죽음의 시화호를 목격하면서 새만금 간척사업이 안고 있는 엄청난 문제에 대해 침묵하거나 엉터리 보고서를 내는 전문가들도 도전의 대상이 되었다. 결국 1999년 정부는 우리의 요구를 받아들여 '새만금사업 환경영향 민관공동조사단'을 구성하여 재검토에 들어갔고, 새만금의 공사는 일시 중단되었다.

1991년 공사 착공 이래 세상의 관심 밖으로 밀려나 잊혀지고 사라질 위기에 놓였던 새만금 갯벌이 세상의 관심과 애정을 받고 잠시나마 포크레인의 굉음과 조여오는 방조제에서 자유를 얻던 그 순간, 나는 기쁨의 눈물을 흘리고 나의 여신에게 감사를 드렸다. "나의 여신이여! 당신과 함께 기뻐하나이다. 새만금 갯벌의 생명의 소리로 공명하는 지혜를 주소서."

새만금 갯벌은 내게 생명의 울림과 감동만큼이나 큰 시련과 아픔을 주었다. 운동의 길에는 결코 쉽거나 평탄하지 않은 고난이 함께한다는 것을 잘 알면서도 시련 앞에 좌절을 겪거나 상처를 입기도 하고 또 패배감에 젖기도 했다. 특히 새만금 간척사업 반대운동에 실무자로 일하던 후배 운동가들이 심신이 지치고 상처를 입어 활동을 접을 때의 아픔은 말로 다 할 수 없는 것이었다.

전북 지역에서 새만금 간척사업 반대운동 얘기도 꺼내기 어려웠던 시절에 막 둘째를 출산한 아내를 뒤로하고 지역으로 파견 나가 몇 달 동안 계화도 어민들, 부안농민회, 김제농민회의 젊은 일꾼이나 전교조 소속 교사들, 그리고 지역 시민사회 활동가들과 작업을 하며 늘 술에 취해 있던 김태호. 어린 나이와 짧은 경험에도 불구하고 새만금 관련 실무를 맡아, 성명서 하나 제대로 못 쓴다는 지적을 받아가며 연대단체들 눈치보랴, 실무 능력과 전략전술 짜내랴, 현장 지원하랴 쉴 틈 없이 일과 사람에 치여 어린 가슴에 맺힌 고통을 눈물로 쏟아내던 박정운. 나는 아직도 이들에게 많은 빚을 지고 있다. 새만금 갯벌에 갖는 열정과 사랑만큼 새만금 갯벌 현장과 운동 현장을 떠난 후배 활동가들에게 그 사랑을 온전하게 나눠주지 못했기 때문이다.

습지보전 국제세미나를 통해 새만금 갯벌을 세계 NGO들에게 알리고, 호주 브리즈번과 코스타리카에서 열린 람사협약 당사국 총회에 참석하여 새만금 갯벌 보전을 위한 국제 지지와 공동성명을 조직하기도 했던 이태화는 미국 델라웨어 대학에서 박사과정을 밟고 있다. 새만금 방조제 공사에 쓸 토사석을 위해 해창산을 허옇게 까부수는 것을 막으려 해창산 절벽에 7일간 매달렸던 조태경은 함께 일하던 지아가와 결혼하여 조하나의 아버지가 되었고, 새만금 갯벌을 지키기 위해 부안에 살림집을 마련하였다. 정연경, 남호근 등 환경운동 활동가들은 새만금 갯벌을 살리기 위해 지금도 나의 곁에서 함께 일하고 있다. 새만금 갯벌 살리기 운동에 대해 다 풀어내지 못한 이야기가 있다면 이들이 풀어내줄 것이다.

또 잊지 못할 분이 있다. 이미 고인이 된 고용중 선생이시다. 새만금 갯벌의 아름다움과 생사를 영상으로 담기 위해 늘 무거운 장비를 메고 다니시던 선생은 새만금 갯벌 현장에서 한참 영상작업을 마치고 다른 일정을 무리하게 강행하다가 외지에서 돌연사하셨다. 큰 아픔이었다. 고인의 작품인 석양마저 지고 난 새만금 갯벌의 사진 속으로 뚜벅뚜벅 걸어 들어가신 모양이다. 고인의 명복을 다시금 빌며 그토록 살리기 위해 애쓴 새만금 갯벌이 살아나 고인이 다 못한 명까지 살리라 믿는다.

낡은 개발 패러다임에 절어 개발독재 식으로 밀어붙이는 정부 관료들과의 싸움은 결코 간단치 않다. 특히 13년 이상 사업을 진행하여 많은 예산이 들어간 거대한 방조제 공사가 막바지 단계이고 보니, 늪에 빠진 듯 무겁고 힘겨운 것이 사실이다. 2001년 5월 정부가 새만금 사업을 다시 강행할 때 사업 강행을 막아내지 못한 우리는 폐업이라는 극단적인 자기 부정 방식을 택할 수밖에 없었고, 끄덕도 하지 않는 정부 방침에 폐업을 다시 폐기했던 패배감과 후유증은 오래도록 우리를 힘들게 했다.

사업을 강행하는 정부와의 긴장 관계 못지않게 스트레스가 되는 것은 함께 활동하는 단체들 간의 연대와 주도권 관계에서 오는 긴장이다. 새만금 관런 활동을 제안하면서 만든 연대 기구가 독단적으로 운영한다는 비판을 받아 해소되기도 하고, '민관공동조사단'의 민간위원 조사 결과를 밝히는 기자회견을 일방적으로 진행하였다 하여 공개 사과를 하기도 했다. 물론 연대의 기본은 협동하고 나누는 것이기에 잘못한 연대의 과정과 결과에 대해서는 바로잡는 것이 마땅하다. 다만 단체들 간의 주도권을 중심에 둔 지나친 다툼이나 긴장 관계로 인해 시너지를 발휘하지 못하거나 불필요한 오해와 갈등을 만드는 경우가 왕왕 있었던 것이 사실이다.

새만금 간척사업 중단과 새만금 갯벌을 살리기 위한 운동이 수많은 시간과 사람들 속에서 지나왔다. 나의 열정과 행동이 있었고, 또 함께했던 많은 활동가들의 헌신적인 노고가 있었다. 그 열정과 숱한 행동의 땀방울이 있었기에 이제 새만금 갯벌은 세상 속으로 들어가 진실을 말하고 있다. 한국의 시민들뿐만 아니라 국제 시민사회의 관심과 참여도 크다. 우리나라 대다수의 국민이 새만금 갯벌을 살리는 것에 동의하고, 국제 NGO가 삼보일배를 하며 지지하고 있다.

4년 전에 '미래세대 환경소송'을 낸 아이들도 많이 컸다. 여덟 살이 된 우리 딸아이는 갯벌이 짓는 생명의 살림살이를 이해하게 되었고, 지방 출장이 잦은 엄마와 떨어져 있는 시간이 많아도 새만금 갯벌을 살리는 일이라면 너그러이 엄마를 이해하고 격려해준다. 그 당시 초등학교 5학년으로 소송문을 작성하여 읽은 전수진은 중학교 2학년이 되어 새만금 생명평화를 향한 삼보일배 마지막 날, 시청 앞에서 네 분 성직자들에게 미래세대의 인사말을 전했다. 미래세대 소송 이후 4년이 지난 지금도 한 치 앞의 이익만을 내세워 미래세대의 미래를 앗아가고 있는 어른들은 여전히 아이들의 눈에 어리석고 탐욕스러운 존재인 것이다.

수천 년 동안 밀물과 썰물이 수없이 만나고 헤어지면서 태양과 달, 바람과 비와 구름이 주거니 받거니 만들어낸 새만금 갯벌! 이 엄청난 생명을 짓는 역사를 알지 못하고 눈앞에 보이는 한 치의 땅과 논과 돈으로 이 무한한 생명을 바꾸겠다니. 이제 그 어리석음을 멈추고, 이토록 아름답고 무한한 생명의 깊이를 간직한 갯벌과 더불어 만들어갈 전북의 미래를 그리면서, 아이들의 아름다운 세상을 지금의 생명의 그물처럼 짜들어갈 일이다.

새만금은 이제 더 이상 전북 지역에만 위치하는 단순한 갯벌이 아니다. 나에게 새만금은 생명운동과 환경운동을 올곧게 하도록 기쁨과 고통을 함께 주는 벗이요, 나의 여신을 만나는 곳이다. 그리고 생명평화의 담론이 열리고, 생명을 짓는 온갖 대안 보따리가 풀어지고 나눠지는 곳이다.

김제남　녹색연합을 창립하여 사무처장으로 활동하고 있으며, 새만금 생명평화연대 집행위원이다. 그는 한국 환경운동의 첫 걸음부터 함께하여 생명의 환희와 고통이 있는 곳 어디에나 있다. 녹색은 생명이요, 평화임을 아는 그는 새만금 갯벌에서 회로애락하며 생명평화를 배우고 그 녹색의 가치를 실천하고 있다.

새만금 예수님을 죽이지 마라 부안에서 보낸 12일 | 김곰치 |

한·일 월드컵 개막식이 열리던 날. 전라북도 부안에 갔다.

장승과 솟대가 서 있는 해창 갯벌이 창 밖에 보였다. 버스에서 내리자 갯벌 가득 바람이 일었다. '새만금 갯벌에 생명으로 오신 예수님'이란 플래카드가 솟대에 걸려 있다. 한참 그 의미를 생각해보았다.

'새만금사업을 반대하는 부안사람들'(이하 '부안사람들') 회원인 조태경 씨에게 전화를 했다. 몇 분 지나지 않아 등뒤에서 조태경 씨가 나타났다. 갯벌을 에워싸듯 나 있는 30번 국도 바로 건너편이 해창산인데, 그 꼭대기에 '부안사람들'의 농성장이 있다.

"처음 해창산을 점거할 때, 인부들한테 바로 끌려내려갈 줄 알았어요. 근데 오늘이 벌써 농성 8일째예요. 농업기반공사와 현대건설 사람들이 몇 번 우리를 끌어내려 했지만, 그때마다 계화도 어머니들이 와서 포크레인 앞에 드러눕기도 하며 막아주었죠."

조태경 씨를 따라 깨진 돌투성이의 정상부에 올랐다. 원래 200여m의 산인데, 지금은 70여m로 키가 줄었다. 새만금 간척사업이 시작된 1991년 10월 이래 산은 폭약으로 발파되고 덤프트럭에 업혀가 새만금 바닷속의 방조제로 차곡차곡 쌓여갔기 때문이다. 15t 트럭 25만 대 분량의 토사석이 채취되면서 산의 체적 90%가 사라졌고, 대신 깎아지른 절벽과 웬만한 공설운동장보다 더 큰 터가 생겨났다.

농성장에서 보면, 바다 쪽은 새만금 전시관과 방조제, 그 반대편은 바닥만 남은 사라진 해창산이 있다. '부안사람들'이 투쟁의지를 다잡기에 최적의 농성 장소인지 모른다. "한 생명을 죽여 또 다른 생명을 죽이는 짓"이었다는 신형록 씨('부안사람들' 전 대표)의 간단 명료한 설명이다. 정부의 새만금 사업 강행 발표 1주기를 맞아 '뭘 선물할까?' 하다가 기습적으로 시작된 그들의 농성, 어쨌거나 그후 해창산에서 발파음이 멈추었다.

큰 천막 하나와 1인용 텐트 둘로 이뤄진 농성장. 날이 저물어 밤이 왔고, 자정이 지나 농성장의 불이 꺼졌다. 큰 천막에서 광주 녹색연합 활동가들과 넷이서 잤다. 새벽에 천장을 거칠게 때리며 비가 왔다. 바닥이 고르지 않은 돌 위의 잠은, 잠결에 몸부림칠 수 없어 자고 일어나면 온몸이 쑤신다.

농업기반공사 사람들

이튿날 오전(6월 1일 토요일), 농업기반공사 사람들이 농성장으로 올라왔다. 새만금사업단 공보실장과 해창산 채석장이 속한 방조제 2공구 사업소장, 그리고 서류봉투를 든 직원 둘이 따랐다. 공보실장은 신형록 대표를 따로 불러내 "내려가 달라"고 요청했다.

그들과 떨어져 서 있는 사업소장과 대화를 나눠보았다. "식사나 잠자리도 불편할 테고, 무엇보다 위험한데, 이만 내려가주십사 해서 올라온 거다. 여기 분들의 뜻이 이제 웬만큼 언론을 통해 알려지지 않았느냐'고 했다. 그 어감에 "환경운동이란 게 결국 이름 얻자고 하는 것 아니냐' 하는 불신이 묻어 있었다.

사업소장은 건설회사 직원이 아니라 시공감리를 맡은 농업기반공사의 공무원이다. "쌀이 남아돌지 않느냐, 왜 농토 만드는 사업을 하나" 하고 물어보았다. "창고에 쌓인 쌀이 천만 석이 넘는다 해도 자연재해가 한 번 일어나면 금세 바닥난다. 쌀 증산을 하지 않겠다는 지금의 농정도 두고 볼 문제다. 새만금 사업은 남북통일까지 내다보며 하는 장기적인 사업이다"라고 했다.

"사실 이 산에서 앞으로 나올 토석은 방조제 전체 분량에서 1%도 안 된다. 지금이야 국립공원 훼손이라고 문제삼지만, 91년부터 10년 가까이 탈없이 토석공사를 해왔다. 게다가 지금 하는 공사는 얼마 남지도 않은 토사석 채취 때문이 아니라 환경부와 협의하에 생태공원을 조성하기 위해서다."

사람만 놓고 볼 때 성실하고 선량해 보이는 소장의 말씨나 표정인데, 새만금 사업을 반대한다면서 산에서 농성을 하는 건 조금 억지 아니냐 하는 눈치다. 이미 망가진 산, 복토해서 나무를 심고 사면에 안전 조치를 취한 뒤 보기 좋게 조경작업을 하는 것이니, '환경 생각하시는 분들'도 반대할 일이 아니라는 것이다. 그러나 생각해보면, 얄미운 소리다. 새만금 간척공사장에 가깝다는 이유로 변산반도 국립공원의 산 하나를 파헤친 것도 문제였지만("토취장과의 거리에 따라 공사비가 수백억 원씩 차이가 난다. 경제성 있는 곳을 선정할 수밖에 없다."―한 일간지 인터뷰에서 농업기반공사 직원이 한 말), 이제는 조경·복구공사라는 미명하에 또 하나의 알찬 사업장으로 만들어놨으니, 특히나 해창산을 10년 넘게 갖고 논 건설회사 입장에선 얼마나 뿌듯한 일인가.

사업소장이 "신 선생님을 최대한 설득해보고, 그래도 안 되면 우리로선 법적 조치를 취할 수밖에 없다. '정부 기관이 주민들한테 자꾸 밀리면 어떡하냐'고 현장 인부들 성화가 대단하다"며 나름껏 하소연했다. 농성이 장기화된다면, 신형록 대표를 비롯한 '부안사람들'이 '법적 조치' 내지 '강제철거'를 당할 것은 기정사실이다. 그날 농업기반공사 사람들의 설득은 무위에 그쳤지만, "다시 또 오겠습니다" 하고 깍듯한 인사까지 하며 하산했다.

점심이 지나서는 서울 녹색연합 및 환경운동연합과 종교계 인사 20여 명이 농성 지원 방문을 왔고, 이튿날 일요일에도 방문객들이 이어졌다. 6월 3일,

월요일 오전에는 계화도 아주머니 20여 명이 머릿수건을 쓴, 갯일 나가는 평상 복장으로 농성장에 왔다. "앞으로 어떡할 것이냐"고 의논하기 위해서인데, 그들 다수는 "이만 내려가자"는 쪽이었다. 하루라도 갯벌에 나가지 않으면 생활이 안 되는 형편인데 부를 때마다 달려오기도 힘들지만, 그보다 "밑에 내려와 다른 반대(운동)를 하자. 왜 산에서 고생바가지를 하느냐"는 투가 더 강했다. 제 생업이 걸린 것도 아니면서 일마다 나서는 신형록 대표에게 평소 고맙고 미안한 감정인데, 먹는 것 자는 것에서부터 고생하고 있는 농성장 꼴을 보면 안타까움부터 앞서는 '어머니의 마음'인 것이다. 내려가기는 하되 '제3차 방조제 저지 및 주민 생존권 쟁취' 집회까지 농성을 유지하는 것으로 어렵사리 결정을 봤다. 집회 날짜는 토요일, 장소는 새만금 전시관 앞.

청량한 웃음의 땅

돌 위의 이틀 잠도 못 견뎌 하는 몸을 쉬게 하고 싶었고, 갯벌에 가보고 싶은 마음도 컸다. 재작년 새만금 지역에 처음 와봤을 때는 겨울이었고, 갯벌은 쉬고 있었다. 지금은 초여름이니 그때와는 사뭇 다를 것이다. 해창산에 올라온 계화도 아주머니 중 누구 하나를 붙들고 따라 들어가면 될 일이었다. 나도 해창산을 내려왔다.

염정우 씨('부안사람들' 회원, 계화청년회 이사) 집에서 하룻밤을 보낸 뒤 이튿날 정오 무렵, 정우 씨의 늙은 홀어머니를 따라 계화 갯벌로 나갔다. "어머니는 중합을 잘 잡으신다"고 정우 씨가 말했는데, 백합(생합) 큰 것은 대합, 중간치는 중합, 그리고 소합 이렇게 불린다. 어머니는 그레질을 하다가 걸려드는 게 있으면 눈앞에 보여준다. 심심찮게 제법 잡는다. "두 군데 물골로 물이 들어오고, 경운기를 타고 멀리까지 나가지 않아도 하루 2~3만 원 벌이가 될 만큼은 갯벌이 아직 싱싱하구나" 하신다. 그런데 30분쯤 지나고, 직접 그레질을 해서 조개를 잡지 않는 한 구경의 흥은 떨어지고 만다. 그레를 쥐어보라고 하기엔 미안하고, 그렇다고 몇 시간이고 따라다닐 일이 아니었다. "혼자

다녀보려구? 그려." 정우 씨 어머니가 주머니에서 점심으로 가져온 꼬막전을 꺼내 반을 떼어준다. 혼자 하릴없이 걸어다니며 전을 먹었다. 꼬막살이 정말 고소하다. 다 먹고 나니 다시 심심해진다. 이만 나가야 할까, 그러나 아쉽다.

지난 초봄, 사법연수원생 40여 명이 갯벌 체험을 왔는데, 해창 갯벌에 들어가보곤 '시시하다' 하는 것을 고은식 씨('부안사람들' 회원, 계화청년회 총무)가 "새만금 갯벌을 제대로 체험하려면 계화도로 가야 한다"고 알려주었다고 한다. 이튿날 연수원생 16명이 계화도로 왔는데, "그 사람들이 갯벌에 들어가자마자 누구야 누구야 서로 부르고, 맨발로 뛰어다니고 환호하면서 완전히 어린아이가 돼버렸다"고 고 총무는 말했다. 내가 선 곳이 계화 갯벌이다. 16명의 연수원생이 뭘 보고 환호했는지 알지 못하겠다.

출입통제소 쪽으로 걸어나오는데, "갯벌에선 움직이지 말고 가만히 있어야 한다. 기다려야 한다"던 허철희 씨('부안사람들' 회원, 사진작가)의 충고가 새삼 생각났다. 통제소에서 300~400m쯤 떨어진 곳에 자동차가 박혀 있다. 외지 사람 하나가 차를 몰고 들어왔다가 뻘에 바퀴가 빠졌고, 차를 빼낼 새도 없이 물이 들어와 오도가도 못하고 폐차가 된 경우이다. 프레임에 따개비가 잔뜩 붙었고, 퇴적된 뻘이 바퀴를 완전히 삼켰다. 자동차 한 모서리에 엉덩이를 걸치고 허 씨의 충고대로 가만히 있어 보았다.

나는 자동차 바로 옆 얕은 물자리 하나를 보고 있었다. 깊이가 10cm 가량. 5분 정도가 지나자 조약돌만한 크기의 게들이 어디선가 나타나 흡사 노래방의 마이크처럼 생긴 두 눈을 수면 위로 살짝 올리는 것을 보았다. 한 놈이 밖의 상황을 한참 주시하고는 용감하게 물 밖으로 나온다. 그리고 앞발 두 개를 놀리기 시작했다. 뻘에서 무엇인가를 콕콕 찍어 입으로 가져가고 있었다. 집게로 집어올리는 먹이가 내 눈에는 전혀 보이지 않았다. 게의 먹이가 먼지처럼 작기 때문이다. 게는 10~20초 '먹이 활동'을 하다가 어느 순간 부리나케 물로 돌아갔다. 그리고 다시 잠망경을 내놓고 주위를 살피다가 밖으로 나와 먹이 활동을 재개했다. 이제 한 마리뿐 아니라 다른 게들도 줄줄이 따라 나온다. 열 마리쯤 된다.

게들의 미세한 움직임이 눈에 익자, 그 비슷한 다른 작은 움직임들도 보이기 시작했다. 나는 약간 무서운 기분이 들 정도였다. 내 주위의 갯벌은 문득 구멍 천지였고, 그 구멍은 하나같이 생명의 집이었다. 구멍마다 끈이 흘러나와 있는 것을 발견했다. 긴 끈은 15cm 이상 구멍에서 빠져나와 있는데, 그것은 움직이는 끈이었다. 눈에 들어오는 것만 해도 수백 개의 끈, 그게 다 싱싱한 갯지렁이였다. 나는 어느샌가 갯지렁이 수백 마리에 둘러싸여 있었던 것이다. 긴 혀처럼 쭉 빠져나와 있다가 어떤 낯선 기미를 감지한 몇 십 개의 구멍은 얇고 긴 혀를 삽시간에 감아들였다. 구멍 속으로 돌아가는 모양이 태엽식 줄자가 빠르게 줄을 되감는 것을 연상시킨다.

갯벌 형제들의 그런 동작들은 결국 나를 웃게 했다. 세상에 이런 겁쟁이들이 어디 있을까 싶은, 그 과도한 신중함이, 특히 민첩하게 퇴각하는 것이 제일 웃겼다. 녀석들이 무서워하는 것은, 공중에서 오는 습격일 것이다. 즉 새의 발톱과 부리 말이다. 허공에서 뭔가 희끗하는 것만 있어도, 갯벌에 약간의 진동이 와도 저마다의 구멍 속으로 줄행랑을 치는 것이다. 머릿속이 다 청량해지는 나의 웃음은, 녀석들의 과민한 공포를 이해하기 때문이다. 생명의 원초성에서 게와 지렁이와 나는 다르지 않다. 내 생명의 숨기고 싶은 한 단면을 지금 게와 지렁이가 표현해내고 있는 것이다.

논과 갯벌의 경제적 가치 비교, 새만금호의 수질 문제, 전북의 지역 민심에 여전히 깊이 박힌 서해안 시대 청사진, 식량 안보를 넘어 통일 시대까지 대비한다는 사업소장의 신념 등 새만금 사업을 둘러싼 많은 주장들. 그러나 게와 지렁이의 행동을 이해하고 공감할 수 있는 한, 이 갯벌이 사람의 편익 논리에서 자유로운 그들의 영토임을 인정하는 한, 논리 싸움의 시시비비는 일거에 관심 밖이 된다. 적어도 그날 나는 그랬다. 발 하나를 감히 갯벌에 내리지 못하고 홀린 듯 자동차에 앉아 있을 뿐인 것이다.

산천초목을 떨게 할 냄새

저려오는 발을 디뎌 '삼매경'에서 벗어나 갯벌을 나왔다. 출입통제소 앞에는 어민들 대여섯이 모여 있었다. 70년대 계화 간척 때 육로가 생겨 살기가 좋아진다며 직접 돌을 져 나르기도 했다는 김봉수 씨(계화교회 장로)가 다른 주민들에게 열변을 토하고 있었다. 김봉수 장로는 방조제 공사로 주민에게 닥친 생존권 위기보다는 갯벌을 끼고 사는 주민만이 느낄 간척사업 자체의 끔찍함에 대해 말하고 있었다.

방조제 완공이 이제 겨우 2~3년 남았다. 그러니 지금쯤이라면 갯벌이 시작되는 지점에선 갈대밭이 생겨야 한다. 뻘이 단단해지고 짠물이 가서서 식생 변화가 일어나야 한다. 근데 우리 계화도 바로 앞까지 아직도 물이 들어온다. 이래 가지곤 그런 식물이 자랄 수가 없다. 시화호에도 가봤지만 거기 간척은 새만금과 달랐다. 어느 정도 단계적으로 물을 밀어내면서 간척했다. 새만금은 좌우에서 방조제를 막아오다가 한날한시에 틀어막는다. 그날까지는 물이 계속 차 이 갯벌 전체가 살아 있게 되는 것이다. 간척 방식이 이러니 어떻게 되겠느냐. 방조제를 완공하는 그날부터 갯벌 전체가 갑자기 썩어가는 것이다. 시화 간척지보다 훨씬 큰 이 갯벌을 단시일 내 흙으로 덮을 수도 없다. 마을과 갯벌 사이 방풍림 역할을 할 갈대 같은 것도 없다. 그 썩는 냄새를 어쩔 거냐. 수십 일 동안 우리 계화도뿐 아니라 온 천지에 진동할 것이다.

정이동 씨(계화도 주민)는 "내가 낚시를 다녀서 그 냄새 알지. 뻘이 엉켜 썩는 데는 도시 시궁창 냄새 저리 가라야" 하며 맞장구를 친다. 갯벌의 살아 있음이란 조개와 게, 갯지렁이들뿐 아니라 또 수억 수조의 미생물뿐 아니라 그 모두와 함께 뻘 자체가 살아 있다는 뜻인데, 김봉수 장로가 강조한 '냄새'는 정말이지 시취(屍臭)라 할 것이다. 갯벌은 하루 두 번 바닷물에 적셔져야만 생기를 유지하는 대단히 민감한 생명체이다. 새만금 갯벌은 새만금 갯벌 크기의 거대한 살덩어리리고 보면 맞다. 방조제가 완공되면 새만금 갯벌은 김제, 부안, 군산 지역의 산천초목을 온통 떨게 만들 만큼 섬뜩한 죽음의 냄새를 풍기게 될 것이다. 방조제 공사가 시작된 이래 "저 큰 갯벌 막으면 어떻게 되나?" 하는 걱정에서 하루도 벗어나본 적이 없다는 김봉수 장로의 말은 계속되었다.

썩어들어간 다음엔 어떻게 되느냐, 마르기 시작한다. 새만금 갯벌 전체가 소금밭이 된다. 지금 부는 바람은 바다에 맹물이 있어 간기가 덜한 바람이다. 그런데 소금밭이 되면 손에 만져지는 가루가 바람을 타고 날리게 된다. 겨울 한철 북풍이 불고 나머지 철은 서풍이 분다. 아마 부안 전체 농사를 망치게 될 것이다. 우리 계화도 사람들은 소금바람에 눈도 못 뜨게 될 것이다. 그러니 대놓고 막아대지 말고 공사를 일단 중단해야 한다. 국민 여론을 일으켜 학자들 모아놓고 연구하고, 해양학 하는 사람들이 새만금과 똑같은 모형을 만들어 도대체 어떤 일이 일어나나, 실험을 해야 한다.

김봉수 장로의 결론은 약간 김이 빠진다. 한동안 소란을 떨었던 '민관공동조사단'이 그 비슷한 일을 이미 했던 것이다. 조사단의 보고서를 검토한 정부는 새만금 지구를 둘로 갈라 동진 구역부터 개발하고, 만경 구역은 만경강 수질이 나아질 때까지 기다린다는 순차 개발안을 내놓았을 뿐이다. "우리라도 똘똘 뭉치면 공사를 막을 수 있다. 확실하게 반대를 하려면, 해창산에 앉아 있을 게 아니다. 방조제 돌 떨어지는 데 가서 선박 시위를 해야 한다"고까지 김봉수 장로는 말한다. 말이나마 행동 방법까지 나온 때문인지 정이동 씨는 "이 말 들으면 이 말이 옳고, 농기공 말 들으면 농기공 말이 옳고……" 하며 한 발짝 물러서버린다. 다른 어민들은 바다 쪽을 보며 계속 묵묵했다. 이제라도 반대의 뜻을 확실히 세우고 집단행동에 나선다는 게, 10년이 넘게 1조 원 이상 들어간 공사인지라 아무래도 허무한 소리로 들리는지 모른다.

한 여성 어민의 분노

갯벌에 다녀온 화요일 이후, 농성장으로 가지 않고 계화도에 머물면서 염정우 씨 집에서 계속 숙식을 해결했다. 농성장을 기피한 것은 내 속의 어떤 패배감 때문일 것이다. 사업 강행 발표가 난 작년 5월 이후 새만금 사업은 언론의 관심에서 밀려났고, '부안사람들'은 그에 굴하지 않고 여전히 활동해왔지만 대다수의 주민들이 '바위에 계란치기'라고 생각하듯이 나 또한 그런 마음이 없지 않았던 것이다. 올해도 1,800억 원의 공사비가 집행되고 있는데, 전국민적인 각성이 일어나지 않는 한 사업은 계속 진행되고 갯벌은 죽게 돼 있는 형편이다. '부안사람들'이 아무리 애써도 방조제 공사는 결국 마지막 물막이에 이를 것이라는 판단이 정확하다.

객관적 상황이 그렇다면, 앞으로 어떻게 해야 할까. 특히 몇 년째 새만금 반대운동을 선도해온 '부안사람들'은 고소·고발을 당하고 감옥에 갈 것을 각오하고 때로 목숨이 위험한 일도 마다하지 않으며 더 격렬히 투쟁을 벌여나가는 수밖에 없는 것일까. "새만금에서 열 명이 죽어야 된다. 그래야 새만금이 산다"라고, 어느 교회 목사가 분김에 그런 말도 했다는데, 그런 무서운 주장도 하나의 생각으로서 가치가 있는 걸까. "어쩌면 '부안사람들'은 패배할 줄도 알아야 하는 게 아닐까, 아니 임박한 패배에 담담해하는 마음을 가질 줄도 알아야 하지 않을까" 하고 염정우 씨의 작은 방에서, 농성장에선 꺼내기 힘든 얘기를 깊게 나눴다.

5월 24일부터 시작된 '부안사람들'의 이번 해창산 싸움. 미리 말하면, 약 한 달이 지난 후에야 마무리되었다. 강제철거가 있었고, 그후에도 항의 시위가 계속되었다. 그걸 다 소상히 옮기기엔 아무래도 무리인데, 그 정황은 '부안사람들'의 인터넷 사이트(www.nongbalge.or.kr)에 게시된 글과 사진, 동영상을 참조하면 좋겠다. 이 자리에선 6월 8일 토요일, 새만금 전시관 앞에서 열린 집회, 거기서 인상 깊게 본 장면 하나만 이야기해야겠다.

그날 오후 집회가 시작되기 전, 농업기반공사 사람들은 전시관 앞 광장으로 어민들이 들어오지 못하도록 바리케이드를 쳤는데, 그 과정에서 직원 한 사람이 어민에게 폭언을 하는 일이 발생했다. 먹살잡이를 하는 둘을 가까스로 뜯어냈지만, 폭언을 당한 어민의 아내가 화를 더 냈다. 그녀는 단신으로 광장을 지나 전시관 앞에 가서 유리문을 발로 차며 어디론가 숨어버린 폭언 당사자를 고함쳐 불렀다. 그녀의 사나운 행동은 누구도 말리기 힘들었다. "니놈들 때문에 계화도 어민들 다 죽게 생겼다", "니들이 잘한 게 뭐 있다고 우리 아저씨한테 욕하냐", "이 나쁜 놈들아, 우리 먹여 살려라" 등의 말을 격하게 토해냈다. 안에서 문을 잠근 전시관에선 아무도 밖으로 나오지 않았다. 단한 사람이지만 일순 전시관 전체를 압도했다. '주민 생존권'의 문제, 즉 생존의 벼랑에 몰린 사람만이 터트릴 수 있는 무서운 분노였던 것이다.

농업기반공사나 새만금 전시관에 대한 분노의 표출이 새만금 갯벌의 생명에 대한 사랑과 일치하는 것은 아니지만, 저런 불같은 분노의 대대적인 결집이 혹 새만금 갯벌을 살릴 수 있지 않을까, 하는 생각이 자꾸 들었다. 그러나그 여성 어민의 분노의 몸짓이 가슴 아프다 해도, 아무래도 그 분노를 선뜻신뢰하기는 힘들었다. 새만금 반대운동의 중요한 한 동인이 '주민 생존권 쟁취'이고 그건 분명 상당한 폭발력을 내장하고 있지만, 현실 대다수 어민들을생각하면 그 동력은 아무래도 진실되기가 힘든 것이다. '갯벌 보호와 주민 생존권 보호'라는 명분으로 계화도 주민들이 외지인의 갯벌 출입을 통제하면서주민들 스스로는 배를 타고 흡입식으로 조개류를 마구 채취하는 판국인데,그것은 새만금 갯벌에다 대고 주민들이 벌이는 마지막 빚잔치나 다름없다.즉 갯벌을 살린다느니, 지킨다느니 하는 말을 할 자격이 없는 타락한 '계화도 민중'이 적지 않은 것이다.

고은식 총무의 말도 생각나는데, 농림부·환경부·농업기반공사 등의 장례식을 치렀던 그날 집회엔 40~50여 명의 어민들이 나왔지만, "우리가 받은 보상금은 터무니없이 부족했다. 다시 제대로 보상하라며 사람들을 모으려 한다면 일주일 새 천 명은 일도 아니게 모을 수 있을 거다. 근데 그렇게 모인다 해도 소용없다. 정부가 새만금 농토에서 두 필지씩 현지 어민들한테 불하한다고 하면, 아니 살짝 그런 말만 흘려도 어민들은 바로 흩어질 거다"라는 그의 말이 계화도 민심의 전반적인 수준을 짐작케 해주었다. 김제·부안·군산을 합쳐 '2만 어민의 생존권'이 걸린 문제라고들 하지만, 새만금 반대운동에 대한 호응도가 가장 높다는 계화도가 그런 실정이니, '재보상' 문제에 초연한 ("하루라도 갯벌에 나가지 않으면 생계에 지장이 있는") '일부 주민'과의 연대에 머물 수밖에 없는, 즉 생명운동의 순수성을 지키려는 '부안사람들'의 고충이 짐작이 갔다.

농성장이 철거되던 날도 짧게나마 얘기하고 넘어가자. 전시관 앞 집회가 끝나고도 해창산 농성은 계속되었지만 그 이틀 뒤, 그러니까 6월 10일 월요일 오전 농성장이 강제철거되었다. 농업기반공사와 현대건설 쪽 사람 100여 명이 농성자들을 끌어냈다. 소식을 듣고 갔을 때 포크레인이 이미 해창산 정상부에 올라가 있었고, 신형록 씨는 팔과 다리를 네 명의 노동자에게 단단히 붙잡힌 채 공사장 입구 흙바닥에 눕혀져 있었다. 너무 꽉 잡혀 피가 잘 통하지 않는 그의 손이 부들부들 떨리는 것을 보았다. 철거 과정에서 마찰이 있었고, 부안경찰서 정보과 형사가 신 대표의 결박을 풀게 하고는 폭행자를 지목하게 했다. 인부들과 농성자들이 함께 경찰서로 연행됐고, 양측은 서로 폭행을 당했다며 진단서를 끊으려 했다. 다 함께 부안 성모병원까지 갔다. 진료 대기실에 앉은 그들 모두는 잠시 조용히 텔레비전을 보았다. 먼 나라 일처럼, 한국과 미국 간 월드컵 축구경기의 휘슬이 막 울리고 있었던 것이다. 신형록 씨는 입원했다. 이튿날, 나는 부안을 떠났다.

사마리아 여인과 '부안사람들'

집에 돌아와 열흘이 지나도록 부안에서 얻은 몸의 피로가 풀리지 않았다. 한국과 스페인 간의 8강전 축구경기가 있고, 그 다음날 밤인가 부산엔 비가 내렸다. 몸과 마음이 피곤하고 스산할수록 전라북도 부안은 마치 이 세상에 존재하지 않는 땅 같은 기분이 들었다.

　나는 피로감을 떨치기 위해 염정우 씨가 들려준 '사마리아 여인' 이야기를 몇 번이고 되새겨보았다. 그리고 '새만금 예수님'에 대해 다시 생각해보았다. 계화교회 집사이기도 한 염정우 씨 방에서 나흘인가 잠을 잤는데, 우리는 해창 갯벌에 걸린 플래카드, '새만금 갯벌에 생명으로 오신 예수님'이란 말의 의미에 대해 이야기했었다. 그런데 그 문구보다 더 올바른 표현이 있지 않을까, 즉 방조제 공사로 죽어가고 있는 불쌍한 갯벌에 몸을 주러 '오신 예수님'이 아니라, 방조제 공사와 상관 없이 갯벌에 이미 '와 있었던 예수님'이 아닐까, 싶었던 것이다.

　실로 갯벌은 그런 존재일 것이다. '예수님'이란 이름이 거북하면, 성자(聖者)라고 해도 좋겠다. 일제시대에도 먹을거리 걱정은 몰랐다 할 만큼 갯가 민초들에게 매일의 먹을거리를 내어주었고, 사람뿐 아니라 바닷속 미물들의 알자리가 되어 치어들을 보살펴주었으며, 가부장제의 억압에 시달리는 아낙네들의 가슴을 그 한없는 넓이와 시원한 갯바람으로 어루만져주었으니, 이 모든 게 성자의 행적이 아닌가. 이제 곧 새만금 갯벌에 닥칠 죽임도 그런 차원에서 보다 의미가 깊어지는데, 하늘이 이 땅에 사람이 먹고살 수 있도록 논과 밭을 베풀어주었는데도 잘못된 국가정책으로 다 망쳐놓고는 죄 없는 갯벌을 희생양 삼고 있는 것이기 때문이다. 다른 누군가가 저지른 죄업으로 대신 죽는, 성자들의 가없는 대속(代贖) 행렬을 지금 한국의 새만금 갯벌이 잇고 있는 것이다.

　염정우 씨 방에서 문득 소스라치는 기분에 빠지곤 했는데, '사람 예수', 즉 '신의 인격화'라는 고루한 관념을 떨쳐내고 새만금 갯벌을 다시 보면, '새만금 갯벌에 생명으로 오신 예수님'이 아니라 아무런 수식어가 필요 없는 '새만금 예수님'이 눈앞에 나타나던 것이다. 새만금 갯벌이 인자한 표정을 짓고 우리를 바라보고 있는 것이다. 염정우 씨가 머리맡에서 들려준 '사마리아 여인' 이야기는 그래서 내게 더욱 각별했는지 모르겠다. 깊은 밤 때론 구수하고 때론 열정적인 마흔 살 노총각의 그 이야기는 이랬다.

내가 좋아하는 성화(聖畵) 중에 사마리아 여인을 그린 게 있어. '사마리아 여인'
은 어떤 사람이냐 하면, 세상에서 가장 비참한 여자라고 보면 돼. 이방인이지, 과
부고, 자식도 없고, 늙었고, 가난하고, 병들었지. 그래서 누구한테도 사랑받지 못
하고, 아니 사랑을 받아본 적이 없는 여자지. 근데 그 여자가 예수를 만나게 돼. 우
물가에서 예수가 물을 달라고 하는 거야. 왜 나한테 물을 달라 하냐고 화를 내. 그
런데 화 내는 여인을 바라보는 예수의 눈빛! 한 인간에 대한 무한한 연민의 눈빛!
그런 깊은 눈빛을 받아본 적이 없는 사마리아 여인은 예수가 자신을 이해하고 있
다는 걸 본능적으로 알게 되고, 그 순간 구원받는 거야. 그런데…… 나중에 그 여
인이 어떻게 되느냐, 자신에게 새 생명의 빛을 준 예수가 처형될 때, 바로 자기 머
리 위로 올려지는 예수를 보게 되는 거지. 그 여자 심정이 어땠겠어. 내가 좋아하
는 그림은, 죽은 예수의 발에 입을 맞추는 사마리아 여인을 그린 거야.

염정우 씨가 말한 그림을 직접 보지는 못했지만, 그런데 나는 왜 여인의 입
맞추는 행위가 지극히 담담한 빛으로 내 마음속에 떠올랐던 걸까. 아니 누
(gnu) 한 마리가 공포에 질려 도망치다가도 맹수의 배 밑에 깔리고 나서는 먼
산을 보듯 순박하고 담담한 눈망울을 가지게 되는 것은 왜일까. 텔레비전에
서 본 다큐멘터리 화면이라 해도 단순한 체념이 아니라, 그렇다고 마지막까
지 격렬히 몸부림치는 게 아닌, 그 어떤 한없는 순종이 나는 감동적이었다.
죽임을 당해야만 했던 예수였고, 예수는 그 운명을 받아들였고, 그런 예수의
선택을 또한 받아들였던 여인의 심경도 비슷한 것이 아닐까. 예수의 처형에
엄청난 심적 고통을 받았다 해도, 생명의 참된 빛이 무엇인지 알게 해준 예수
와의 만남을 후회하는 마음은 추호도 없었을 것이다. 예수를 만난 건 그녀의
인생에서 더없는 축복이었다. 그녀에게는 죽은 예수의 피투성이 맨발도 환한
빛 속에 있었다.

직접 눈빛을 주고받으며 이야기를 나눌수록 '부안사람들'은 하나같이 이쁜 사람들이었다. 나는 신형록 씨, 허철회 선생, 고은식 총무, 염정우 선배 등 '부안사람들' 한 사람 한 사람이 '반대운동'을 하며 손끝 하나 다치지 않기를 바란다. 이 세상은, 작년 5월 정부의 '강행' 발표 이후 새만금 갯벌을 이미 죽여버렸다. "새만금 간척은 재고가 필요하다"고 하던 이가 전북 지역에 와선 "대통령이 되면 새만금, 확실하게 밀겠다"라고 말을 바꾼, 해양수산부 장관 출신의 유력 정치인이 새만금 갯벌을 죽여버렸다.

아니 새만금 사업을 반대한다던 국민 85%의 알량한 환경의식이 새만금 갯벌을 죽여버렸다. 새만금 갯벌은 완전히 버림받았다. 지금 이 세상에선 그 옛날의 청년 예수처럼 죽어야만 하는 것이 새만금 갯벌의 운명인 것이다. '부안사람들'이 "우리 인간의 죄가 너무나 크다"고 제 가슴을 치며 자학할 일이 조금도 아니다. 죽은 이의 발에 입을 맞추는 사마리아 여인의 담담함은 그래서 '부안사람들'의 것이 될 수 있다. 나는 새만금 갯벌이 죽어갈수록 '부안사람들'이 지극히 담담해지길 바란다. 자기 위안적인 역설만 늘어놓고 있다고 나를 탓하지 말기를.

달밤의 계화도, 그 아름다웠던

마지막으로 '부안사람들'이 내게 들려준 이쁜 이야기들을 옮겨볼까 한다. 우리 모두의 피로감을 떨치는 데 도움이 된다면 좋겠다. 먼저 조태경 씨가 한 이야기이다.(그런데 덧붙이면 조태경 씨와는 개인적으로 이미 친분이 있었는데, 지난 봄까지만 해도 녹색연합의 간사 신분이었던 그는 서울 생활을 정리하고 부안에 내려와 '부안사람들' 회원이 된 지 한 달 가량 됐을 뿐이다. 갯벌이 어떤 것인지 책이나 말로만 들었을 텐데, 어느 밤 복된 체험을 하고는 듣는 나까지 행복하게 만들었다.)

아까 저녁 물때에 갯벌을 나갔는데, 용석이 형 경운기 타고 한참을 들어갔어. 거기서 백합을 많이 잡았어. 근데 용석 형은 일이 있어 먼저 마을로 돌아갔고, 나중에 나 혼자서 갯벌을 걸어나왔지. 저 멀리, 계화마을 불빛만 보고 걷는 거야. 주위가 깜깜해서 아무것도 안 보이는데, 근데 무슨 소리가 들리는 거야. 멈춰 서서 들어보니, 형, 정말 놀라웠어. 아주 작은, 말로 표현할 수 없는 소리들이 온통 가득한거야. 한참 가만히 서서 그 소리를 들었어. 소리가 점점 커지더니 나중엔 귀가 멍멍할 정도였어. 그게 다 뭐겠어. 구멍마다 생명들이 소리를 내는 거잖아. 대합창이야. 새만금 갯벌이 밤에는 거대한 노래밭인 거야. 나 진짜 너무 놀랐어.

방조제 2공구와 4공구에 약 2~3km씩이 뚫려 있다 해도, 나날이 물의 힘이 떨어지는데 아직도 그런 멋진 노래밭을 펼쳐놓는 새만금 갯벌이 너무나 대견하다. 새만금 갯벌은 마지막 날까지 만물의 본성인 선한 의지를 우리에게 보여줄 것이다.

또 다른 이야기는 고은식 총무가 해주었다. 어느 대화 중에 "이야기문화가 얼마나 살아 있느냐가 공동체의 건강도를 따지는 한 핵심이다"라는 말이 나왔는데, 그 말을 들은 고은식 총무가 어린 날을 회상했다.

계화도 간척이 끝나고 얼마 되지 않아서야. 육로가 생겼지만 전기는 들어오지 않았지. 달이 뜨면, 호롱불 켠 방 안보다 밖이 더 밝아. 그런 달 밝은 밤 계화도가 어땠는 줄 알어? 주민들이 집 앞 골목에 주르르 나와 앉는 거야. 수박 깨놓고 이웃끼리 끝도 없이 이바구를 하는 거지. 애들은 애들끼리 몰려다니면서 놀고……. 밤 10시쯤 되면 누구야, 머시기야 하며 엄마들이 애들 부르는 소리로 온 마을이 떠들썩했어. 전기 들어오고 텔레비전 생기면서 그런 게 다 사라졌지. 이바구 전통을 살리려면 계화도로 들어오는 전선을 짤라부려야 혀.

갯벌과 바다를 낀 작은 마을에서 펼쳐진 아름다운 달밤의 풍경, 언필칭 '사랑과 생명의 공동체'가 따로 없다. 그곳의 주민 생존권에는 보상금과 다른 차원의 지점이 분명히 있을 것이다.

'부안사람들'의 새만금 사업 반대운동은 앞으로 어떻게 해야 할까. 모든 '운동'은 바람을 타게 마련이고, 아니 바람을 잘 타야 승리하고, 그러나 그 어떤 바람도, 제아무리 거세게 인다 해도, 그칠 수밖에 없다. 그래서 모든 운동은 종내엔 허무한 것이다. 생명운동 역시 운동인 한 그럴 수밖에 없다. '부안사람들'은 그것마저 알고 있을 것이다.

캄캄한 갯벌 속에서 계화마을의 불빛이 이정표가 되었다는 조태경 씨의 걸음처럼, '부안사람들'의 앞에는 어떤 불빛이 있는 걸까. 새만금 갯벌을 사랑하는 수많은 사람들에게 창조적인 영감을 불어넣는 실천을 '부안사람들'이 해내기를 빌고 싶다. 고난의 길을 계속 가라고 말하고 있는 셈이지만, 사마리아 여인처럼, 새만금 갯벌을 누구보다 일찍 만났던 '부안사람들'이야말로 세상에서 가장 축복받은 사람들이라고 말해주고 싶다. 나의 기도가 그들에게 조금이라도 힘이 되기를.

『녹색평론』 제65호(2002년 7~8월호)

김곰치 소설가. 2000년 겨울, 새만금갯벌에 처음 가보게 됐다. 갯벌은 더없이 경이로웠지만, 그 경이로움을 파괴하는 국책사업, 거기 들러붙어 이득을 취하는 인간들의 행태에 큰 충격을 받았다. 그후 인간한테서는 버림을 받더라도 산과 갯벌, 바다로부터 사랑받는 작가가 되어야겠다는 것이 그의 다짐이 되었다.

불법적인 물막이 공사와 힘겨운 현장 운동 | 주용기 |

내가 태어나고 자란 곳은 산으로 둘러싸인 순창이다. 어렸을 때는 바다를 한 번도 구경하지 못했다. 수영을 못해 처음 본 바다는 무섭게 느껴졌지만, 바다와 갯벌을 자주 접하면서 이제는 두려움보다는 친근한 벗으로 다가온다. 10여 년 가까이 환경운동과 갯벌 보전운동에 참여하면서 그곳에는 수많은 생명과 이를 의지하며 살아가는 사람들, 그리고 역사와 문화가 살아 숨쉬고 있다는 것을 하나하나 느끼고 있다. 경험을 해보고 느껴 봐야 그 가치를 올바로 알 수 있기 때문에 환경운동, 생명운동을 하면서부터는 꼭 현장을 다녀와서 현안으로 직접 대하는 버릇이 생겼다.

그동안 새만금 갯벌을 올바로 느껴 보려고 많은 노력을 하였다. 하지만 아직도 잘 모르겠다. 그 가치는 무궁무진한 것 같다. 어떤 때, 어떤 마음으로 대하느냐에 따라 느껴지는 갯벌의 모습이 항상 다르기 때문이다. 갯벌 생물과 철새·경관 관찰, 어민과의 인터뷰, 갯벌 생태 교육, 사진과 비디오 촬영 등을 통해서 그 가치를 조금씩 알아가고 있다.

그래서인지 며칠 동안 갯벌에 가지 못하면 몸이 근질근질해진다. 잠시 갯벌에 들어가보기도 하고, 하염없이 갯벌을 바라보거나, 갯벌 생물과 이들을 먹기 위해 날아오르는 새들을 보며, 어민들의 분주한 삶의 모습을 대하기도 한다. 아름답고 살아 있음을 증명해주는 소중한 모습들이다.

추석에 즈음하여, 갯벌에서 잠시 휴식을 취하고 다시 장거리 여행을 떠나는 철새들의 모습을 보기 위해 갯벌을 찾았다. 여전히 갯벌 생물들을 찾기 위해 분주히 갯벌을 뒤적이고 삐익삐익, 쫑쫑쫑 등의 소리를 내며 무리지어 갯벌 위를 날아다니고 있다. 멀리 북쪽에서 이곳으로 내려와 다음 목적지를 향하기 위한 어미와 새끼 새들의 분주한 생명 활동을 볼 수 있다. 그런데 그들의 휴식처이자 먹이 공급처인 갯벌이 사라져 종족 번식이 위태롭게 될 것을 생각하면 단순히 아름다운 모습으로만 보이지는 않는다. 그들을 다시 볼 수 있을지, 설레는 마음을 애써 감추며 그들을 찾아나서는 내 모습을 상상해볼 수 있을지 의문이다.

가을빛 노을이 짙어지면서 갯벌의 아름다움을 더해주고 있다. 하지만 이 모습도 단지 아름다운 모습으로만 보여지지 않는다. 희망을 갖고 갯벌과 갯벌 생물들이 살기를 기대하지만 여전히 공사는 계속되고 있어 두려운 생각마저 든다.

많은 사람들의 심금을 울렸던 성스러운 기도 수행, '새만금 갯벌의 온 생명과 평화를 위한 삼보일배'가 진행되는 도중에도 며칠간 갯벌을 찾은 적이 있다. 방조제 공사가 중단되어야 한다는 많은 사람들의 기대와 염원에도 불구하고, 물막이 공사는 그 당시에도 급속히 추진되고 있었다. 채석한 토사석을 한 곳에 모아놓았다가 밤낮을 가리지 않고 140여 대의 트럭을 이용해 바다를 가로지르는 물막이 공사는 계속되었다. 공사 현장을 확인하러 간 6월 9일, 현장 공사 관계자로부터 1km의 물막이 공사를 단 10일 만에 완료할 것이라는 말을 들었다. 그런데 2주 전만 하더라도 1km 이상 남겨진 상태에서 바닷물이 유통되는 것을 보았던 나로서는 내 눈을 의심하지 않을 수 없었다. 6월 9일 현장 확인 당시 양쪽에서 트럭으로 채석된 토사석을 밀어넣는 물막이 공사를 진행하고 있었고, 물막이 방조제 위쪽은 단지 20m, 아래쪽은 4m 정도 남겨진 상태였다. 비디오와 사진을 찍으면서 서글퍼 눈물이 앞을 가렸다.

삼보일배를 마무리하고 언론과 방송사 현장 안내에 이어 문정현 신부님의 전북도청 현관 앞 단식농성 등에 신경을 쓰다가 미처 현장 확인에 나서지 못했던 것이 큰 실수였다. 더 일찍 오지 못한 나 자신에 대한 자책과 몰래 공사를 진행시켜온 정부와 건설업체에 대한 치밀어 오르는 분노가 교차하였다. 전화로 급하게 몇몇 사람들에게 현장 소식을 전하였다. 지금도 가끔씩 당시의 현장 기억이 되살아나 서글픔과 화가 밀려온다. 추가로 현장에 달려온 사람들과 물막이 공사 상황을 널리 알리기 위해 마지막 남은 물막이 지역으로 들어가 플래카드를 들고 공사 중단을 외쳤고, 밤을 지새운 다음 날인 6월 10일에는 공사 중단을 요구하며 포크레인과 트럭을 가로막기도 하였다. 하지만 경찰들의 소극적인 대응 아래 새만금 사업을 찬성하는 '새만금 추진 협의회' 주민들로부터 폭언과 폭행을 당하면서 현장에서 밀려나올 수밖에 없었다. 곧바로 남겨진 부분에 토사석을 밀어넣는 새만금 방조제 4공구 물막이 공사는 완료되었고, 공사 관계자들과 찬성 주민들은 풍물을 치며 축하 행사를 벌였다고 한다.

6월 11일, 환경연합과 녹색연합 활동가 100여 명이 다시 공사 현장을 찾았고, 곡괭이와 삽으로 '방조제를 뚫어라'는 상징적인 행위를 하였다. 그런데 또다시 경찰들의 소극적인 대응 아래 찬성 주민들이 물대포를 뿌려대고 폭언과 폭행을 휘둘러 카메라 등 여러 물품들이 파손되었으며, 많은 사람들이 부상을 당하고 실신하는 일이 벌어졌다.

그와 같은 일이 벌어진 후 대우건설 측으로부터 공사 방해로 인한 손해에 대해 고발을 당했고, 나를 포함한 11명은 '새만금 추진 협의회' 편영수 사무총장을 물품 파손과 폭행 행위로, 군산경찰서장을 직무유기로 각각 고발하였다. 현재까지 수사 중이란다. 이후에도 '새만금 추진 협의회'는 여성성직자 도보 순례단과 '새만금갯벌 살리기 시민행동 전국 자전거 홍보단'이 전북 지역을 지나는 곳곳에서 폭언과 폭행을 일삼았고, 새만금 사업 추진 측의 행동대처럼 활동하고 있다.

방조제 4공구 물막이 공사가 완료되면서 새만금 갯벌의 변화는 심각하게 진행되고 있다. 대부분 4공구 구간으로 빠져나가던 만경강의 물이 막히면서 물의 흐름이 바뀌어 갯벌의 수로가 변하고 염분 농도가 낮아지고 있으며, 바닷물과 민물이 원활히 순환되지 못하면서 수질 오염이 더욱 심해지고 있다. 군산 내초도 앞에는 바닷물의 흐름이 느려지면서 뻘 갯벌이 쌓여 많이 잡히던 맛조개들이 점점 보이지 않고, 내초도 어민들은 곧 폐업 신고를 할 판이라고 한다. 대부분의 어민들은 잡히는 양과 생물종이 이전보다 많이 줄었다고 한다. 생합을 잡던 어민들이 동죽을 잡고 있고, 작은 생합들이 특정 지역에만 집단적으로 서식하고 있으며, 검정색 생합이 늘어나고 있다고 한다. 갯벌과 갯벌을 의지하며 살아가는 생물과 어민들에게 심각한 변화가 일어나고 있다.

방조제 4공구 물막이 공사 이후 한 달 동안 군산·김제·부안 지역의 어민들을 만나면서 어업 생산량과 갯벌 생태계의 변화를 조사하였고, '어민 생존권 피해 대책위원회'를 만들어 적극적인 활동을 제안하였으며, 청와대 비서관을 만나 탄원서를 전달하기도 하였다. 하지만 어민들은 아직도 구체적인 행동에 나서지 않고 있다. 만나는 어민들마다 공사가 중단되기를 바라면서도 말이다.

2년 전인 2001년 8월에 간척사업 지역의 주민과 시민단체 등 3,000여 명을 소송인으로 하여 '공유수면 매립면허 및 사업시행인가 처분취소 청구소송'을 서울행정법원에 낸 적이 있었다. 그래서 곧바로 본안 소송 선고 전까지 '방조제 공사를 중단시켜 달라'는 내용으로 법원에 집행정지 신청을 냈다. 2003년 7월 15일, 재판부에서는 공사 일시 중단을 결정하였으나, 단 3일 만에 아직 물막이가 진행되지 않은 2공구의 두 군데 총 2.7km 구간을 뺀 나머지 지역에는 보강공사만을 허용한다는 결정을 내렸다.

이와 같은 재판부의 결정에도 불구하고, 농림부와 농업기반공사 측의 이행 여부에 대해서는 믿을 수가 없었다. 그래서 계속적인 공사 현장 확인과 감시가 필요하여 부안성당에 상주하면서 배를 이용하여 현장에 자주 가보았고, 주변에서 어업을 하는 어민들에게 일회용 카메라를 사주고 자주 전화를 하면서 어업 도중 수시로 현장 확인을 해줄 것을 부탁드렸다. 다행히 몇몇 어민들의 제보가 있었고, 몇 차례 직접 공사 현장을 찾았을 때 공사 진행 상황을 확인하였다. 그러나 좀처럼 사진 촬영이 어려웠다. 물막이 예정지인 터진 구간에 바지선이 떠 있고 그 위에 실려 있는 포크레인이 움직였지만, 가까이 다가가면 포크레인을 멈추고 아무 일도 하지 않는 듯 가만히 있었기 때문이다.

8월 23일, 다시 여러 사람들과 현장 확인에 나섰는데 공사하는 사람들이 우리를 의식하지 않고 두 대의 바지선 사이로 두 대의 포크레인을 이용하여 채석된 토사석을 밀어넣고 있었다. 우리 일행들은 이 장면을 카메라에 담을 수 있었다. 이후 농림부 장관과 농업기반공사 사장을 불법 공사로 고발하였고, 현재 이 구간에서는 공사가 중단된 상태이다. 농업기반공사는 공사 현장을 촬영해 언론에 제공했다는 이유로 다시 나를 명예훼손 혐의로 경찰에 고소한 상태다.

현장에서 어떠한 불법적인 일들이 이루어지는지 확인하기란 아주 힘들다. 배를 타고 접근해야 하는데 접근하기가 쉽지 않기 때문이다. 수시로 확인하기 위해서라도 법원으로부터 공사 현장 감시가 합법적으로 이루어질 수 있도록 보장받아야 한다. 앞으로도 더욱 적극적인 공사 현장 감시와 갯벌 생태 조사, 어민들과의 교류가 끊임없이 이루어져야 한다. 새만금 갯벌의 현장은 오늘도 그 미래를 예측할 수 없는 상황이다. 따라서 현장에서의 활동은 새만금 갯벌 살리기를 위한 여러 가지 활동 중에서도 간과하지 말아야 할 중요한 일이다. 이는 새만금 갯벌에 찾아오는 도요·물떼새류와 갯벌에 사는 수많은 생명들을 생각하면서 내가 새만금 갯벌의 생명과 평화를 위해 할 수 있는 최소한의 일이라고 생각한다.

그런데 여러 단체와 전문가들이 나름대로 고민 속에 새만금 간척사업 대신 새로운 대안을 제시하고 논의하는 일들이 진행되고 있다. 대안 논의에 있어 꼭 간과하지 말아야 할 것은 새만금 갯벌에 대한 엄밀한 생태-문화 조사와 갯벌과 연관지어 살아가는 어민들에 대한 철저한 이해, 어민들 및 지역 주민들의 참여 속에 새만금 지역만이 가지는 독특성을 살리는 대안이 마련되어야 한다는 것이다. 그렇게 하지 않는다면 우리들이 그동안 비판했듯이 제시한 대안들은 스스로의 모순에 빠져 신뢰할 수 없기 때문이다. 요즈음 대안 논의를 보면서 안타까운 마음이 든다. 새만금 갯벌에 대한 애정을 다시금 되새겨 심사숙고해주기를 간곡히 부탁한다.

그동안 많은 사람들이 새만금 갯벌 살리기에 같이하였다. 그 힘이 밑거름이 되어 이 정도라도 새만금 갯벌 살리기가 가능했으리라 믿는다. 많은 도움과 힘을 얻었고, 내가 할 수 있는 일이 무엇일까 생각하며 나름대로 활동을 해왔다. 그러나 많은 한계를 가지고 있었고, 내 자신을 생각할 때 불만스러울 때도 많았다. 그동안 생명의 소중함을 알게 하고, 겸허하게 살도록 가르쳐준 많은 뭇 생명들과 아름다운 사람들에게 감사함을 전한다.

새만금 갯벌 님! 꼭 살아남기를 두 손 모아 빕니다.

주용기　　지난 10년 동안 전북환경운동연합에 상근하면서 환경운동가로 활동해왔으며, 전북 지역의 주요 환경 현안들을 다루어왔다. 현재는 45개 전북 지역 시민환경단체가 연대하여 새만금 갯벌 살리기 운동을 펼치고 있는 '새만금사업 즉각 중단을 위한 전북사람들'의 상임집행위원장을 맡고 있고, 전북대 시간 강사와 각종 환경 강연 및 현장 교육 활동을 펼치고 있다.

삼보일배는 우리에게 무엇을 남겼는가

최성각

2003년은 시민운동판에서 매우 특별한 해로 기억될 것이다. 3월 28일, 해창 갯벌에서 시작해 5월 31일 초여름에 서울 시청 앞 광장에서 마무리된, 장장 65일 305km의 '2003년도 삼보일배' 기도순례 때문이다. '2003년도 삼보일배'라고 말하는 까닭은 삼보일배가 이번이 처음이 아니었기 때문이다. 2003년은 삼보일배로 인해 마치 '1950년의 난리'나 '1980년의 광주'처럼 적어도 우리 시민사회에서는 특별한 의미를 띠고, 그 행위의 의미와 정신이 재음미되고 재생산될 것이라고 믿어 의심치 않는다. 몇몇 성직자들의 조용하지만 가열찬 기도 순행(巡行)은 우리 사회를 윤리적으로 고문했고, 마침내 우리 내면의 참회할 수 있는 능력을 자극시켰고, 끝내는 길바닥에 같이 엎드려 절하면서 참을 수 없는 눈물로 폭발시키고 말았다.

탈도 많고, 한도 많은 한국 사회지만, 세상에 이런 희한한 일은 일찍이 없었던 것이다.

3월 28일, 해창 갯벌에서 '세 걸음에 한 차례씩 절'하며 서울까지 이르겠다는 서원을 세우고 출발한 삼보일배 기도단에 대해 세상은 사실 처음에는 무관심했다. 출발 소식을 알리는 짧은 기사야 '새만금 문제'에 관심을 기울이던 몇 환경 담당 기자들에 의해 신문 한구석에 자그맣게 자리했지만, 환경판 사람들 외에는 누구도 깊은 관심을 기울이지 않았다. 서울까지 800리 길을 세 걸음에 한 차례씩 절하면서 기어간다? 모두들 그런 일은 무모할 뿐 아니라 불가능한 일이라고 생각했기 때문인지도 모른다. 후에 확인된 일이지만 삼보일배에 참여했던 네 분 성직자들 또한 "절하며 가다가 길에서 죽으리라"는 각오였지, 기필코 서울에 당도할 생각은 아니었다고 한다. '가다가 쓰러져 죽으리라'는 태도는 "왜 하필 도착지가 서울이냐? 그곳에 새만금을 해결할 대통령이 살고 있어서냐? 대통령은 고급 공무원일 뿐이지 왕이 아니잖느냐?"는 일부의 비판을 초장에 입다물게 했다. '절하다 길바닥에서 죽겠다'는 사람에게 출발지와 도착지 설정의 의문 따위는 이미 문제가 될 수 없었다.

그분들은 생명이 경시되고 묵살되는 현실이 너무나 답답한 나머지 땅바닥에 몸을 던졌고, 그렇게 몸을 던져 갯벌을 떠난 이유는 심밀(深密)하게 말해서 딱히 '새만금' 때문만은 아니었다. 삼보일배는 수경 스님이 갯벌을 떠날 때 밝혔듯이 '모든 죽어가는 것들을 위해' 스스로 제물이 되려는 안간힘이었다.

3월 28일 출발할 때 해창 갯벌에는 갯바람이 불어닥치고 을씨년스러웠다. 그렇지만 잠시라도 삼보일배에 동참한 사람들은 알고 있다. 땅바닥에 몸을 투신하는 순간부터 온몸에서 치솟는 알 수 없는 열기를. 그것은 지열로 인한 열기도 아니고, 감당하기 벅찬 운동량에서 비롯된 신체적 열기만도 아니다. 뼈마디가 부서지는 듯한 고통 속에서 걷잡을 수 없이 흐르는 눈물의 열기가 그 기도 행위 속에 있었다.

4월 한 달, 삼보일배 성직자들은 우직하게, 이 나라 외진 곳의 국도변을 어느 시인이 표현했듯 자벌레처럼 기었다. 세상이 어떻게 바라보고 해석하든 그들의 일이 아니었다. 그들이 땅바닥을 기고 있다는 것을 알고 있었던 사람들의 4월도 힘이 들기는 마찬가지였다. 일단의 몇 성직자들이 왜 아무렇지도 않게 굴러가야 할 우리 일상을 이토록 전에 경험하지 못한 새로운 방식으로 자극하고 고문할까. 고통스러운 가운데 고개를 쳐드는 이 이상한 감동의 정체는 무엇일까. 무엇이 그분들을 땅바닥에 몸을 던지게 만들었을까?

삼보일배의 동기와 궁극적 표현의 내용은 잘 알 수 없지만, 사람들은 일단 감동했고, 조금씩 바라만 보는 일을 괴로워하기 시작했다.

"새만금에 대해서는 잘 모르지만, 이번 일은 전의 모습들과 어딘가 다르다. 저 모습은 국가폭력에 저항하는 어떤 모습과도 다르다. 자기 주장을 펼치는 어떤 방식과도 다르다. 심지어 몸에 기름을 붓는 일과도 다르다. 확실한 것은 삼보일배를 함부로 말해서는 안 된다는 것이다."

그것이 삼보일배를 묵묵히 바라보던 보통 사람들의 일반적인 정서였다고 필자는 믿는다.

'보수'라고 생각하는 사람들도, '우익'이라 자임하는 사람들도 삼보일배에 대해서만큼은 어느 정도는 섣부른 평가를 자제했다고 생각한다. 삼보일배가 우리 모두의 내면 깊숙이 있는 심연, 비로소 우리가 '사람'이라 말할 수 있는 심연을 건드렸기 때문이다. 일부 거친 표현을 쓴 사람들 이를테면, 새만금을 빨리 메워달라고 요구하던 사람들 중에 "자식도 없는 중들이나 신부가 무슨 후손들 생각한다고 저 짓거리들이란 말이냐?"고 조롱하던 사람들이 있기는 있었지만, 그런 악에 받친 거친 표현은 그들의 본성이 내뱉은 말은 아니라고 믿고 싶다.

마침내 5월 어느 날, 전라북도를 벗어나 충청도를 거쳐 경기도에 이르자 사람들은 더 이상 고통스러운 마음으로 멀리서 바라만 보기를 중지하고, 그 기도 대열에 달려들기 시작했다. 같이 엎드려 절하기 시작했다. 그리고 같이 울었던 것이다. 덩치가 커다란 사람도 울음으로 무너져 내렸고, 지팡이를 짚은 나이 드신 원로의 뺨에서도 소리 없이 눈물이 흘렀다. 전에 없던 일이었다.

삼보일배는 우리 사회를 엄청난 감동으로 뒤흔들었고, 전과는 다른 눈물을 흘리게 만들고야 말았다. 있을 수 없는 일이 우리의 '아주 가까이'에서 일어난 것이다. '가까이'에서 일어난 일에 대해 사람들은 제대로 이해하기 힘들 수도 있다.

"세상이 이 지경이 된 데에는 무엇보다도 내 탓이 크고도 깊다"라는 기본 정신을 깔고 있는 삼보일배, 이 일은 세계적인 환경단체 그린피스가 고무 보트로 돌고래 포경선을 포위하고, 우라늄을 운반하는 화물선을 정지시키기 위해 잠수부를 바다 속으로 들이밀거나 공장 폐수관을 막는 일하고도 달랐다. 줄리아 버터플라이 힐이라는 여성이 천 년 묵은 삼나무를 살리기 위해 2년여 동안 나무 위에 올라가 투쟁했던 일과도 달랐다. 자신의 카르마(業)를 해소하기 위해 일생 중 한 번은 꼭 카일라스 성산(聖山)을 향해 오체투지하기를 소망하고, 그렇게 감행하고 있는 티베탄들의 기복적 순례와도 달랐다. 그래서 우리는 다만 바라보며 울었다. 뒤따라 몸을 아스팔트에 던지며 울었고, 다만 허리를 굽혀 손을 모으며 울었고, 가던 길을 멈추며 울었다. 시장판의 분식집 아주머니도, 정육점 주인도, 철공소의 청년도, 넥타이를 맨 보험회사 직원도 울었다. 길 건너편의 성마른 트럭기사도 속도를 줄이고 눈가의 이슬을 닦았다. '가슴'이 충동하는 일에 정직한 보통 사람들 모두 울었다. 이 감동의 눈물은 월드컵 때 흘린 '국민적 감격'의 눈물과도 다르고, 이산가족 상봉 때 흘렸던 민족적 한의 눈물과도 달랐다.

삼보일배의 눈물은 격동과 한의 눈물이 아니라 실존적 자성과 회한, 그러므로 다가올 시간에 대비할 각오의 눈물이었다.

지금까지 우리 사회는 이런 종류의 맑고 순결한 정화(淨化)의 눈물을 흘려본 적이 없었던 것이다.

"모두들 길바닥에 나가 엎드려 다른 점보다는 같은 점을 더 많이 가진 우리 모두의 공통적인 고통을 탁 털어놓고 하소연한 후, 일제히 울음을 터뜨리면서 하늘을 바라보며 소리 높여 신을 부른다면 아마도 모르긴 해도 많은 일들이 해결될 것이다"라고 말한 이는 미겔 우나무노였다.

하지만 스페인의 대철학자가 책상 앞에서 꿈으로만 소망하던 집단적인 눈물이 우리 한국사회에서 현실로 드러난 것이다.

이즈음, 취임하자 내린 첫 결정이 이라크 파병이었던 새 대통령은 평소 말을 너무 많이 했고, 말의 내용들은 서로 충돌했고, 거칠기 짝이 없었다. 미국에 대한 태도뿐 아니라 '새만금'에 대한 그의 태도 역시 장관 시절과 대통령 시절이 너무나 달리 표출되어서 그에 대한 기대는 크나큰 실망으로 변하고 있었다. '2003년도 삼보일배'는 바로 그런 즈음에 시작되어 그 참혹한 고행의 강도가 더욱 깊어지기 시작했다.

나중에 성직자들은 아마도 그분들의 체력만으로 삼보일배를 계속 수행하지는 않았을 것이라고 생각된다. 그분들을 65일여 땅바닥에 몸을 던지게 만들었던 힘은 그분들로부터 촉발되었지만 외부의 힘이 차력(借力)되었기 때문에 가능했을지도 모른다. 물론 그 차력은 '맹목성 이타주의'라 말할 수밖에 없는 그분들의 자발적 고행이 끌어낸 감동과 그 감동에서 비롯된 불가사의한 동참의 힘에 다름 아니다.

그리하여 우리 사회의 2003년 5월을 뜨겁게 달군 '삼보일배'라는 이름의 감동적인 참회의 물결은 예기치 않았던 엑스터시에 가까운 집단적인 힘을 드러내고야 말았다. 그것은 적절치 않은 표현이지만, 약물 없는 마취와도 같은 윤리적 각성의 힘이었다. 어떤 네티즌은 삼보일배를 '소리 없는 절규'라고 표현하기도 했고, 적잖은 사람들이 직접 경험하지 못했던 간디의 비폭력 소금 행진을 떠올리기도 했다. 어떤 외국인 승려는 각기 다른 종교를 가진 삼보일배 네 분 성직자들이 함께 엎드려 땅바닥에 절함으로써 종교 간의 질시와 반목을 통합시켰다는 점에서 "이 나라, 이제 희망이 있다"라고 말하기도 했다. 비폭력(非暴力)은 단지 '폭력이 아니다'가 아니라, '폭력이 아닌 힘'으로 해석해야 옳다는 것을 삼보일배는 이곳 반생명의 시대 앞에 결연한 화두로 드러냈던 것이다.

삼보일배는 본디 우리 불교문화 전통은 아니다. 불가(佛家)에 절을 통해 수행하는 여러 형태의 수행 방법과 기도 형식은 있지만, 길바닥에 몸을 던져 절하며 몸을 옮기는 일은 티베트의 민중적 기도 형식이다. 일생 중 한 차례,

카르마를 풀기 위해 카일라스 성산을 향해 오체투지해 나아가는 티베탄들의 '일보일배'가 그것이다. 국내에서는 1992년 3월 통도사에서 열린 조계종 행자 교육 때 철우 스님에 의해 처음 실시된 이후, 90년대 후반에는 일반인을 대상으로 한 사찰 수련대회 때에도 널리 실시된 것으로 알려져 있다. 전통적인 일보일배와 함께 삼보일배가 그때 비롯되었다고 들린다.

하지만 필자가 알기로 삼보일배가 산문(山門) 바깥 우리 시민운동 사회에서 확고한 사회의식, 시대정신을 거느리고 실시된 때는 2001년 5월 24일, 수경 스님과 문규현 신부님 두 분에 의해 진행된 '명동성당에서 청와대까지의 삼보일배'가 처음이었다. 당시 필자는 환경단체 '풀꽃세상을 위한 모임'(이하 '풀꽃세상') 사무처장으로서 제6회 풀꽃상을 실상사의 도법 스님, 수경 스님, 연관 스님 세 분에게 드린 이래, 특히 환경운동판에 팔을 걷고 달려드신 수경 스님을 자주 뵙고 있던 터였다. 새만금 문제의 해법을 고심하던 수경 스님께서 문규현 신부님과 단식도 하시고, 할 수 있는 가능한 노력을 다 기울이신 뒤에 얻은 결론은 '새만금 문제는 새만금만의 문제가 아니다'라는 것이었다. '새만금'을 포함한 우리 시대 반생명의 광기와 물신주의에 우리 모두 책임이 있다는 것이었다. 그러므로 우리 모두 엎드려 참회하지 않으면 안 된다는 것이었다.

그런 결론 끝에 5월 중순께부터 스님은 조용히 '조계사에서 청와대까지의 일보일배'를 계획하고 계셨다. 스님의 일보일배 참회기도는 스님과 자주 만나고 있던 '풀꽃세상'이 뒷바라지를 하기로 했다.

그리고 정확히 5월 22일 밤이었다.

"그런데 최 선생, 이거 참, 문 신부님도 함께하시겠다고 그러시네. 그렇담 출발지를 조계사에서 명동성당으로 바꿀 수밖에 없겠어. 명동성당에서 출발한다면, 아무래도 일보일배는 안 되겠지?"

수경 스님이 5월 24일로 일보일배 날을 잡은 뒤에 필자에게 전화로 하신 말씀이셨다.

애초에 수경 스님은 조계사를 출발지로 삼아 홀로 일보일배로 청와대까지 새만금 해법을 호소할 작정이었다. 그러던 중 2000년 겨울, 함께 단식을 하시면서 우정이 깊어진 문규현 신부님께서 수경 스님의 일보일배에 동참하시겠다고 하시자, 수경 스님은 타종교 우선의 마음으로 출발지를 명동성당으로 변경하면서 소요되는 거리와 시간을 염려하고 계셨다.

"문 신부님이라면 너끈히 그럴 분이시지요. 그나저나 어떡하지요?"

"삼보일배로 가야 할 것 같애. 거리로 보나, 시간으로 보나……."

수경 스님이 그때 통도사에서 시작했다는 삼보일배를 알고 하신 말씀인지 아닌지 필자는 모른다. 필자 또한 통도사 삼보일배 이야기는 삼보일배가 유명해진 최근에야 들었지, 당시에는 몰랐다.

"근데 삼보일배로 하면 세 걸음의 의미를 어떡하지?"

문규현 신부님의 동참의사로 출발지가 명동성당으로 바뀌면서 거리나 시간상 일보일배가 아닌 삼보일배를 하긴 해야겠는데, 삼보일배로 할 경우 그 의미 부여에 대해서는 어떡하면 좋을지 난감하다는 게 수경 스님의 질문이었다.

"아니, 스님! 무슨 걱정이에요? 제가 불교를 잘 모르지만, 거 왜 불교에 탐진치(貪瞋癡: 욕심과 성냄과 어리석음)라고, 삼맹독 있잖아요? 삼보(三步)를 그거, 삼맹독으로 의미 부여를 하면 어떨까요?"

탐진치와 삼보를 연결시키자는 발상이 우연히 돌출된 것은 아니었다. 세상의 변화가 어떻게 개인의 변화가 선행되지 않고 가능할 노릇일까. 어느 시대인들, 어떤 개인인들 내부에 탐진치, 삼맹독에 중독되어 있지 않을까. 그것은 '풀꽃세상'의 기치이기도 했다. 새만금 건설에 집착하는 시대를 비판하고 자성하는 데 그보다 적절한 의미 부여는 따로 없을 것 같았다.

"으음. 그래, 그러면 되겠네. 나머진 최 선생이 알아서 하시고, 내일 모레 봅시다."

그리고는 전화 통화를 끝냈다.

수경 스님은 문 신부님과 동행하기로 한 뒤의 장소 변경과 일보일배에서 삼보일배로 달라진 참회기도 내용에 대해 흡족해하시는 눈치였다.

그리고 다음날인 5월 23일 밤, 필자는 아래와 같은 성명서를 작성했다. '명동성당에서 청와대'까지의 참회기도 뒷바라지를 수경 스님이 '풀꽃세상'에 맡기셨기 때문이다.

〈우리 두 종교인은 오늘,
왜 명동성당에서 청와대까지 엎드려 절하며 기도를 올리게 되었는가〉

'탐진치 3독'(삼보)을 넘어 '생명평화의 바다'(일배)로

국민 여러분.

제어 감각을 잃어버린 산업 기계문명은 마침내 회복하기 힘든 자연 파괴와 인간성의 상실을 몰고 왔습니다. 한국사회 또한 조국 근대화와 산업사회 진입을 동일시한 짧은 시간 동안, 무차별의 생명 파괴와 물질만능의 가치관이 팽배하게 되었습니다.

작금에 정부가 강행하려 드는 단군 이래 최대의 간척 토목사업으로 불리는 새만금 갯벌사업은 시국적(時局的) 대사건으로서, 이 사업의 강행과 포기 여부에 따라 한국의 환경정책은 중대한 전환점을 맞이하게 되리라고 우리는 생각합니다.

이에 공사 강행과 포기의 기로에서 우물쭈물하는 정부 당국자들의 현명하고도 올바른 선택을 위해 저희 두 종교인은 삼보일배(세 걸음마다 절 한 차례)의 기도 순행을 이곳 민주화의 성지 명동성당에서 새만금 사태의 결자해지 당사자인 최고 권력자가 계시는 청와대까지 거행하고자 합니다.

삼보, 즉 세 걸음은 탐진치의 독을 극복하자는 상징 행위이며, 이어 이 속진의 도회지 한복판을 가로질러 엎드려 올리는 한 차례의 절은 생명 경시에 대해, 그 누구도 책임 없다 할 수 없는 우리 모두의 참회를 엄숙하게 촉구하고, 또한 그 참회의 몸짓을 스스로 국민 여러분과 함께 체현하기 위해서입니다.

이번 순행의 동기는 두말할 것도 없이, 우리 사회의 맹독을 거둬내고 우리 모두 땅바닥에 엎드려 진심어린 통회의 마음으로 참회하지 않는 한, 결단코 공생과 상생의 새로운 세기를 맞이할 수 없다는 절박한 위기감에서 비롯되었다 할 것입니다. 저희 두 종교인이 엎드려 올리는 이 간곡한 기도로 말미암아 새만금에 진정한 생명평화가 실현되기를 앙망하며, 또한 정부가 과감하게 개발 시대의 망상을 극복하고 공생의 가치를 실현할 위대하고 감동적인 선택에 이르기를 바라는 마음, 간절합니다.

국민 여러분.
새만금 문제의 선택 여부에 따라 한국 환경 문제는 일대 전환점을 이루게 될 것입니다. 새만금 문제는 절대로 저 멀리 서해안의 갯벌 문제만이 아닙니다. 우리의 삶이 뭇 생명체들과의 공생과 사랑의 삶으로 이행될 것인가, 아니면 끝없는 욕망과 시기·질시·경쟁의 삶으로 떨어지고 말 것인가의 선택의 문제입니다. 죽임과 살림의 결정이 내려지기 직전의 이 급박한 상황을 맞이하여, 새만금 문제에 대해 전보다 더 깊은 관심과 참여를 간곡히 부탁드립니다.

2001년 5월 24일
규현(신부)·수경(스님) 올림

2001년 5월 24일 오전 10시. 수경 스님과 문규현 신부님 외에 문정현 신부님, '풀꽃세상'의 정상명 대표, 환경운동연합의 최열 사무총장, 유제현 박사, 녹색연합의 임삼진 사무처장, 그리고 부안 사람 신형록 씨 등 여러 환경단체의 활동가들과 신도들이 지켜보고 있는 가운데, 수경 스님은 진행을 필자에게 맡기셨다. 성명서 낭독은 수경 스님께서 묵언으로 읽으셨고, 모인 사람들과 기자들은 '풀꽃세상'에서 배포해준 성명서를 스님과 같은 속도로 읽었다. 묵언으로 성명서를 다 읽고 난 수경 스님의 눈가에는 이슬이 맺혔다. 그리고 두 분은 명동성당 들머리의 마리아상 앞으로 발을 떼셨고, 이때 문규현 신부님이 준비해오신 기도문을 낭독하셨다. 스님은 무릎을 꿇고 합장하셨다. 그런 뒤 정확하게 10시 15분경, 첫 삼보일배의 어색하면서도 무거운 발걸음을 떼셨다.

필자는 그 첫 세 걸음과 한 차례의 절, 그리고 이어서 발을 맞춰 걸으셨던 세 걸음, 그리고 함께 허리를 굽혀 두번째 아스팔트 바닥에 몸을 숙이던 그 모습을 잊을 수 없다. 삼보일배의 처녀성과 같았던 그 순간, 그 고요하고 조심스럽고, 비장한 걸음걸이보다 더 성스러운 걸음을 필자는 이 지상에서 본 적이 없었다. 명동의 잡답을 벗어나기 전부터 '새만금 갯벌을 살리기 위한 三步一拜'라고 씌어진 플래카드를 들고 뒤따르던 정상명 선생님은 울기 시작했다. 땅바닥에 몸을 던지고 있는 아우 신부님을 바라보시는 문정현 신부님의 침통한 얼굴도 잊을 수가 없다. 활동가들 중에도 눈물을 훔치던 사람이 있었다. 생전 처음 보는 희한한 운동 방식에 당황해하는 시민들의 표정도 필자는 또렷이 기억하고 있다.

2001년 5월의 삼보일배 이야기를 자세하게 하는 것은 다른 뜻이 있어서가 아니다. '새만금 살리기 운동'과 관련해 시민 환경운동판의 첫 삼보일배는 '그때 그렇게' 시작되었다는 세월 인연을 말하기 위해서일 따름이다. 뒤따르던 사람들도 그후에 이어진 삼보일배에 비해 상대적으로 훨씬 적었고, 그래서 일견 초라하기 짝이 없는 거리집회였을지 모르지만, 그후에 이어진 어떤 대규모 삼보일배보다도 그 진정성과 밀도, 삼보일배 그 자체에만 충실했던 농밀한 집중력과 터져나오는 울음의 순결성이라는 면에서 필자는 그해 '오월'과 그 오월의 지독했던 아스팔트 지열을 잊을 수 없다.

출발하자 비 오듯 땀을 흘리는 수경 스님의 머리에 필자는 자꾸만 찬물을 끼얹곤 했다. 문 신부님에게는 다른 분들이 그렇게 하셨다. 그렇게 하는 것이 그분들에게 도움이 될지 아닐지 누구도 모르는 일이었다. 열을 식혀 드려야겠다는 일념뿐이었다. 뒤에 삼보일배 기도운동이 너무나 유명해져서 사람 몸에 대해 잘 아는 어떤 이가 말하기를, 그럴 경우 찬물을 머리에 퍼붓는 행위는 옆

드려 절하는 분들의 체온 조절에 도움이 안 되는 무지한 일이었다는 이야기를 들었다. 그 이야기를 듣는 순간, 당시의 무지와 경솔이 매우 후회스럽고 죄스러웠던 기억이 난다.

수많은 논객과 이 나라의 양심적인 분들이 그동안 삼보일배 이야기를 했다. 작정을 하고 삼보일배 담론을 펼친 글들은 모두 깊고도 감동적인 내용들로 차 있었다. 필자는 이 글을 쓰면서 몇몇 떠오르는 감동적인 삼보일배 담론들을 이번 기회에 새롭게 소개하고 싶은 생각도 들었다. 하지만 어떤 글을 인용한다는 것은 다른 감동적인 글들을 배제하는 일일 수밖에 없고, 그것은 그것대로 고통스러운 일이기에 필자가 겪은 이야기, 필자가 느낀 이야기만 하기로 마음을 먹게 되었다. 그래서 필자는 다시 2001년 5월, 첫 삼보일배에 대해 한 가지만 더 이야기하기로 한다.

명동을 빠져나와 국민은행 본점 앞을 거쳐 당시 조흥은행 앞을 지나 광교를 건널 때였다. 당시에도 환경운동연합에 의해 집회 신청을 한 상태라 삼보일배 기도운동은 경찰의 보호를 받고 있기는 했다. 경찰은 느슨한 걸음걸이로 교통 정리를 하고 있었다. 그런데 수경 스님께서 광교 네거리에서 갑자기 삼보일배의 속도를 당기시는 것이었다. 문 신부님 또한 마찬가지셨다. 뒤따르던 사람들은 일순 조금 당황했다.

"행인들이나 교통에 피해를 주면 안 돼!"

빠른 걸음으로 걷고 급하게 절하며 횡단보도를 건너시던 도중, 스님이 중얼거리셨다. 젖은 수건과 찬물 한 통을 옆구리에 낀 필자는 스님의 '뜨거운 머리'를 담당하게 된 처지였기에 그 목소리를 횡단보도 노상에서 또렷하게 들을 수 있었다.

필자는 그 한마디 말씀보다 삼보일배 하는 분들의 마음에 대해 더 잘 설명하는 말을 떠올릴 수가 없다. 아무리 스스로 설정한 공익의 목적으로 대사회적 운동을 교통경찰의 보호 아래 합법적으로 수행하더라도, 지나가야 할 차와 건너야 할 행인들에게 피해를 주어서는 안 된다는 마음. 그 마음은 운동합

네, 하고 세상에 더러 드러내는 투정과 불필요한 적대감과 설익은 특권의식을 일거에 함몰시키는 지극히 인간적이면서도 정곡을 찌르는 일침으로 육박해왔다. 해인사의 폭력을 잠재웠던 아힘사(AHIMSA, 비폭력)의 정신이 바로 그것이었다. 모두 자기를 소중히 여기고 살고 있음에 그만큼 다른 이도 소중하니, 모든 생명 있는 것들에 해를 가하지 말자는 것이 바로 아힘사의 정신이다. 사람을 감동시키는 말은 본래 그렇게 쉬운 말일지도 모른다. 사람을 감동시키는 행위는 본래 그렇게 상식적이어야 하는지도 모른다.

'2003년도 삼보일배'도 800리라는 그 살인적인 거리와 세계를 놀라게 한 65일이라는 엄청난 시간으로 말미암아 수많은 사람들에게 평생 잊을 수 없는 감동을 선사했지만, 운동이나 주장이 세상 사람들의 일상에 피해를 줘서는 안 된다는 소박한 상식을 보여주신 '2001년도 첫 삼보일배'의 광교 네거리를 나는 방금 전의 일처럼 새롭게 기억하고 있다. 그것은 분명 하나의 태도가 아닐 수 없었다. 삼보일배 비폭력운동의 힘은 삼보일배로 인해 정작 당사자들은 아무것도 얻지 않겠다는 바로 그런 태도에서 비롯되었다고 필자는 본다. '명동성당─광교 네거리─종각─조계사─정부종합청사 앞'까지 감행된 2001년 5월의 삼보일배도 역시 처절하기는 마찬가지였다. 조계사 뜰을 지나 미대사관 앞에서 전투경찰에 의해 저지당한 일, "내 나라 우리 골목을 엎드려 절하면서도 못 지나가게 하는 너희들은 누구냐?"고 절규하시던 문정현 신부님, 신부님의 분노에 찬 지팡이를 어찌 잊을 수 있을까.

바로 이날, 그동안 1인시위에 대해 비교적 관용을 베풀던 경찰은 미대사관 앞에서의 충돌 이후 갑자기 가파르게 대응하기 시작했다. 정부종합청사 앞에서 전투경찰에 의해 더 이상의 진행이 저지된 이후 종로경찰서장은 "정부정책에 반하는 1인시위는 불법이다"라는 새로운 해석을 급하게 내놓기도 했다. '허용하는 1인시위와 허용될 수 없는 1인시위'에 대한 판단을 일개 경찰 권력이 마구 발표해대는 오만한 권력 남용으로 인해 흐느껴 울 정도로 그날 삼보일배의 뒷자락은 처참의 극치였다.

"시위란 무엇인가? 의사표현 아니겠는가. 성직자들의 삼보일배 1인시위가 안 된다면, 길거리에서 상품을 팔기 위해 광고하는 사람들은 왜 잡아가지 않는가? 그들은 물건을 팔아 이익이라도 내지만, 이분들은 생명의 소중함을 역설하는 외에 아무것도 얻을 게 없는 성직자들이시다."

난데없이 종로경찰서장의 1인시위 불법설이 돌출하던 그날 오후, 1인시위의 원천적 합법성을 역설하던 필자의 목소리를 필름에 담아갔던 한 방송국은 뉴스 시간에 말의 앞부분, 뒷부분을 잘라서 방영하고 있었다. 생방송이 아니면, 다시는 카메라 앞에 서지 않으리라는 결심을 다시금 하게 한 날도 바로 그날이었다.

삼보일배는 이후 2002년 7월 18일, 수경 스님과 조계종 스님들, 신도들과 함께 거대한 무리를 이루어 '서울역에서 조계사'까지 이루어진다. 이때 삼보일배의 기도 목적은 북한산 살리기였다. 서울역─남대문─명동─종로를 거쳐 수경 스님이 조계사를 30m 앞두고 쓰러지신 것이 바로 이때였다. 말하자면 시민 환경운동판의 두번째 삼보일배였던 셈이다. 공교롭게도 그때에도 수경 스님과 '풀꽃세상'의 인연은 지속되어 스님을 병원에 모신 뒤, '풀꽃세상' 회원들이 십시일반해서 스님의 만류 속에서도 병원비를 대납했다. 같은 해 11월 20일, 필자와 함께 네팔에 계시던 수경 스님은 급히 귀국해 문규현 신부님과 함께 스페인으로 출국, 발렌시아 '람사협약' 회의장 앞에서 다시 삼보일배를 세계의 시민운동가들 앞에서 드러낸다. 세번째 삼보일배는 그렇게 해외로 진출했다. 2003년 '해창 갯벌에서 서울시청 앞'까지의 삼보일배 대장정은 그러므로 네번째 삼보일배인 셈이다.

2003년 5월 31일 시청 앞에서 삼보일배가 끝난 이후, 노동계를 비롯한 여러 운동 부문에서도 삼보일배를 통해 의사표현을 하기 시작했다. 2003년 9월에 지율 스님과 부산의 시민운동가들이 천성산 살리기 운동으로서 삼보일배를 감행한 일이나, 2003년 10월 위도의 핵폐기장 건설 반대운동으로 부안군민들이 '위도에서 전주시청'까지 삼보일배를 통해 핵에너지가 아니라 생명에너지의 시대를 주장한 일들이 그것이다. 이것은 삼보일배가 스스로를 낮춤으로써 자신의 목소리를 더욱 선명하게 드러내는 우리 사회의 한 운동 방식으로 자리잡아 나가고 있는 것을 반증한다. 폭력보다 더 생명력이 질긴 비폭력운동은 물론 이 땅의 삼보일배가 처음은 아니었다. 간디의 비폭력투쟁, 마틴 루터 킹 목사의 흑인 인권투쟁, 그리고 톨스토이의 절대 평화주의적 삶 등이 그것들이다. 문득 도법 스님의 한 말씀이 떠오른다.

> 비폭력 무저항의 방법을 실천하면 분노·원한·증오·복수를 철저하게 배제하게 되고, 그 대신에 인간적인 애정과 신뢰의 방법으로 문제를 다루게 되기 때문에, 우리의 영혼이 정화되고 우리의 삶의 내용이 질적으로 변화되고 향상됩니다. 그리고 그런 과정을 통해 역사는 한 단계 성숙하게 됩니다.
>
> —도법, 『내가 본 부처』(호미, 2001, 175쪽)

그렇지만 삼보일배 참회운동은 그것을 흉내내기에도 그것을 바라보기에도 너무나 참혹한 것이 사실이다. 그래서 『녹색평론』을 펴내시는 김종철 선생님과 필자는 5월 21일, 과천을 지나 남태령을 앞두고 쓰러지신 수경 스님을 여의도성모병원에서 필자의 친구가 관리자로 근무하는 강북삼성병원으로 옮겨 모셨던 그날 밤, "이제 삼보일배 그만하시라, 이미 오신 걸음만으로도 족하고 엄청난 것을 우리에게 주셨다"고 우리 사회의 몇 어른들과 함께 만류할 생각조차 하기도 했다.

다시금 고통과 감동이 하나로 엉켜 우리 영혼을 자극시켰던 그동안의 모든 삼보일배를 떠올려 본다. 무엇이 삼보일배 참회운동을 낳았는가. 그것은 표면적으로는 언필칭, 새만금 소동 때문이다. 새만금은 우리 시대의 무엇인가. '새만금'은 전북 군산과 부안 사이의 갯벌 매립사업명의 통칭이다. 12년에 걸친 국민적 에너지의 탕진에도 불구하고 아직도 망집(妄執)의 억센 손아귀를 풀지 못하고 있는, 갯벌 가치의 무지에서 비롯된 경제지상주의가 바로 새만금 사업의 내용물이다. 적잖은 사람들이 참으로 오랜 시간 동안, 참으로 다양한 방법으로 새만금 갯벌의 함께 품어야 할 가치, 오래오래 같이 누려야 할 가치에 대해 말하고, 호소하고, 부탁하고, 기도해왔다. 그래서 새만금은 이제 어느덧 전북 부안의 '새만금'이 아니게 되었다. 새만금은 우리 시대의 모든 웅비론(雄飛論)과 무책임과 편법과 호도와 적반하장과 어불성설과 부정과 탐욕과 거짓과 폭력, 그리하여 타 넘지 않으면 한 걸음도 제대로 발을 뗄 수 없는 언덕의 대명사가 되었다. 예고된 재앙의 대명사가 되었다.

하지만 재앙을 통해 우리 사회가 아무것도 얻지 못한 것은 아니다. 삼보일배 참회운동을 얻은 것이다. 예지로 반짝이는 이 행성에서 덧없는 일이 일어난 적은 단 한 차례도 없었다. 얻으려고 하는 사람은 어떤 재앙에서도 얻어 마땅한 가치를 얻는다. 삼보일배 참회운동으로 말미암아 우리 시민사회는 종전의 운동 방식에 대해 골똘히 반성하지 않으면 안 되게 되었다. 처음부터 의도하지는 않았지만, 삼보일배는 우리 시민사회의 운동 수준을 따라잡기 힘들게 격상시킨 것이다. 이제 우리 시민사회는 감동의 운동이 아니면 안 되게 되었다. 반짝 쇼로는 잠시의 충격을 줄 수 있을지언정 구체적 변화를 일으킬 수 있는 마음까지 흔들 수는 없다.

우리가 무엇으로 세계를 감동시킬 수 있겠는가. '2만 달러 시대'를 조속히 끌어당겨 세상을 놀라게 할 것인가? 스포츠 강국을 만들어서? 아니다. 그것은 물질이 아니라 사상이고, 사상이라면 세계의 물화(物化)가 아니라 생명 가치의 회복을 꾀하려는 사상일 것이며, 그 사상이 육화된 실천일 것이다. 그런 의미에서 삼보일배 운동은 우선 '여기 이곳'에 사는 우리를 감동시켰고, 세계를 감동시켰다. 어불성설과 무지와 탐욕의 생명 파괴가 일상화되어 있는 우리 사회에서 삼보일배라는 꽃이 피었건만, 우리 사회가 스스로 고통 속에서 꽃피운 가치의 의미에 대해 우리는 무지한 것이 아닐까. 세계화가 군사주의가 거칠게 진행되고 있는 우리 시대, 이 행성의 어느 곳에서 이런 방식으로 "세상이 이렇게 된 데에 우리 모두 책임이 있다"고 온몸으로 웅변한 적이 있었던가. 변화의 임계점(臨界點)은 자연 체계에만 있는 게 아니라 사회 시스템에도 분명 존재한다. 삼보일배로 인해 우리는 어쩌면 '희망'을 발음할 수 있을지도 모른다.

삼보일배의 힘은 무엇인가. 바로 진실의 힘이다. 그 힘은 전투경찰까지 울렸던 것이다.

삼보일배를 집단 이익을 추구하는 시위대 정도로 이해하는 권력자의 한계에 대해서는 어이해야 옳을까. 용서해버리기에는 죽을 갯벌이 너무 아깝다. 삼보일배는 이미 실수를 한 권력이 은전을 베풀듯 공사 중지를 하거나 백지화 선언을 하는 결단 너머에 자리잡았는지도 모른다. 무지와 탐욕, 생명 파괴의 폭력을 삼보일배는 '맹목성 이타주의'와 자기 헌신, 그래서 요약한다면 '사랑과 진실의 이름'으로 덮어버렸는지도 모른다.

만에 하나, 새만금을 잃더라도 우리 사회가 아무것도 얻지 못한 것은 아니다. 자진해서 수백, 수천 명이 아스팔트 바닥에 따라 엎드려 땀과 눈물로 뒤범벅이 되어 두 손을 모을 수 있는 능력이 있는 시민사회라면 무엇이 두려우랴. 삼보일배 참회기도를 오해하고 모욕하고 묵살할 수는 있을지언정 어떤 권력이, 어떤 세력이 이런 참회의 정신에 동참한 우리 시민사회를 끝까지 쥐락펴락할 수 있을까.

갯벌의 짱뚱어, 백합이 모두 해창 갯벌의 컨테이너 법당인 해창사의 신도들이라고 소리내 너털웃음을 터뜨리는 수경 스님, 생명의 소리가 요구하는 일에 죽을 때까지 순명(順命)하겠다는 문규현 신부님, 해창 갯벌에서 서울까지 땅바닥에 엎드려 보니 이 나라 산천이 얼마나 파괴되고 있는지 더 잘 알게 되었다는 김경일 교무님, 자식 이름을 '풀꽃'이라 지었다고 풀꽃운동 하는 필자에게 자랑하던 나무십자가를 짚고 계신 이희운 목사님—우리 사회는 이분들께 이제 갚기 힘든 빚을 졌다.

네 분 성직자들은 모두, 그 육신은 만신창이가 되셨다. 수경 스님은 무릎 수술을 한 뒤 문정현 신부님에게 선물받은 지팡이를 자랑하며 절뚝거리고 계시고, 문규현 신부님은 몸을 추스르기도 전에 위도 핵폐기장 건설을 막기 위해 젊은 전투경찰들에게 폭행을 당하고 있으며, 김경일 교무님과 이희운 목사님 또한 몸이 성치 않다는 소리가 들린다.

이분들의 희생으로 말미암아, 우리는 삼보일배라는 감당하기 벅찬 시대정신을 얻었다. 삼보일배는 오늘도 더 깊고 정교한 해석과 감동적인 승화의 여지를 품은 채 우리 사회 생명운동의 한 제유(提喩)로서 열려 있다.

최성각   소설가. 풀꽃평화연구소 소장. 환경단체 '풀꽃세상을 위한 모임' 창립. 한 작가로서의 글쓰기와 환경운동이 다른 일이 아니라고 믿고 있는 그는 '경제 가치가 생명 가치보다 중요하다'는 이 사회의 주류 상식에 저항하는 일 외에 달리 중요한 일은 없다고 생각하고 있다. 생태소설집 『사막의 우물 파는 인부』, 『부용산』 등을 펴냈으며, 최근 수년간 세상에 발표한 글 중에 새만금 이야기가 빠진 적은 거의 없다.

부록

삼보일배 출사표 / 새만금 사업 일지

삼보일배의 길을 떠나며

생명과 평화를 위해 헌신하는 모든 형제자매들과 제 마음을 이렇게 나누고 싶습니다.

저는 이제 새만금 갯벌에서 서울까지 기나긴 여정을 떠납니다. 도착 날을 기약할 수 없는 이 길고 긴 여정이, 저도 두렵습니다. 어쩔 수 없이 무척 심란하고 긴장됩니다.

진심 어린 걱정을 담아 말리는 이들도 있었습니다. 어디까지 갈 거냐며 무슨 이벤트인 양 은근히 생색내기로 넘겨짚는 사람들도 있었습니다. 형님 문정현 신부는 차라리 삼보일배를 시작하는 3월 28일이 오지 않았으면 좋겠다고 안타까워했습니다. 마지막 순간까지도 저와 수경 스님은 이라크에서 벌어지고 있는 전쟁의 아픔을 나누며, 과연 삼보일배의 길을 예정대로 진행할 것인지에 대해 고민하고 또 고민하였습니다.

저는 다가올 수난을 앞두고 겟세마네 동산에서 고뇌와 번민으로 밤을 지새우며 기도하신 예수님 마음을 감히 헤아려보았습니다. 예수님, 당신은 얼마나 힘들고 괴로우셨을까요, 하고 깊은 침묵 속에 여쭈어보기도 했습니다. 지금의 내 복잡한 심정이 89년 방북 때의 그것을 닮은 것 같기도 해 저 혼자 위로해보기도 했습니다.

사랑하는 형제자매 여러분.

제 귓전에는 대구 지하철 참사로 희생된 죽음들과 죄 없는 새만금 갯벌과 죄 없는 이라크인들의 고통이 같은 울림으로 메아리칩니다. 그것들은 연민과 사랑을 잃은 우리의 마음이 만들어낸 죄악상을 보여주고 있습니다. 그것들은 서로 다른 지역에서 일어난 별개의 사건 같지만 모두 똑같은 야만스런 얼굴을 하고 있습니다. 탐욕과 물질지상주의가 생명의 존엄성과 귀함 위에 군림하는 모습입니다. 가볍고 쉽게 살려는, 나 하나만 잘살면 된다는 식의 반(反)그리스도적인 행태가 만연한 탓입니다. 결국 바로 우리 자신과 공동체 모두가 그 대가를 참으로 비싸게 치르고 있는 것입니다.

우리는 아무 죄도 없던 예수님을 강도 대신 십자가에 못박아 죽이라고 아우성치던 군중들을 기억해야 합니다. 그 군중들 속에 바로 우리 자신도 함께 서서 고함치고 손가락질하고 있음을 똑바로 보아야 합니다. 우리의 끝없는 욕심과 눈앞의 편리함만을 좇는 태도가 무고한 새만금 갯벌을 죽이고 무고한 자연을 파괴하는 일에 가담하고 있습니다. 미국의 전쟁 놀이로 인해 죽어가는 이라크 양민들과 어린이들의 고통은 바로 우리의 이기심과 무관심이 허용한 것입니다. 대구 지하철 대참사는 그 무엇도 아닌 바로 겉치레에 치중하는 우리의 그릇된 생활방식과 가치관이 만든 것입니다.

생명과 평화를 사랑하는 형제자매 여러분.

비록 두렵고 긴장되지만, 저는 이 긴 여정을 단순한 마음으로 떠나겠습니다. 전쟁으로 죄 없는 생명들이 죽어가고 참 평화가 몹시 절실한 때이니 더더욱 길을 떠나야겠습니다. 새만금 갯벌에서 십여 년이 넘게 벌어지고 있는 저 소리 없는 총성과 떼죽음, 그리고 제발 전쟁을 중단해달라는 이라크 양민들의 피어린 호소를 함께 가슴속 깊이 품고 이 길을 떠나겠습니다. 우리가 새만금 갯벌을 살릴 수 있다면, 소리내지도 못하고 보이지도 않은 것들의 소중함과 귀함도 진정으로 깨달을 수 있다면, 그 어떤 참혹한 전쟁도, 저 터무니없는 죽음과 공포의 행진도 멈추게 할 수 있을 것입니다.

이 길은 선택의 여지가 없는 길입니다. 이런저런 타산과 계산을 허용하지 않는 길입니다. 생명과 죽음, 그 가운데 중립이란 있을 수 없습니다. 저는 온 힘을 다하여 삼보일배의 여정을 끝까지 갈 것입니다. 기어서라도 가겠습니다. 살고자 하는 이는 죽고, 제 목숨을 버리고자 하는 이는 산다고 했습니다. 수난과 십자가의 죽음 없이 부활의 영광과 기쁨을 누릴 수는 없으니, 저는 이 고행을 기쁘게 기꺼이 받겠습니다.

부안에서 서울까지 305km라 합니다. 길고 긴 여정이며 결코 쉽지 않을 것입니다. 그러나 그 길 따라 내 온몸을 낮추어 보이지 않는 생명의 소리들, 고통받는 그들의 소리를 듣겠습니다. 개발이라는 이름하에 파괴되고 있는 자연, 전쟁과 온갖 폭력 속에 고통받는 모든 이들에게 진심으로 사죄하겠습니다. 나의 땀 한줌, 나의 기도 한마디가 죽어가는 새만금 갯벌의 생명들과 공감을 이루고 나눠질 수 있도록 간절히 마음 모으겠습니다.

생명과 평화를 위해 헌신하는 형제자매 여러분.

이 길을 떠나도록 기꺼이 허락하는 여러분의 마음이야말로 제게 가장 큰 힘입니다. 힘들고 지칠 때마다 여러분이 제게 주시는 깊은 사랑과 격려, 응원과 기도를 기억하도록 하겠습니다. 특별히 이 사순 기간 동안 어느 자리에 있든 우리는 새만금 갯벌을 살리기 위하여, 세상의 생명과 평화를 이루기 위하여 분명한 생각과 말과 행위로 증거할 수 있기를 진심으로 희망합니다. 우리 각자의 삶이 진정한 회개와 변화, 선포와 행동으로 충만하여 부활의 영광과 축제를 이끌어낼 수 있게 해달라고 간절히 기도 드립니다.

2003년 3월 28일

새만금 갯벌에서 서울까지 삼보일배의 길을 떠나며

신부 문규현 바오로 드림

문규현 전북 부안성당 주임신부. 천주교정의구현전국사제단 대표.

삼보일배 발로참회를 시작하며

춘래불사춘이라. 봄은 왔으나 봄이 아닙니다. 지리산에 매화가 피고 산수유꽃이 피었지만 그 꽃들마저 불안하고 불안합니다. 한반도에 봄바람이 불고 녹색별인 지구에도 21세기의 화두인 생명평화의 푸른 기운이 일고 있지만 이 봄바람마저 예사롭지 않고 생명평화의 푸른 기운마저 위태로울 뿐입니다.

이는 전세계를 공포에 떨게 하는 오만한 미 제국의 이라크 침공 때문이자, 자연과의 조화로운 삶을 외면하는 대한민국 개발독재의 광풍 때문이며, 우리 모두의 가슴속 깊이 도사리고 있는 죽임의 문화와 투쟁의 독 기운 때문입니다.

우리 모두는 지금 20세기적인 '죽음의 향연'에 길들여져 스스로 '불타는 집' 속에 갇혀 있습니다. 전쟁과 테러와 난개발의 뿌리는 서로 다르지 않고, 말 그대로 반평화·반생명·반환경의 독입니다. 반드시 부메랑처럼 되돌아올 수밖에 없는 업보의 화이자 독일 뿐입니다.

산이 죽으니 강이 죽고, 강이 죽으니 바다마저 죽어갑니다. 북한산과 지리산이 죽고 낙동강이 죽어가니 새만금 갯벌도 죽어가고, 그리하여 대한민국은 온통 죽음의 굿판입니다. 산은 아스팔트의 이름으로 죽어 그대로 거대한 무덤이 되고, 강물은 댐의 이름으로 썩어 수장이 되고, 갯벌은 매립의 이름으로 죽어 뭇 생명들의 거대한 공동묘지가 됩니다.

도대체 이 땅에 누가 있어 상극과 공멸의 광풍을 잠재우고 상생과 생명평화의 장을 만들겠습니까. "네가 아프니 나도 아프다"는 『유마경』의 진리는 도대체 지금 바로 여기가 아닌 그 어디에 존재하며, "너는 나의 뿌리이며 나 또한 너의 뿌리"인 『화엄경』의 연기론은 또 지금 바로 여기가 아닌 그 어느 곳에 있어야 하겠습니까.

피고 또 피는 꽃들의 가르침과 틱낫한 스님의 간절한 평화의 기도가 다르지 않으며,

아직 어린 여중생 미선이·효순이의 죽음과 해창 갯벌의 무수한 생명체들의 죽음을 바라보며 울고 또 우는 문규현 신부의 기도가 다르지 않으며, 북한산 오색딱따구리의 울음과 이라크의 죄 없는 민중들의 대성통곡을 들으며 오늘 삼보일배를 시작하는 저의 참회가 다르지 않습니다.

지난해 유엔이 정한 '세계 산의 해'에 국립공원인 북한산이 파헤쳐지고, 올해 유엔이 정한 '세계 물의 해'에 썩은 물의 저장고인 댐 계획이 추진되고 새만금 간척사업이 강행되듯이, 유엔의 결의도 없이 미 제국은 이라크를 침공하고 말았습니다. 동체대비의 세상은 간 곳이 없고, 죽임과 난개발과 학살만이 전 지구적으로 한 몸입니다.

도대체 어찌하란 말입니까. 눈앞이 캄캄합니다. 이미 죽거나 죽어가는 유정 무정의 생명들에게 극락왕생의 『아미타경』이나 읽어주며 털썩 주저앉아 있어야 하겠습니까. 아닙니다. 아닙니다. 『아미타경』도 참회의 실천이어야 하고, 수행도 세상을 바로잡는 정념의 실천이어야 합니다.

그리하여 저의 수행처는 지리산 실상사의 극락전이자 북한산의 농성장 철마선원이며 해창 갯벌의 컨테이너 법당 해창사입니다. 그리하여 저의 수행처는 세계화의 첨단 기지인 미국의 쌍둥이 빌딩이자 녹색별의 베이스캠프인 펜타곤이며 이라크의 사막이자 아비규환의 바그다드입니다.

마침내 백척간두 진일보의 날이 다가온 것입니다. 모든 죽어가는 것들을 위하여 제가 먼저 목숨을 바칠 각오로 삼보일배 참회의 기도를 시작합니다. 세 걸음에 한 번 절을 올리며 해창 갯벌에서 서울까지 가고 또 가겠습니다. 내 몸속의 독과 화를 뿌리째 뽑아내며 살아 있는 유정 무정의 뭇 생명들을 부르고, 죽어가는 모든 생명들을 부르고 또 부르며 수행의 길, 고행의 길을 가겠습니다.

한 걸음 내디디며 전생 현생 제가 지은 죄를 고해하고, 한 걸음 내디디며 치열하지 못한 수행의 자세를 가다듬고, 한 걸음 내디디며 두 손 모아 발로참회의 절을 올리겠습니다.

또 한 걸음 내디디며 지리산에서 희생된 좌우익 영가들을 부르고, 또 한 걸음 내디디며 난개발로 죽어가는 뭇 생명들을 부르고, 또 한 걸음 내디디며 미선이와 효순이, 이라크의 미선이·효순이를 부르고 두 손 모아 극락왕생을 비는 큰절을 올리겠습니다.

목숨을 걸고 문규현 신부와 뜻을 모았으니 오체투지의 자세로 참회하고 또 참회하며 먼저 제 몸속에 고로쇠물처럼 차 오를 생명평화의 그날을 맞이하겠습니다. "한 마음이 청정하면 일체 중생의 마음이 청정하고, 하나의 몸이 청정하면 모든 중생의 몸이 청정하고, 하나의 국토가 청정하면 일체 국토가 청정하다"고 했으니, 제가 먼저 청정해질 때까지 동체대비의 길을 가고 또 가겠습니다. 탈진해 쓰러지는 저의 몸속에 마침내 환하게 꽃피는 봄날이 머지않았습니다.

불기 2547년(2003) 3월 27일
만물상생의 봄날
수경 합장

수경　전북 남원 실상사 선덕 스님. 불교환경연대 상임대표.

나는 왜 삼보일배에 나서는가

현대의 과학과 물질문명은 우리 인류에게 전에 없는 풍요와 편리라는 큰 선물을 주었습니다. 그러나 그 선물은 인간의 끝없는 탐욕과 교만, 생명과 환경의 파괴라는 어두운 그림자를 동시에 드리우고 있습니다.

세상은 서로 상관된 전체요 하나입니다. 제 홀로 낳고 살아가는 존재는 그 어디에도 없습니다. 그래서 부처님께서는 모든 것은 공(空)하며 다만 인연의 소산이라고 하였습니다. 원불교의 소태산 대종사는 "천지자연의 은혜와 삼세일체 부모의 은혜와 사농공상을 비롯한 인류 동포와 초목금수를 비롯한 생태계의 모든 존재의 은혜와 천지자연의 진리와 인류 문명의 질서와 법률의 은혜"를 높이 드러내시며 이를 "없어서는 살 수 없는 관계"라고 설파하셨습니다.

세상이 많이 변했습니다. 아니 세상이 변했다기보다 이제 비로소 우리가 생명의 실상에 눈뜨기 시작한 것입니다. 온 세상을 가득하게 반전·반핵·생명·평화의 외침이 날로 더하고 있습니다. 우리도 그동안 가난 속에서 오직 물질적 풍요와 편리를 위해 잊고 살아왔던 진실을 찾으려는 반성들이 점점 커나가고 있습니다. 개발과 성장의 가치를 물신으로 섬기면서 애써 이룩했던 우리들의 풍요가, 막상 우리가 진실로 원했던 것과는 거리가 먼 허망한 것임을 알게 되면서 우리들이 이룩한 과학의 오만, 풍요의 허무, 탐욕의 삶에 대한 반성이 이제 범시민운동으로 번지고 있는 것입니다.

새만금 간척사업은 자그마치 방조제만 33km라고 합니다. 막아서 사라지는 갯벌과 바다가 여의도의 140배라고도 합니다. 세계 최고라고들 자랑합니다. 그러나 아닙니다. 새로운 안목은 새만금 간척의 꿈이 인간의 교만과 탐욕의 허상 말고 아무것도 아니라고 말합니다. 새만금은 전형적인 개발 성장 논리에 기초한 생태계 파괴의 전형입니다. '갯벌은 버려진 땅'이라는 그릇된 인식의 소산입니다. 내륙과 갯벌과 바다가 서로 유기적으로 생명 활동을 하면서 하나의 거대한 지구 생명을 이룸을 알지 못하는 무명과 무지의 산물입니다. 새만금 갯벌은 이미 다 훼손돼버린 한반도의, 가장 크고 잘 발달된 생명의 보고입니다. 유일한 희망입니다. 그래서 목숨 걸고 호소하고 있는 것입니다.

이제 반환경·반생명의 표본인 새만금 간척사업의 진행을 막아야 합니다. 온몸을 던져서라도 막아야 합니다. 새만금 사업을 중단시킴으로써 탐욕과 교만으로 그릇된 인류문명을, 정부의 정책 기조를, 우리들의 삶을 전환하는 새문명운동의 계기로 삼아야 합니다. 삼보일배의 고통이 하늘과 같을지라도 그동안 우리들의 환경과 생명에 대한 무지를 참회하고 회개하는 뜻으로 기꺼이 받아들이고자 합니다. 우리 모두의 마음 가운데 알게 모르게 자리해왔던 참 생명에 대한 무명을 거두어내는 수행의 일보일보가 되기를 기원합니다. 저는 새만금의 교훈으로 우리 고장 전북과 우리 조국 대한민국이, 새로운 삶과 문명을 열어가는 거룩한 발상지가 되기를 간절히 기원합니다. 무엇보다 내 마음 깊숙한 내면으로부터 교만과 탐욕을 지우는 성스러운 기도 수행이 되기를 더욱 간절히 기원합니다.

기원하옵나니, 천지신명께서 굽어살펴주시고, 삼세일체 부모와 선조 제위께서 굽어 함께하여주시며, 사해일체 동포와 금수초목과 유형 무형의 일체 만물께서 함께 감응하시고, 천지자연의 진리와 온 인류의 양식과 제불제성의 제법주께서 함께 응하여주시기를 간절히 청합니다. 저희들의 무명을 밝혀주시고, 저 무량한 생명의 기운을 머금고 길러서 걸음걸음이 삼계를 뛰어넘고, 저희들의 죄업을 사하여주시고, 저 무량한 평화의 기운을 머금고 길러서 생각생각이 만중생을 제도하여지이다.

김경일　　전북 익산 원불교 문화교당 주임교무. 새만금 생명살리는 원불교사람들 대표.

새만금 갯벌을 살리는 삼보일도를 시작하면서

먼저 저는 많은 사람들에게 하나님의 형상으로 생명을 주시고, 또한 뭇 생명들과 더불어 살아가도록 우주만물을 창조해주심을 감사 드립니다. 이제 저는 한 사람의 목사로서 삼보일도를 시작하며 경외함으로 창조의 하나님께 새만금 갯벌의 생명들과 함께 기도하고자 합니다.

정치인들, 권력자들, 건설업자들, 언론들과 권력 주변의 온갖 탐욕들의 희생양이 되고 있는 새만금 생명들과 어민들을 생각하니, 가슴이 쓰려 그냥 보고만 있을 수 없기에 불교·천주교·기독교·원불교의 성직자들이 함께 길에 나서게 되었습니다.

그동안 전라북도에서는 낙후된 전북 경제를 발전시키겠다는 명목으로 환경 파괴와 생명 죽임의 대규모 건설사업을 추진해왔습니다. 특히 새만금 간척사업은 종합적인 판단 후, 여러 가지 반대 의견에도 불구하고 선거 때의 표를 위해 많은 정치인들이 타당성 없는 간척사업을 약속해왔습니다. 결국 전북도민들 대부분이 허황된 약속에 속아넘어가고 말았습니다. 심지어 교수들과 일부 종교인들까지도 여기에 합세하여 거대한 바다와 갯벌을 죽이는 데 앞장서 왔습니다.

바다와 생명들의 창조자이신 하나님을 생각할 때, 목사의 한 사람인 저는 이 생명 죽임과 어촌공동체 파괴를 그냥 두고볼 수 없기에, 하나님께 간절히 새만금 갯벌에 살고 있는 생명들을 위해 기도합니다.

지성이면 감천이란 말에 의지하고, 하나님 창조의 뜻을 따라 새만금 갯벌에서 서울까지 삼보일도를 하는 동안에 오로지 하나님의 뜻대로 이루어지기를 기도합니다. 저의 뜻이 아닌 오로지 하나님의 뜻대로……. '생명 창조의 하나님께 영광!'

이희운　전주 나실교회 담임목사. 기독생명연대 사무처장.

의미를 중심으로 본 새만금 간척사업의 현주소

새만금 간척사업 추진 경위

1960년 초~1990년대 공유수면매립법의 제정에 따라 30여 년간 건설부 장관이 10년마다 '공유수면매립 기본 계획'을 수립하여 매립면허를 내주고, 농업 목적의 간척사업은 '농어촌정비법', '농어촌진흥공사 및 농어촌관리기금법'이 정하는 절차를 거쳐 농수산부 장관이 시행하도록 규정해왔음. 이에 따라 리아스식 서남 해안을 직선화하는 갯벌 매립 및 간척사업이 부족한 농지 확보, 산업 입지 조성 및 인구 분산정책의 일환으로 국토 확장의 의미를 띠면서 계속됨. 1990년대 이전에는 소규모 간척이 여러 지역에서 행해졌다면 1990년 이후에는 간척 지역의 수는 줄어들지만 대규모의 간척을 수행하는 정책 기조를 띰.

1986년 1월 김제·옥구·부안 지구를 통합하여 새만금 지구 종합개발사업을 구상.

1986년 3월~1987년 12월 농업진흥공사에서 자체 예비 조사 및 타당성 조사.

1987년 10월 대통령에게 타당성 조사 결과 보고. 관계 부처 합동 검토 지시.

1987년 11월 경제부처 장관회의에서 새만금 지구 검토 결과 보고. 경제기획원: 군장 지구 개발과 새만금 지구 개발 2개 안을 보고하고, 새만금 지구의 경제성이 없음을 이유로 군장 지구 추진 건의.

1987년 11~12월 13대 대통령 선거를 앞두고 대통령 후보자들이 새만금 사업 추진 공약 발표.

1988년 2월 농림수산부와 농업진흥공사는 농지, 공업용지 및 항만 등을 조성할 목적으로 '새만금 지구 간척지 최적 이용을 위한 구상'을 발표. 농업진흥공사 내에 새만금 조사단을 설치하여 본격적 사업 추진 개시.

1988년 12월 농림수산부와 농업진흥공사에서 『새만금 지구 간척지 최적 이용을 위한 구상』 발간.

1989년 5월 기본 계획에 대해 건설부 외 8개 부처 협의.

1989년 6월 농림수산부와 농업진흥공사에서 농지 조성을 목적으로 하는 「새만금 지구 간척종합개발사업 기본계획서」 작성.

1989년 8월   농림수산부와 농업진흥공사에서 '환경영향평가서'를 작성, 환경처에 제출.

1989년 11월   새만금 사업 기본 계획 확정.

1991년 8월   농림수산부와 농업진흥공사에서 사업 추진 체계 확정. 사업 주체는 농림수산부이나 공사 시행·측량 설계·공사 감리는 농업진흥공사에 위탁하고, 사업 관리 및 보상 업무는 전라북도에 위임.

1991년 8월   사업 시행 계획 고시. 9월 19일까지 주민 338명이 열람했으나, 이의신청 없었음.

새만금 간척사업을 둘러싼 갈등

1996년   람사협약 가입 준비 도중 시민단체에서 갯벌의 중요성과 새만금 간척사업의 생태적 문제를 인식하고 문제 제기 시작.

1997년 7월   람사협약 가입을 계기로 개발 편익뿐 아니라 생태계가 제공하는 서비스의 편익 또한 중요하다는 국민적 공감대를 형성.

1998년 12월   습지의 중요성에 대한 사회적 인식이 높아지자 습지보전법, 연안관리법 제정 및 공유수면매립법과 공유수면관리법 개정으로 갯벌을 비롯한 습지는 중요한 자원이자 생태계로 취급하기에 이름.

1999년 5월~2000년 6월   민관공동조사단의 '새만금 간척사업 재검토' 기간 동안 방조제 건설 중단 결정.

2001년 5월   방조제를 완공하되 동진강 유역을 먼저 개발하고, 만경강 유역의 수질 개선 후 차후 개발한다는 순차적 개발안 확정.

2003년 12월 현재   사법부의 새만금 간척공사 집행정지 가처분 결정으로 방조제 유실공사 이외의 모든 간척사업이 중단된 상태. 국무총리실에서는 간척 예정지를 산업단지로 개발하는 대안을 모색한다고 발표.

새만금 간척사업 반대의 기폭제: 시화호 수질 오염 문제 부각

새만금 간척사업의 재검토 과정은 시화호의 수질 오염 문제와 밀접한 관련을 갖고 있음. 새만금 간척사업 논의에서 새만금호 수질 문제가 관련 논의의 중심 사안으로 떠오르게 됨.

1994년 1월   시화호 물막이 공사 완료 후 담수호를 조성.

1996년 7~9월   시화호 오염이 기준치를 넘어 심각한 상태라는 사실이 밝혀짐. 이를 기화로 모든 언론들에서 새만금 담수호가 제2의 시화호가 되는 것을 막아야 한다고 주장함.

1996년 12월   전북환경운동연합에서 7대 환경뉴스에 새만금 수질 오염을 우려하는 내용을 넣음.

1998년 7월   시화호 오염을 기화로 갯벌의 가치에 대한 국민적 공감대가 형성되어 농림부가 추진해오던 영산강 4단계 간척사업을 포기함. 영산강 4단계 간척사업 포기는 새만금 간척사업 진행 여부에 대한 논의를 활발하게 하는 기폭제로 작용.

2001년 2월   시화호는 담수화 계획을 전면 백지화하고 해수 유통시킴.

초법적 기구: 민관공동조사단의 역할과 정부의 의사 결정 과정   04

1998년 4월   감사원 국책사업감사단에서 새만금 간척사업에 대한 특별감사 실시. 새만금 담수호 수질 문제, 경제성 문제, 용도 변경 문제를 지적받음. 새만금 담수호는 목표 수질을 달성하기 힘들고, 새만금 간척사업은 경제성이 없으며, 농업진흥공사가 1994년부터 1998년까지 농지 조성 목적의 새만금 간척 종합개발사업을 산업단지로 용도 변경하기 위한 노력을 하여 농림부로부터 허가를 받았음이 감사를 통해 밝혀짐.

1999년 4월   유종근 전라북도지사는 사회적 갈등을 감안하여 새만금 사업 전면 재검토를 밝히면서 새만금 민관공동조사단 조성을 제안. 정부는 시민과 정부와 전문가 각 10명씩 30명으로 구성된 민관공동조사단에서 환경영향평가분과, 수질분과, 경제성 분과별로 사업 타당성 조사를 1년간 하여 민관공동조사단의 결정에 따르기로 함.

1999년 5월~2000년 6월   새만금 민관공동조사단에서 새만금 사업의 경제성 평가와 목표 수질 달성 가능성 조사 및 환경영향평가를 1년간 수행. 평가 결과 경제성이 있다는 결론과 경제성이 없다는 소수 의견으로 나뉨. 새만금호는 전북 지역 그린벨트화 등 규제를 하지 않으면 목표 수질 달성이 어렵다는 결론을 내렸고, 환경영향조사에서는 대규모 간척사업이다 보니 어느 정도의 환경영향이 있을지 예측이 어렵다는 결론을 내림. 궁극적으로 간척 여부에 대한 결론을 내리지 못한 채 활동 종료.

2001년 2월   국무총리실 수질개선기획단에서 환경부, 농림부, 해양수산부 등 관계 부처 의견 수렴.

2001년 3월   대통령 직속의 지속가능발전위원회에서 '현 시점에서 새만금 간척사업 재개 여부에 대해 결정하는 것은 시기상조'라는 입장을 밝힘.

2001년 5월   국무총리 주재로 관계 부처 장관들이 참석한 가운데 물관리정책조정위원회를 열어 방조제는 완공하되 동진강 유역을 먼저 개발하고 만경강 유역은 수질이 목표 수준에 적합하다고 판단될 때까지 개발을 유보하는 '순차적 개발안' 최종 확정.

2003년 2월   노무현 대통령 당선자는 새만금 간척지를 농지로 개발하는 것은 전면 재검토되어야 한다고 하면서 용도 변경의 필요성 발표.

이해 관계자를 중심으로 본 새만금 간척사업 일지

1996년 11월　시화호 오염 문제 및 람사협약 준비를 기점으로 각 환경단체들은 습지와 더불어 새만금 간척사업의 문제점을 공론화한 이래로 2003년 9월 현재까지 간척 중단 요구를 멈추지 아니함. 간척 호수 시화호의 오염을 기폭제로 시민단체의 새만금 간척사업 반대운동은 열기를 더해감. 항의시위, 성명서 발표, 국제적 연대, 법적 대응, 전문가의 전문 지식을 활용한 대응 등 다양한 방법으로 시민의 목소리를 드러냄. 이는 시민이 국책사업 의사 결정에 중요한 하나의 축임을 확인하는 단초가 됨.

1996년 12월~2003년 9월(항의 표명)　시민단체를 중심으로 새만금 간척사업 철회를 주장하면서 항의 시위 및 성명서 발표, 매향제, 장승제 등 각종 문화예술적인 방법을 활용하여 시민단체와 교수, 문인, 예술가, 종교인 등 각계 인사가 새만금 종합개발사업의 전면 재검토 요구.

2000년 3월~2003년 9월(법적 대응)　녹색연합, 생명회의, 환경운동연합 등 시민단체와 이에 소속된 변호사들의 지원으로 새만금 간척사업의 취소 등 소송 제기.

2000년 4월~2003년 9월(국제 연대)　2000년 세계자연보호기금과 국제강네트워크, 지구의 친구들 등 세계 70여 개 환경단체가 세계적 자연유산인 새만금 갯벌 보전을 요구하는 성명서를 보내옴. 2002년 제8차 람사회의에서 71개국 비정부기구(NGO) 대표들은 새만금 간척사업 중단을 촉구하는 결의문 채택. 2003년 67개국 5,246명의 항의서한을 외교통상부에 전달. 40개국의 국제 환경단체들이 홈페이지에서 새만금 갯벌을 중요하게 다루면서 새만금은 한국만의 갯벌이 아니고 세계가 공유해야 할 갯벌이라면서 간척사업 반대운동에 동참. 2003년 8월 17일 미국 콜로라도 NGO 대회에서 글로벌리스폰스라는 환경단체 소속 미국인 15명이 삼보일배를 30분 동안 수행.

2001년 2월~2003년 9월(종교계의 참여)　새만금 갯벌 생명평화연대를 중심으로 간척 중지를 촉구하다가 종교인들 중심의 종교적 수행방식으로 삼보일배를 수행. 특히 2003년 3월부터 5월까지 새만금 갯벌 생명평화연대 중심으로 천주교·기독교·원불교·불교 4대 종단 대표들이 삼보일배를 수행하여 지역민 및 국민적 지지를 받음.

1992년 2월　새만금 지역 양식장에 투기 바람.

1997년 10월　새만금 지역 어민 500여 명이 현실적인 어업 보상 촉구.

1998년 10월　전북 지역 시민, 시민단체 소속 각계 인사들이 '새만금 간척사업 전면 재검토(백지화를 포함한)를 위한 100인 선언문' 발표.

2000년 3월　'새만금사업을 반대하는 부안사람들', 부안군의원 등 현지 주민 대표들이 새만금 간척사업 중지를 요구하는 '부안 지역 1천 인 반대선언' 등 다양한 반대운동 전개.

전라북도의 입장(새만금 지구 복합개발 추진)

1991년 8월　새만금 간척사업 준비기획단 구성. 용지와 어업 보상을 위한 용역을 시행하기로 하고 새만금 간척사업 추진본부의 발족을 결정.

1993년 6월　전북 지역 시군의회 의장단협의회에서 새만금 간척사업 조기 완공을 촉구하는 성명서 채택.

1993년 11월　전라북도지사 새만금 지구 경제특구 지정 요청.

1993년 12월~1994년 8월　새만금 국제경제자유지역 조성 방안 용역을 수행하면서 복합개발 추진 방안을 구상하고, 그 개요를 담은 일본어 팸플릿을 발간하는 등 적극적 대외 홍보 활동 펼침(연구기관: 산업연구원, 국토개발연구원, 일본노무라연구소 등).

1994년 9월　새만금 국제경제자유지역 조성 방안 최종 보고. 토지 이용 배분: 산업용지 6,830ha, 도시용지 8,300ha, 농업용지 8,200ha, 항만용지 630ha, 기타 및 유보지 4,370ha.

1996년 4월~1997년 4월　새만금 내부종합개발계획 용역 수행(연구기관: 산업연구원). 1995년 2월 김영삼 대통령이 공사현장을 방문한 자리에서 산업 거점기지로의 개발을 지시함으로써 전라북도의 구상은 보다 현실성을 띠게 됨.

1997년 4월　산업연구원에서 새만금 내부종합개발계획 실행연구 최종 보고.

1997년 5월　새만금 내부종합개발계획 실행연구 보고서를 중앙 주요인사, 국회, 중앙 부처, 대기업, 의회, 학계 등에 배부 및 홍보.

1997년 5월　새만금 내부종합개발계획 실행연구 결과 건의. 건설교통부에 국토종합개발계획에 반영 건의. 농림부에 토지이용기본계획 조기 수립 건의.

1997년 5~12월　미국 다우코닝사 및 현대제철의 새만금 유치를 위한 접촉 시도함. 다우코닝사는 새만금 대신 말레이시아 선택. 현대제철은 IMF 이후로 신설 계획 유보.

2000년 11월　전북 지역 교육당국, 행정기관 학생들과 민원인들에게 새만금 찬성 요구.

2003년 6월　전라북도 주관하에 새만금 강행 주민집회를 전북·서울 지역에서 진행하고 도지사 등의 공무원이 삭발 행위. 기자 간담회를 통해 새만금 신항만을 조기에 착수하고 세계 수준의 복합 물류단지를 건설하며, 첨단 산업단지와 복합 영농단지를 조성함은 물론, 관광·휴양시설 설치와 새만금 국제공항 건설 등 우선 5개 사업을 강력히 추진하여 새만금을 '환황해권 허브(Hub)'로 조성해나가겠다는 입장 표명.

정치계의 입장 04

1987년 11~12월(대통령 선거공약) 국토 균형개발의 일환으로 전라북도에 서해안 시대 도래를 약속.
1987년 12월 노태우 대통령 후보가 새만금 사업 완공 약속.
1991년 7월 김대중 신민당 총재가 노태우 대통령에게 새만금 사업 적극 추진 요청.
1995년 2월 김영삼 대통령이 현장을 방문하여 산업 거점기지로서의 개발 지시.
1997년 11월 15대 대통령 선거를 앞두고 김대중 후보 새만금 내부개발특별법 제정 및 4차 국토계획 반영을 통해 새만금 지역을 아태환황해권의 생산·교역·물류 전진기지로 개발할 것을 공약. 이인제 후보 새만금 특별법 제정 및 새만금 지역을 복합 기능을 갖춘 신산업지대로 개발할 것을 공약. 이회창 후보 새만금 신항만 건설, 방조제 조기 완공, 복합 개발 등 새만금 관련 공약 발표.
1999년 5월 민관공동조사단의 새만금 재검토.
2001년 2월 한나라당 새만금 간척사업 강행 결정 취소 요구.
2003년 2월 노무현 대통령이 새만금 간척은 하되 산업단지로의 용도 변경 모색을 지시.

국회의원과 입법부 05

1990년 12월 국회 건설위의 전라북도 감사에서 새만금 사업에 대한 정부의 연도별 투자 계획 마련 촉구.
1991년 7월 새만금 사업 예산 반영과 관련 정부 부처 간의 갈등.
1997년 9월 환경노동위 이미경 의원이 새만금호는 시화호보다 오염이 심각할 것이라고 주장.
1999년 9월 간척사업에 필요한 석재와 토사를 공급받기 위한 석산개발의 문제점 고발.
1998년 10월 환경노동위 방용석 의원이 새만금 사업 경제성 조작 주장.
2003년 5월 여야 의원 147명이 새만금 방조제 공사를 잠정 중단하고 신구상기획단에서 새로운 대안을 마련하라는 정책 제안서에 서명.

2000년 5월　녹색연합과 생명회의의 변호인단 지원으로 18세 미만 미성년자들이 해양 수산부 장관을 상대로 새만금 간척 종합개발사업 시행인가와 공유수면 매립면허 취소를 구하는 집단소송을 서울행정법원에 제기함으로써 우리나라 최초의 미래세대 환경소송이 시작됨.

2001년 7월　미래세대의 소송권 인정. 서울행정법원 제1심 판결에서 공유수면 매립면허 처분취소 등을 판정함.

2001년 8월　환경운동연합 소속 변호사들이 새만금 간척사업 취소 청구 행정소송을 제기. 새만금 사업 재개 결정은 환경권, 직업의 자유, 주거 및 거주 이전의 자유 등을 침해한다는 이유로 헌법소원 제기.

2003년 7월　서울행정법원에서 새만금 간척사업 취소 청구 행정소송과 관련한 가처분 신청을 받아들임. "회피하기 어려운 피해 발생을 우려"한 새만금 간척공사 집행정지 가처분 명령으로 간척사업 중지.

2003년 12월 현재　새만금 간척사업 취소 청구 행정소송과 관련한 가처분 신청 소송을 진행 중.

1997년 8월~2003년 9월　각계 전문가(주로 자연과학 및 사회과학)들이 개별적으로 새만금 간척사업이 지닌 문제에 대한 학술 연구 발표. 한국생태경제연구회(KSEE)에서는 기존 새만금 간척사업 및 순차적 개발 모두 경제성이 없다는 연구 결과 발표. 새만금생명학회에서는 공동체 해체, 지질 변화, 생태 변화 등을 이유로 새만금 사업의 문제 지적.

2002년 2월~2003년 9월　새만금 간척사업을 계속할 것인가와 관련한 대안 논의. 언론과 잡지를 통한 대안 제안, 서울의 새만금 대안 대토론회, 전라북도 내 새만금 대안 토론회 등을 통해 간척을 전제로 한 대안과 간척을 중단한 상태에서의 다양한 대안이 제시됨.